LES MAITRES DE L'AMOUR

L'ŒUVRE

DE

VOLTAIRE

La Princesse de Babylone.
Contes en vers : L'Anti-Giton. Le Cadenas. L'Éducation d'une fille.
L'Éducation d'un prince. La Bégueule.
Pièces attribuées à Voltaire : Les Soirées philosophiques
du cuisinier du roi de Prusse. L'Odalisque.

NOTES BIBLIOGRAPHIQUES

Ouvrage orné d'un portrait hors texte

PARIS
BIBLIOTHÈQUE DES CURIEUX
4, RUE DE FURSTENBERG, 4

MCMXXIII

L'Œuvre de Voltaire

VOLTAIRE.

NOTES BIBLIOGRAPHIQUES

D'après la *Bibliographie des œuvres de Voltaire,*
par Georges Bengesco (Paris, 1890, 4 vol. in-8).

———

La Princesse de Babylone, s. l. (Genève), 1768, in-8,
de 182 pages.

La Princesse de Babylone, s. l. (Paris), s. d. (1768),
in-12 de 177 pages.

A la date du 27 mars 1768, on lit dans les *Mémoires
secrets* : « *La Princesse de Babylone* est un roman de M. Voltaire, espèce de féerie ou de folie. Il y règne une grande gaieté, à laquelle il a su adapter des traits très philosophiques, comme aussi des satires contre des personnages qu'il aime à remettre sur la scène. »

Voyages et aventures d'une princesse babylonienne
pour servir de suite a ceux de Scarmentado par un
vieux philosophe qui ne radote pas toujours, Genève
(Paris), 1768, in-8, de 156 pages.

La Princesse de Babylone, Londres (Dresde), 1768,
in-8, de 144 pages.

La Princesse de Babylone, à (Rome) 1768, in-8, de
104 pages.

Voyages de la Princesse de Babylone et aventures
galantes de son cher Amazan, *par Voltaire* (Paris) 1815,
in-8, fig. de Muller. Une seconde édition la même année,
une troisième en 1816.

La Princesse de Babylone (Paris), 1835, in-18 ; (Paris),
1865, in-32.

Edition Jouaust (Paris), 1878, in-16.

* * *

L'ANTI-GITON *(A Mademoiselle Le Couvreur)*.

Ce conte en vers fut imprimé en 1720 pour la première fois sous le titre de *La Courcillonade*.

Il a été publié en 1724 avec le titre : *A Mademoiselle Duclos*, dans *La Ligue ou Henry-le-Grand*, pp. 175-177.

Réimprimé dans le *Recueil de pièces fugitives en prose et en vers par M. de V***. s. l. 1740*.

Dans l'édition de 1756 de *Mélanges de poésies, de littérature*, s. l. (Genève), p. 134, l'ANTI-GITON est adressé à Mademoiselle Le Couvreur, et une note de Voltaire dit que cette pièce est de 1748.

L'édition de Kehl le publie au tome XIV, page 12, en donnant la date de 1714.

* * *

LE CADENAS

Imprimé en 1724 dans la *Ligue ou Henry-le-Grand* (Amsterdam), pp. 172-175.

Réimprimé en 1739 au tome LV des *Œuvres de M. de Voltaire* (Amsterdam), pp. 135-138.

LE CADENAS figure au tome XIV de l'édition de Kehl, page 7, avec cette note : « L'auteur avait environ vingt ans quand il fit cette pièce adressée à une dame contre laquelle son mari avait pris cette étrange précaution : elle fut imprimée en 1724 pour la première fois. »

* * *

L'ÉDUCATION D'UNE FILLE

La première édition a paru, sans indication de lieu ni de date, en une brochure in-8° de 7 pages.

Réimprimée en 1764 dans les *Contes de Guillaume Vadé*, p. 28.

Dans l'édition dite « encadrée » (tome XIII, p. 29), elle est intitulée : GERTRUDE OU L'ÉDUCATION D'UNE FILLE.

Réimprimée en 1771 dans *Epîtres, Satires, Contes, Odes,* etc., etc. Londres (Genève), in-8°.

* * *

L'ÉDUCATION D'UN PRINCE

Ce conte en vers fut imprimé en 1764 dans les *Contes de Guillaume Vadé,* s. l. (Genève), in-8° de XVI-388 pages.

* * *

CE QUI PLAIT AUX DAMES

CE QUI PLAIT AUX DAMES. *Conte,* 1764, in-8° de 23 pages. Frontispice gravé.

La même année, publié à Londres dans l'édition dite « encadrée » en un in-8° de 22 pages.

Il existe aussi une édition s. l. n. d. en in-8° de 15 pages.

* * *

LA BÉGUEULE

LA BÉGUEULE. *Conte moral.* s. l. 1772, in-8° de 11 pages.

Réimprimé la même année dans *Nouveaux Mélanges,* t. XII, p. 297-303, et dans le *Mercure* du mois de décembre, pp. 5-13.

« Il est arrivé depuis peu à Paris un nouveau conte manuscrit de M. de Voltaire, ayant pour titre *La Bégueule, Conte moral, par le R. P. Nonotte, prédicateur.* Il y a joint un envoi à Madame de Florian, en date du 19 avril. » (*Mémoires secrets,* 1er mai 1772).

Publié en 1773, dans le tome IX de l'*Evangile du jour.*

LA BÉGUEULE. *Conte moral par M. de Volt...* (Lausanne) 1772, in-8° de 10 pages.

LA BÉGUEULE. *Conte moral,* suivi des *Trois Empereurs*

en Sorbonne. Nouvelles pièces par M. de Voltaire. Au château de Ferney, 1772, in-8º de 12 pages.

***

PIÈCES ATTRIBUÉES A VOLTAIRE

LES SOIRÉES PHILOSOPHIQUES DU CUISINIER DU ROI DE
PRUSSE. A Sans Souci, 1785, in-8º de 1 f. de titre et 164 pages.

Une note du *Dictionnaire des ouvrages anonymes* de
Barbier dit que ce volume est composé de divers articles,
surtout d'entretiens extraits des œuvres philosophiques de
Voltaire. D'autre part, voici ce qu'on lit, au sujet de ce
même ouvrage, dans les *Mémoires secrets* du 10 janvier 1785
(Tome XXVIII, p. 25) :

« On se ressouvient des *Matinées du Roi de Prusse* ;
on croirait qu'une brochure très récente, puisqu'elle est
timbrée de 1785, ayant pour titre *Les Soirées philosophiques
du Cuisinier du Roi de Prusse*, serait destinée à leur servir
de pendant ou de parodie ; mais point du tout, c'est un
ouvrage sur différents sujets détachés dans le genre des
Questions encyclopédiques de Voltaire. On serait même
tenté de le lui attribuer s'il n'y régnait beaucoup plus de
véritable érudition, et s'il n'y était parlé d'événements de
la guerre dernière postérieurs à sa mort. On est donc tenté
de le croire plutôt de l'auteur d'*Errotika Biblion* (Mira-
beau). Quoi qu'il en soit, les Soirées, au nombre de dix-huit,
forment autant de chapitres. Ils roulent sur des matières
fort intéressantes pour la plupart et vraiment philosophiques. Le ton en est gai, leste, comme dans l'autre production,
et l'on y trouve cette ironie continue qui caractérisait
surtout les œuvres de ce genre du vieillard de Ferney. »

Quel que soit l'auteur des *Soirées du Cuisinier du Roi de
Prusse*, il est permis d'affirmer qu'il a pillé Voltaire sans le
moindre scrupule. C'est ainsi que la Soirée V reproduit
l'article *Evêque* du *Dictionnaire philosophique* ; la Soirée VI,
l'article *Baiser* ; la Soirée VII, l'article *Testicules* ; la Soirée VIII, l'article *Barbe* ; la Soirée IX, l'article *Cul* (et un
passage du *Discours aux Welches*) ; la Soirée X, l'article

Cuissage ou *Culage ;* la Soirée XI, l'article *Verge ;* la Soirée XII, l'article *Vertu*, section 1re, etc., etc.

(G. Bengesco, *Voltaire : Bibliographie de ses œuvres*, 1890, t. iv, p. 250.)

N.-B. — Parmi les livres dont le titre a été retrouvé sur les notes de Casanova de Seingalt, rassemblées au château de Dux où il mourut, figurent les *Soirées philosophiques du Cuisinier du Roi de Prusse.* — La note de Casanova date de 1788. Il est donc certain que le titre avait séduit l'aventurier vénitien et sans doute même que le livre l'avait intéressé, en raison précisément des relations personnelles qu'il avait entretenues avec le Roi de Prusse (Catalogue manuscrit des papiers de Casanova, U 17 à 30).

⁎

L'ODALISQUE. *Ouvrage traduit du turc.* Constantinople, Ibrahim Bectas, imprimeur du grand vizir, 1779, in-12 de 85 pages.

L'ODALISQUE. *Ouvrage traduit du turc par Voltaire.* A Constantinople, chez Ibrahim Bectas, imprimeur du grand vizir auprès de la mosquée de Sainte-Sophie, 1796, in-32, quatre fig. libres non signées.

Dans le *Dictionnaire des ouvrages anonymes* (III, 644), Barbier écrit : « Une note écrite à la main sur le frontispice d'un exemplaire que j'ai vu dans le cabinet de M. du Croisy contient ces mots : « Remis à Genève en 1781 par un secrétaire de Voltaire qui l'avait écrite sous sa dictée. »

« M. du Croisy a écrit de sa main ces autres mots sur ce même frontispice : « Par M. Pigeon de Saint-Paterne, sous-bibliothécaire de l'abbaye de Saint-Victor. »

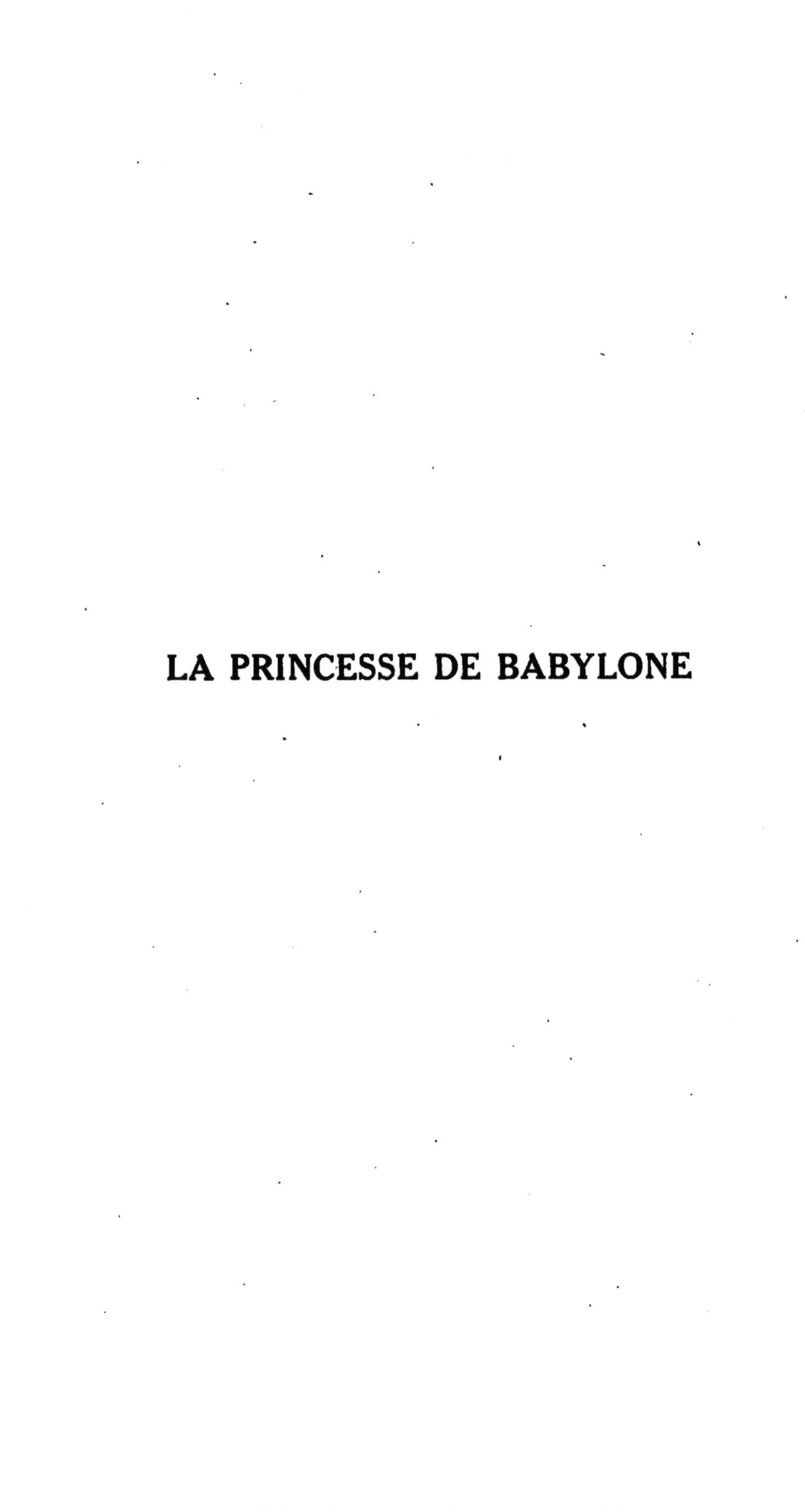

LA PRINCESSE DE BABYLONE

LA PRINCESSE DE BABYLONE

I

Le vieux Bélus, roi de Babylone, se croyait le premier homme de la terre ; car tous ses courtisans le lui disaient, et ses historiographes le lui prouvaient. Ce qui pouvait excuser en lui ce ridicule, c'est qu'en effet ses prédécesseurs avaient bâti Babylone plus de trente mille ans avant lui, et qu'il l'avait embellie. On sait que son palais et son parc, situés à quelques parasanges de Babylone, s'étendaient entre l'Euphrate et le Tigre, qui baignaient ces rivages enchantés. Sa vaste maison de trois mille pas de façade s'élevait jusqu'aux nues. La plate-forme était entourée d'une balustrade de marbre blanc de cinquante pieds de hauteur qui portait les statues colossales de tous les rois et de tous les grands hommes de l'empire. Cette plate-forme, composée de deux rangs de briques couvertes d'une épaisse surface de plomb d'une extrémité à l'autre, était chargée de douze pieds de terre, et sur cette terre on avait élevé des forêts d'oliviers, d'orangers, de citronniers, de palmiers, de girofliers, de cocotiers, de canneliers, qui formaient des allées impénétrables aux rayons du soleil.

Les eaux de l'Euphrate, élevées par des pompes dans cent colonnes creusées, venaient dans ces jardins remplir de vastes bassins de marbre, et, retombant ensuite par d'autres canaux, allaient former dans le parc des cascades de six mille pieds de longueur, et cent mille jets d'eau, dont la hauteur pouvait à peine être aperçue : elles retournaient ensuite dans l'Euphrate, dont elles étaient parties. Les jardins de Sémiramis, qui étonnèrent l'Asie plusieurs siècles après, n'étaient qu'une faible imitation de ces antiques merveilles ; car, du temps de Sémiramis, tout commençait à dégénérer chez les hommes et chez les femmes.

Mais ce qu'il y avait de plus admirable à Babylone, ce qui éclipsait tout le reste, était la fille unique du roi, nommée Formosante. Ce fut d'après ses portraits et ses statues que, dans la suite des siècles, Praxitèle sculpta son Aphrodite, et celle qu'on nomma *la Vénus aux belles fesses*. Quelle différence, ô ciel ! de l'original aux copies ! Aussi Bélus était plus fier de sa fille que de son royaume. Elle avait dix-huit ans : il lui fallait un époux digne d'elle ; mais où le trouver ? Un ancien oracle avait ordonné que Formosante ne pourrait appartenir qu'à celui qui tendrait l'arc de Nemrod. Ce Nemrod, le fort chasseur devant le Seigneur, avait laissé un arc de sept pieds babyloniques de haut, d'un bois d'ébène plus dur que le fer du mont Caucase, qu'on travaille dans les forges de Derbent ; et nul mortel, depuis Nemrod, n'avait pu bander cet arc merveilleux.

Il était dit encore que le bras qui aurait tendu cet arc tuerait le lion le plus terrible et le plus dangereux qui serait lâché dans le cirque de Babylone. Ce n'était pas tout : le bandeur de l'arc, le vainqueur du lion, devait terrasser tous ses rivaux ; mais il devait surtout avoir beaucoup d'esprit, être le plus magnifique des hommes, le plus vertueux, et posséder la chose la plus rare qui fût dans l'univers entier.

Il se présenta trois rois qui osèrent disputer Formosante, le pharaon d'Égypte, le schah des Indes, et le grand kan des Scythes. Bélus assigna le jour et le lieu du combat à l'extrémité de son parc, dans le vaste espace bordé par les eaux de l'Euphrate et du Tigre réunies. On dressa autour de la lice un amphithéâtre de marbre qui pouvait contenir cinq cent mille spectateurs. Vis-à-vis l'amphithéâtre était le trône du roi, qui devait paraître avec Formosante accompagnée de toute la cour ; et à droite et à gauche, entre le trône et l'amphithéâtre, étaient d'autres trônes et d'autres sièges pour les trois rois et pour tous les autres souverains qui seraient curieux de venir voir cette auguste cérémonie.

Le roi d'Égypte arriva le premier, monté sur le bœuf Apis, et tenant en main le sistre d'Isis. Il était suivi de deux mille prêtres vêtus de robes de lin plus blanches que la neige, de deux mille eunuques, de deux mille magiciens, et deux mille guerriers.

Le roi des Indes arriva bientôt après dans un char traîné par douze éléphants. Il avait une suite encore plus nombreuse et plus brillante que le pharaon d'Égypte.

Le dernier qui parut était le roi des Scythes. Il n'avait auprès de lui que des guerriers choisis, armés d'arcs et de flèches. Sa monture était un tigre superbe qu'il avait dompté, et qui était aussi haut que les plus beaux chevaux de Perse. La taille de ce monarque, imposante et majestueuse, effaçait celle de ses rivaux ; ses bras nus, aussi nerveux que blancs, semblaient déjà tendre l'arc de Nemrod.

Les trois princes se prosternèrent d'abord devant Bélus et Formosante. Le roi d'Égypte offrit à la princesse les deux plus beaux crocodiles du Nil, deux hippopotames, deux zèbres, deux rats d'Égypte, et deux momies, avec les livres du grand Hermès, qu'il croyait être ce qu'il y avait de plus rare sur la terre.

Le roi des Indes lui offrit cent éléphants, qui portaient chacun une tour de bois doré, et mit à ses pieds le *Veidam*, écrit de la main de Xaca lui-même.

Le roi des Scythes, qui ne savait ni lire ni écrire, présenta cent chevaux de bataille couverts de housses de peaux de renards noirs.

La princesse baissa les yeux devant ses amants, et s'inclina avec des grâces aussi modestes que nobles.

Bélus fit conduire ces monarques sur les trônes qui

leur étaient préparés. Que n'ai-je trois filles ! leur dit-il, je rendrais aujourd'hui six personnes heureuses. Ensuite il fit tirer au sort à qui essayerait le premier l'arc de Nemrod. On mit dans un casque d'or les noms des trois prétendants. Celui du roi d'Égypte sortit le premier ; ensuite parut le nom du roi des Indes. Le roi scythe, en regardant l'arc et ses rivaux, ne se plaignit point d'être le troisième.

Tandis qu'on préparait ces brillantes épreuves, vingt mille pages et vingt mille jeunes filles distribuaient sans confusion des rafraîchissements aux spectateurs entre les rangs des sièges. Tout le monde avouait que les dieux n'avaient établi les rois que pour donner tous les jours des fêtes, pourvu qu'elles fussent diversifiées ; que la vie est trop courte pour en user autrement ; que les procès, les intrigues, la guerre, les disputes des prêtres, qui consument la vie humaine, sont des choses absurdes et horribles ; que l'homme n'est né que pour la joie ; qu'il n'aimerait pas les plaisirs passionnément et continuellement, s'il n'était pas formé pour eux ; que l'essence de la nature humaine est de se réjouir, et que tout le reste est folie. Cette excellente morale n'a jamais été démentie que par les faits.

Comme on allait commencer ces essais, qui devaient décider de la destinée de Formosante, un jeune inconnu monté sur une licorne, accompagné de son valet monté de même, et portant sur le poing un gros oiseau, se présente à la barrière. Les gardes furent surpris de voir en cet équipage une figure qui avait l'air de la divinité. C'était, comme on a dit depuis, le visage d'Adonis sur le corps d'Hercule ; c'était la majesté avec les grâces. Ses sourcils noirs et ses longs cheveux blonds, mélange de beautés inconnu à Babylone, charmèrent l'assemblée : tout l'amphithéâtre se leva pour le mieux regarder ; toutes les femmes de la cour fixèrent sur lui des yeux étonnés ; Formosante elle-même, qui baissait les yeux, les releva et rougit ; les trois rois pâlirent. Tous les spectateurs, en comparant Formosante avec l'inconnu, s'écriaient : Il n'y a dans le monde que ce jeune homme qui soit aussi beau que la princesse.

Les huissiers, saisis d'étonnement, lui demandèrent s'il était roi. L'étranger répondit qu'il n'avait pas cet honneur, mais qu'il était venu de fort loin par curiosité pour voir s'il y avait des rois qui fussent dignes de Formosante. On l'introduisit dans le premier rang de l'amphithéâtre, lui, son valet, ses deux licornes, et son oiseau. Il salua profondément Bélus, sa fille, les trois rois, et toute l'assemblée ; puis il prit place en rougissant. Ses deux licornes se couchèrent à ses pieds, son oiseau se percha sur son épaule, et son valet, qui portait un petit sac, se mit à côté de lui.

Les épreuves commencèrent. On tira de son étui d'or l'arc de Nemrod. Le grand maître des cérémonies, suivi de cinquante pages, et précédé de vingt trompettes, le présenta au roi d'Égypte, qui le fit bénir par ses prêtres ; et, l'ayant posé sur la tête du bœuf Apis, il ne douta pas de remporter cette première victoire. Il descend au milieu de l'arène, il essaye, il épuise ses forces, il fait des contorsions qui excitent le rire de l'amphithéâtre, qui font même sourire Formosante.

Son grand aumônier s'approcha de lui : Que Votre Majesté, lui dit-il, renonce à ce vain honneur, qui n'est que celui des muscles et des nerfs ; vous triompherez dans tout le reste : vous vaincrez le lion, puisque vous avez le sabre d'Osiris. La princesse de Babylone doit appartenir au prince qui a le plus d'esprit, et vous avez deviné des énigmes ; elle doit épouser le plus vertueux, vous l'êtes, puisque vous avez été élevé par les prêtres d'Égypte ; le plus généreux doit l'emporter, et vous avez donné les deux plus beaux crocodiles et les deux plus beaux rats qui soient dans le Delta ; vous possédez le bœuf Apis et les livres d'Hermès, qui sont la chose la plus rare de l'univers ; personne ne peut vous disputer Formosante. — Vous avez raison, dit le roi d'Égypte ; et il se remit sur son trône.

On alla mettre l'arc entre les mains du roi des Indes. Il en

eut des ampoules pour quinze jours, et se consola en pré-
sumant que le roi des Scythes ne serait pas plus heureux
que lui.

Le Scythe mania l'arc à son tour. Il joignait l'adresse à
la force ; l'arc parut prendre quelque élasticité entre ses
mains ; il le fit un peu plier, mais jamais il ne put venir à
bout de le tendre. L'amphithéâtre, à qui la bonne mine de
ce prince inspirait des inclinations favorables, gémit de
son peu de succès, et jugea que la belle princesse ne serait
jamais mariée.

Alors le jeune inconnu descendit d'un saut dans l'arène,
et s'adressant au roi des Scythes : Que Votre Majesté, lui
dit-il, ne s'étonne point de n'avoir pas entièrement réussi.
Ces arcs d'ébène se font dans mon pays ; il n'y a qu'un
certain tour à donner ; vous avez beaucoup plus de mérite
à l'avoir fait plier que je n'en peux avoir à le tendre.
Aussitôt il prit une flèche, l'ajusta sur la corde, tendit
l'arc de Nemrod, et fit voler la flèche bien au delà des
barrières. Un million de mains applaudit à ce prodige.
Babylone retentit d'acclamations, et toutes les femmes
disaient : Quel bonheur qu'un si beau garçon ait tant de
force.

Il tira ensuite de sa poche une petite lame d'ivoire,
écrivit sur cette lame avec une aiguille d'or, attacha la
tablette d'ivoire à l'arc, et présenta le tout à la princesse
avec une grâce qui ravissait tous les assistants. Puis il alla
modestement se remettre à sa place entre son oiseau et son
valet. Babylone entière était dans la surprise ; les trois
rois étaient confondus, et l'inconnu ne paraissait pas s'en
apercevoir.

Formosante fut encore plus étonnée en lisant sur la
tablette d'ivoire attachée à l'arc ces petits vers en beau
langage chaldéen :

> L'arc de Nemrod est celui de la guerre ;
> L'arc de l'Amour est celui du bonheur ;
> Vous le portez. Par vous ce dieu vainqueur
> Est devenu le maître de la terre.

> Trois rois puissants, trois rivaux aujourd'hui,
> Osent prétendre à l'honneur de vous plaire :
> Je ne sais pas qui votre cœur préfère,
> Mais l'univers sera jaloux de lui.

Ce petit madrigal ne fâcha point la princesse. Il fut critiqué par quelques seigneurs de la vieille cour, qui dirent qu'autrefois, dans le bon temps, on aurait comparé Bélus au soleil, et Formosante à la lune, son cou à une tour, et sa gorge à un boisseau de froment. Ils dirent que l'étranger n'avait point d'imagination, et qu'il s'écartait des règles de la véritable poésie ; mais toutes les dames trouvèrent les vers fort galants. Elles s'émerveillèrent qu'un homme qui bandait si bien un arc eût tant d'esprit. La dame d'honneur de la princesse lui dit : Madame, voilà bien des talents en pure perte. De quoi serviront à ce jeune homme son esprit et l'arc de Bélus ? — A le faire admirer, répondit Formosante. — Ah ! dit la dame d'honneur entre ses dents, encore un madrigal, et il pourrait bien être aimé.

Cependant Bélus, ayant consulté ses mages, déclara qu'aucun des trois rois n'ayant pu bander l'arc de Nemrod, il n'en fallait pas moins marier sa fille, et qu'elle appartiendrait à celui qui viendrait à bout d'abattre le grand lion qu'on nourrissait exprès dans sa ménagerie. Le roi d'Égypte, qui avait été élevé dans toute la sagesse de son pays, trouva qu'il était fort ridicule d'exposer un roi aux bêtes pour le marier. Il avouait que la possession de Formosante était d'un grand prix ; mais il prétendait que, si le lion l'étranglait, il ne pourrait jamais épouser cette belle Babylonienne. Le roi des Indes entra dans les sentiments de l'Égyptien : tous deux conclurent que le roi de Babylone se moquait d'eux ; qu'il fallait faire venir des armées pour le punir, qu'ils avaient assez de sujets qui se tiendraient fort honorés de mourir au service de leurs maîtres, sans qu'il en coûtât un cheveu à leurs têtes sacrées ; qu'ils détrôneraient aisément le roi de Babylone, et qu'ensuite ils tireraient au sort la belle Formosante.

Cet accord étant fait, les deux rois dépêchèrent chacun

dans leur pays un ordre exprès d'assembler une armée de trois cent mille hommes pour enlever Formosante.

Cependant le roi des Scythes descendit seul dans l'arène, le cimeterre à la main. Il n'était pas éperdument épris des charmes de Formosante ; la gloire avait été jusque-là sa seule passion ; elle l'avait conduit à Babylone. Il voulait faire voir que, si les rois de l'Inde et de l'Égypte étaient assez prudents pour ne pas se compromettre avec des lions, il était assez courageux pour ne pas dédaigner ce combat, et qu'il réparerait l'honneur du diadème. Sa rare valeur ne lui permit pas seulement de se servir du secours de son tigre. Il s'avance seul, légèrement armé, couvert d'un casque d'acier garni d'or, ombragé de trois queues de cheval blanches comme la neige.

On lâche contre lui le plus énorme lion qui ait jamais été nourri dans les montagnes de l'Anti-Liban. Ses terribles griffes semblaient capables de déchirer les trois rois à la fois, et sa vaste gueule de les dévorer. Ses affreux rugissements faisaient retentir l'amphithéâtre. Les deux fiers champions se précipitent l'un contre l'autre d'une course rapide. Le courageux Scythe enfonce son épée dans le gosier du lion ; mais la pointe rencontrant une de ces épaisses dents que rien ne peut percer, se brise en éclats, et le monstre des forêts, furieux de sa blessure, imprimait déjà ses ongles sanglants dans les flancs du monarque.

Le jeune inconnu, touché du péril d'un si brave prince, se jette dans l'arène plus prompt qu'un éclair ; il coupe la tête du lion avec la même dextérité qu'on a vu depuis dans nos carrousels de jeunes chevaliers adroits enlever des têtes de maures ou des bagues.

Puis, tirant une petite boîte, il la présente au roi scythe, en lui disant : Votre Majesté trouvera dans cette petite boîte le véritable dictame qui croît dans mon pays. Vos glorieuses blessures seront guéries en un moment. Le hasard seul vous a empêché de triompher du lion ; votre valeur n'en est pas moins admirable.

Le roi scythe, plus sensible à la reconnaissance qu'à la

jalousie, remercia son libérateur ; et, après l'avoir tendrement embrassé, rentra dans son quartier pour appliquer le dictame sur ses blessures.

L'inconnu donna la tête du lion à son valet ; celui-ci, après l'avoir lavée à la grande fontaine qui était au-dessus de l'amphithéâtre, et en avoir fait écouler tout le sang, tira un fer de son petit sac, arracha les quarante dents du lion, et mit à leur place quarante diamants d'une égale grosseur.

Son maître, avec sa modestie ordinaire, se remit à sa place ; il donna la tête du lion à son oiseau : Bel oiseau, dit-il, allez porter aux pieds de Formosante ce faible hommage. L'oiseau part, tenant dans une de ses serres le terrible trophée ; il le présente à la princesse en baissant humblement le cou, et en s'aplatissant devant elle. Les quarante brillants éblouirent tous les yeux. On ne connaissait pas encore cette magnificence dans la superbe Babylone : l'émeraude, la topaze, le saphir, et le pyrope étaient regardés comme les plus précieux ornements. Bélus et toute la cour étaient saisis d'admiration. L'oiseau qui offrait ce présent les surprit encore davantage. Il était de la taille d'un aigle, mais ses yeux étaient aussi doux et aussi tendres que ceux de l'aigle sont fiers et menaçants. Son bec était couleur de rose, et semblait tenir quelque chose de la belle bouche de Formosante. Son cou rassemblait toutes les couleurs de l'iris, mais plus vives et plus brillantes. L'or en mille nuances éclatait sur son plumage. Ses pieds paraissaient un mélange d'argent et de pourpre ; et la queue des beaux oiseaux qu'on attela depuis au char de Junon n'approchait pas de la sienne.

L'attention, la curiosité, l'étonnement, l'extase de toute la cour, se partageaient entre les quarante diamants et l'oiseau. Il s'était perché sur la balustrade entre Bélus et sa fille Formosante ; elle le flattait, le caressait, le baisait. Il semblait recevoir ses caresses avec un plaisir mêlé de respect. Quand la princesse lui donnait des baisers, il les rendait, et la regardait ensuite avec des yeux attendris. Il recevait d'elle des biscuits et des pistaches, qu'il prenait de

sa patte purpurine et argentée, et qu'il portait à son bec
avec des grâces inexprimables.

Bélus, qui avait considéré les diamants avec attention,
jugeait qu'une de ses provinces pouvait à peine payer un
présent si riche. Il ordonna qu'on préparât pour l'inconnu
des dons encore plus magnifiques que ceux qui étaient
destinés aux trois monarques. — Ce jeune homme, disait-il,
est sans doute le fils du roi de la Chine, ou de cette partie
du monde qu'on nomme Europe, dont j'ai entendu parler,
ou de l'Afrique, qui est, dit-on, voisine du royaume
d'Égypte.

Il envoya sur-le-champ son grand écuyer complimenter
l'inconnu, et lui demander s'il était souverain d'un de ces
empires, et pourquoi, possédant de si étonnants trésors, il
était venu avec un valet et un petit sac.

Tandis que le grand écuyer avançait vers l'amphithéâtre
pour s'acquitter de sa commission, arriva un autre valet
sur une licorne. Ce valet, adressant la parole au jeune
homme, lui dit : Ormar, votre père touche à l'extrémité
de sa vie, et je suis venu vous en avertir. L'inconnu leva
les yeux au ciel, versa des larmes, et ne répondit que par
ce mot : Partons.

Le grand écuyer, après avoir fait les compliments de
Bélus au vainqueur du lion, au donneur des quarante diamants, au maître du bel oiseau, demanda au valet de quel
royaume était le souverain père de ce jeune héros. Le
valet répondit : Son père est un vieux berger qui est fort
aimé dans le canton.

Pendant ce court entretien, l'inconnu était déjà monté
sur une licorne. Il dit au grand écuyer : Seigneur, daignez
me mettre aux pieds de Bélus et de sa fille. J'ose la sup-
plier d'avoir grand soin de l'oiseau que je lui laisse ; il est
unique comme elle. En achevant ces mots, il partit comme
un éclair ; les deux valets le suivirent, et on les perdit de
vue.

Formosante ne put s'empêcher de jeter un grand cri.

L'oiseau, se retournant vers l'amphithéâtre où son

maître avait été assis, parut très affligé de ne plus le voir; puis, regardant fixement la princesse, et frottant doucement sa belle main de son bec, il sembla se vouer à son service.

Bélus, plus étonné que jamais, apprenant que ce jeune homme si extraordinaire était le fils d'un berger, ne put le croire. Il fit courir après lui; mais bientôt on lui rapporta que les licornes sur lesquelles ces trois hommes couraient ne pouvaient être atteintes, et qu'au galop dont elles allaient elles devaient faire cent lieues par jour.

II

Tout le monde raisonnait sur cette aventure étrange, et s'épuisait en vaines conjectures. Comment le fils d'un berger peut-il donner quarante gros diamants? pourquoi est-il monté sur une licorne? on s'y perdait; et Formosante, en caressant son oiseau, était plongée dans une rêverie profonde.

. La princesse Aldée, sa cousine issue de germaine, très bien faite, et presque aussi belle que Formosante, lui dit : Ma cousine, je ne sais pas si ce jeune demi-dieu est le fils d'un berger; mais il me semble qu'il a rempli toutes les conditions attachées à votre mariage. Il a bandé l'arc de Nemrod, il a vaincu le lion, il a beaucoup d'esprit, puisqu'il a fait pour vous un assez joli impromptu. Après les quarante énormes diamants qu'il vous a donnés, vous ne pouvez nier qu'il ne soit le plus généreux des hommes. Il possédait dans son oiseau ce qu'il y a de plus rare sur la terre. Sa vertu n'a point d'égale, puisque, pouvant demeurer auprès de vous, il est parti sans délibérer dès qu'il a su que son père était malade. L'oracle est accompli dans tous ses points, excepté dans celui qui exige qu'il terrasse ses rivaux ; mais il a fait plus, il a sauvé la vie du seul concurrent qu'il pouvait craindre ; et quand il s'agira de battre les deux autres, je crois que vous ne doutez pas qu'il n'en vienne à bout aisément.

— Tout ce que vous dites est bien vrai, répondit Formosante ; mais est-il possible que le plus grand des hommes, et peut-être même le plus aimable, soit le fils d'un berger ?

La dame d'honneur, se mêlant dans la conversation, dit que très souvent ce mot de berger était appliqué aux rois ; qu'on les appelait *bergers*, parce qu'ils tondent de fort près leur troupeau ; que c'était sans doute une mauvaise plaisanterie de son valet ; que ce jeune héros n'était venu si mal accompagné que pour faire voir combien son seul mérite était au-dessus du faste des rois, et pour ne devoir Formosante qu'à lui-même. La princesse ne répondit qu'en donnant à son oiseau mille tendres baisers.

On préparait cependant un grand festin pour les trois rois et pour tous les princes qui étaient venus à la fête. La fille et la nièce du roi devaient en faire les honneurs. On portait chez les rois des présents dignes de la magnificence de Babylone. Bélus, en attendant qu'on servît, assembla son conseil sur le mariage de la belle Formosante, et voici comment il parla en grand politique :

Je suis vieux, je ne sais plus que faire, ni à qui donner ma fille. Celui qui la méritait n'est qu'un vil berger ; le roi des Indes et celui d'Égypte sont des poltrons ; le roi des Scythes me conviendrait assez, mais il n'a rempli aucune des conditions imposées. Je vais encore consulter l'oracle. En attendant, délibérez, et nous conclurons suivant ce que l'oracle aura dit ; car un roi ne doit se conduire que par l'ordre exprès des dieux immortels.

Alors il va dans sa chapelle ; l'oracle lui répond en peu de mots, suivant sa coutume : « Ta fille ne sera mariée que « quand elle aura couru le monde. » Bélus étonné revient au conseil et rapporte cette réponse.

Tous les ministres avaient un profond respect pour les

oracles ; tous convenaient ou feignaient de convenir qu'ils étaient le fondement de la religion ; que la raison doit se taire devant eux ; que c'est par eux que les rois règnent sur les peuples, et les mages sur les rois ; que sans les oracles il n'y aurait ni vertu ni repos sur la terre. Enfin, après avoir témoigné la plus profonde vénération pour eux, presque tous conclurent que celui-ci était impertinent, qu'il ne fallait pas lui obéir ; que rien n'était plus indécent pour une fille, et surtout pour celle du grand roi de Babylone, que d'aller courir sans savoir où ; que c'était le vrai moyen de n'être point mariée, ou de faire un mariage clandestin, honteux et ridicule ; qu'en un mot cet oracle n'avait pas le sens commun.

Le plus jeune des ministres, nommé Onadase, qui avait plus d'esprit qu'eux, dit que l'oracle entendait sans doute quelque pèlerinage de dévotion, et qu'il s'offrait à être le conducteur de la princesse. Le conseil revint à son avis ; mais chacun voulut servir d'écuyer. Le roi décida que la princesse pourrait aller à trois cents parasanges sur le chemin de l'Arabie, à un temple dont le saint avait la réputation de procurer d'heureux mariages aux filles, et que ce serait le doyen du conseil qui l'accompagnerait. Après cette décision, on alla souper.

III

Au milieu des jardins, entre deux cascades, s'élevait un salon ovale de trois cents pieds de diamètre, dont la voûte d'azur semée d'étoiles d'or représentait toutes les constellations avec les planètes, chacune à leur véritable place, et cette voûte tournait, ainsi que le ciel, par des machines aussi invisibles que le sont celles qui dirigent les mouvements célestes. Cent mille flambeaux enfermés dans des

cylindres de cristal de roche éclairaient les dehors et l'inté-
rieur de la salle à manger ; un buffet en gradins portait
vingt mille vases ou plats d'or ; et vis-à-vis le buffet d'autres gradins étaient remplis de musiciens. Deux autres
amphithéâtres étaient chargés, l'un des fruits de toutes les
saisons ; l'autre, d'amphores de cristal où brillaient tous les
vins de la terre.

Les convives prirent leurs places autour d'une table de
compartiments qui figuraient des fleurs et des fruits, tous
en pierres précieuses. La belle Formosante fut placée entre
le roi des Indes et celui d'Égypte, la belle Aldée auprès du
roi des Scythes. Il y avait une trentaine de princes, et
chacun d'eux était à côté d'une des plus belles dames du
palais. Le roi de Babylone au milieu, vis-à-vis de sa fille,
paraissait partagé entre le chagrin de n'avoir pu la marier,
et le plaisir de la garder encore. Formosante lui demanda
la permission de mettre son oiseau sur la table à côté d'elle.
Le roi le trouva très bon.

La musique, qui se fit entendre, donna une pleine liberté
à chaque prince d'entretenir sa voisine. Le festin parut
aussi agréable que magnifique. On avait servi devant
Formosante un ragoût que le roi son père aimait beaucoup.
La princesse dit qu'il fallait le porter devant Sa Majesté ;
aussitôt l'oiseau se saisit du plat avec une dextérité mer-
veilleuse, et va le présenter au roi. Jamais on ne fut plus
étonné à souper. Bélus lui fit autant de caresses que sa
fille. L'oiseau reprit ensuite son vol pour retourner auprès
d'elle. Il déployait en volant une si belle queue, ses ailes
étendues étalaient tant de brillantes couleurs, l'or de son
plumage jetait un éclat si éblouissant, que tous les yeux
ne regardaient que lui. Tous les concertants cessèrent leur
musique et devinrent immobiles. Personne ne mangeait,
personne ne parlait ; on n'entendait qu'un murmure d'admiration. La princesse de Babylone le baisa pendant tout
le souper, sans songer seulement s'il y avait des rois dans
le monde. Ceux des Indes et d'Égypte sentirent redoubler
leur dépit et leur indignation, et chacun d'eux se promit

bien de hâter la marche de ses trois cent mille hommes pour se venger.

Pour le roi des Scythes, il était occupé à entretenir la belle Aldée : son cœur altier, méprisant sans dépit les inattentions de Formosante, avait conçu pour elle plus d'indifférence que de colère. Elle est belle, disait-il, je l'avoue ; mais elle me paraît de ces femmes qui ne sont occupées que de leur beauté, et qui pensent que le genre humain doit leur être bien obligé quand elles daignent se laisser voir en public. On n'admire point des idoles dans mon pays. J'aimerais mieux une laideron complaisante et attentive que cette belle statue. Vous avez, madame, autant de charmes qu'elle, et vous daignez au moins faire conversation avec les étrangers. Je vous avoue, avec la franchise d'un Scythe, que je vous donne la préférence sur votre cousine. Il se trompait pourtant sur le caractère de Formosante ; elle n'était pas si dédaigneuse qu'elle le paraissait ; mais son compliment fut très bien reçu de la princesse Aldée. Leur entretien devint fort intéressant : ils étaient très contents et déjà sûrs l'un de l'autre avant qu'on sortît de table.

Après le souper, on alla se promener dans les bosquets. Le roi des Scythes et Aldée ne manquèrent pas de chercher un cabinet solitaire. Aldée, qui était la franchise même, parla ainsi à ce prince :

— Je ne hais point ma cousine, quoi qu'elle soit plus belle que moi, et qu'elle soit destinée au trône de Babylone : l'honneur de vous plaire me tient lieu d'attraits. Je préfère la Scythie avec vous à la couronne de Babylone sans vous ; mais cette couronne m'appartient de droit, s'il y a des droits dans le monde, car je suis de la branche aînée de Nemrod, et Formosante n'est que la cadette. Son grand-père détrôna le mien, et le fit mourir.

— Telle est donc la force du sang dans la maison de Babylone ! dit le Scythe. Comment s'appelait votre grand-père ?

— Il se nommait Aldée, comme moi : mon père avait le même nom : il fut relégué au fond de l'empire avec ma mère ;

et Bélus, après leur mort, ne craignant rien de moi, voulut bien m'élever auprès de sa fille ; mais il a décidé que je ne serais jamais mariée.

— Je veux venger votre père, votre grand-père et vous, dit le roi des Scythes. Je vous réponds que vous serez mariée ; je vous enlèverai après-demain de grand matin ; car il faut dîner demain avec le roi de Babylone, et je reviendrai soutenir vos droits avec une armée de trois cent mille hommes. — Je le veux bien, dit la belle Aldée ; et, après s'être donné leur parole d'honneur, ils se séparèrent.

Il y avait longtemps que l'incomparable Formosante s'était allée coucher. Elle avait fait placer à côté de son lit un petit oranger dans une caisse d'argent pour y faire reposer son oiseau. Ses rideaux étaient fermés ; mais elle n'avait nulle envie de dormir ; son cœur et son imagination étaient trop éveillés. Le charmant inconnu était devant ses yeux ; elle le voyait tirant une flèche avec l'arc de Nemrod ; elle le contemplait coupant la tête du lion ; elle récitait son madrigal : enfin elle le voyait s'échapper de la foule, monté sur sa licorne ; alors elle éclatait en sanglots ; elle s'écriait avec larmes : Je ne le reverrai donc plus ; il ne reviendra pas.

— Il reviendra, madame, lui répondit l'oiseau du haut de son oranger : peut-on vous avoir vue et ne pas vous revoir ?

— O ciel ! ô puissances éternelles ! mon oiseau parle le pur chaldéen ! En disant ces mots, elle tire ses rideaux, lui tend les bras, se met à genoux sur son lit : Êtes-vous un dieu descendu sur la terre ? êtes-vous le grand Orosmade caché sous ce beau plumage ? Si vous êtes un dieu, rendez-moi ce beau jeune homme.

— Je ne suis qu'un volatile, répliqua l'autre ; mais je naquis dans les temps que toutes les bêtes parlaient encore, et que les oiseaux, les serpents, les ânesses, les chevaux et les griffons s'entretenaient familièrement avec les hommes. Je n'ai pas voulu parler devant le monde, de peur que vos dames d'honneur ne me prissent pour un sorcier : je ne veux me découvrir qu'à vous.

Formosante interdite, égarée, enivrée de tant de merveilles, agitée de l'empressement de faire cent questions à la fois, lui demanda d'abord quel âge il avait. — Vingt-sept mille neuf cents ans et six mois, madame ; je suis de l'âge de la petite révolution du ciel que vos mages appellent *la précession des équinoxes*, et qui s'accomplit en près de vingt-huit mille de vos années. Il y a des révolutions infiniment plus longues ; aussi nous avons des êtres beaucoup plus vieux que moi. Il y a vingt-deux mille ans que j'appris le chaldéen dans un de mes voyages ; j'ai toujours conservé beaucoup de goût pour la langue chaldéenne ; mais les autres animaux mes confrères ont renoncé à parler dans vos climats. — Et pourquoi cela, mon divin oiseau ? — Hélas ! c'est parce que les hommes ont pris enfin l'habitude de nous manger, au lieu de converser et de s'instruire avec nous. Les barbares ! ne devaient-ils pas être convaincus qu'ayant les mêmes organes qu'eux, les mêmes sentiments, les mêmes besoins, les mêmes désirs, nous avions ce qui s'appelle *une âme* tout comme eux ; que nous étions leurs frères, et qu'il ne fallait cuire et manger que les méchants ? Nous sommes tellement vos frères, que le grand Être, l'Être éternel et formateur, ayant fait un pacte avec les hommes (1), nous comprit expressément dans le traité. Il vous défendit de vous nourrir de notre sang, et à nous de sucer le vôtre.

Les fables de votre ancien Locman, traduites en tant de langues, seront un témoignage éternellement subsistant de l'heureux commerce que vous avez eu autrefois avec nous. Elles commencent toutes par ces mots : *Du temps que les bêtes parlaient.* Il est vrai qu'il y a beaucoup de femmes parmi vous qui parlent toujours à leurs chiens ; mais ils ont résolu de ne point répondre depuis qu'on les a forcés à coups de fouet d'aller à la chasse et d'être les complices du meurtre de nos anciens amis communs, les cerfs, les daims, les lièvres et les perdrix.

---

(1) Voyez le chap. IX de la *Genèse*, et le chap. III de l'*Ecclésiaste*.

Vous avez encore d'anciens poèmes dans lesquels les chevaux parlent, et vos cochers leur adressent la parole tous les jours ; mais c'est avec tant de grossièreté, et en prononçant des mots si infâmes, que les chevaux, qui vous aimaient tant autrefois, vous détestent aujourd'hui.

Le pays où demeure votre charmant inconnu, le plus parfait des hommes, est demeuré le seul où votre espèce sache encore aimer la nôtre et lui parler ; et c'est la seule contrée de la terre où les hommes soient justes.

— Et où est-il, ce pays de mon cher inconnu ? quel est le nom de ce héros ? comment se nomme son empire ? car je ne croirai pas plus qu'il est berger que je ne crois que vous êtes une chauve-souris.

— Son pays, madame, est celui des Gangarides, peuple vertueux et invincible qui habite la rive orientale du Gange. Le nom de mon ami est Amazan. Il n'est pas roi, et je ne sais même s'il voudrait s'abaisser à l'être ; il aime trop ses compatriotes : il est berger comme eux... Mais n'allez pas vous imaginer que ces bergers ressemblent aux vôtres, qui, couverts à peine de lambeaux déchirés, gardent des moutons infiniment mieux habillés qu'eux, qui gémissent sous le fardeau de la pauvreté, et qui payent à un exacteur la moitié des gages chétifs qu'ils reçoivent de leurs maîtres. Les bergers gangarides, nés tous égaux, sont les maîtres des troupeaux innombrables qui couvrent leurs prés éternellement fleuris. On ne les tue jamais ; c'est un crime horrible vers le Gange de tuer et de manger son semblable. Leur laine, plus fine et plus brillante que la plus belle soie, est le plus grand commerce de l'Orient. D'ailleurs la terre des Gangarides produit tout ce qui peut flatter les désirs de l'homme. Ces gros diamants qu'Amazan a eu l'honneur de vous offrir sont d'une mine qui lui appartient. Cette licorne que vous l'avez vu monter est la monture ordinaire des Gangarides. C'est le plus bel animal, le plus fier, le plus terrible et le plus doux qui orne la terre. Il suffirait de cent Gangarides et de cent licornes pour dissiper des armées innombrables. Il y a environ deux siècles

qu'un roi des Indes fut assez fou pour vouloir conquérir
cette nation : il se présenta suivi de dix mille éléphants et
d'un million de guerriers. Les licornes percèrent les éléphants, comme j'ai vu sur votre table des mauviettes enfi-
lées dans des brochettes d'or. Les guerriers tombaient sous
le sabre des Gangarides comme les moissons de riz sont
coupées par les mains des peuples de l'Orient. On prit le roi
prisonnier avec plus de six cent mille hommes. On le bai-
gna dans les eaux salutaires du Gange ; on le mit au régime
du pays, qui consiste à ne se nourrir que de végétaux
prodigués par la nature pour nourrir tout ce qui respire.
Les hommes alimentés de carnage et abreuvés de liqueurs
fortes ont tous un sang aigri et aduste qui les rend fous
en cent manières différentes Leur principale démence
est la fureur de verser le sang de leurs frères, et de dévaster
des plaines fertiles pour régner sur des cimetières. On
employa six mois entiers à guérir le roi des Indes de sa
maladie. Quand les médecins eurent enfin jugé qu'il avait
le pouls plus tranquille et l'esprit plus rassis, ils en donnèrent le certificat au conseil des Gangarides. Ce conseil,
ayant pris l'avis des licornes, renvoya humainement le roi
des Indes, sa sotte cour et ses imbéciles guerriers dans leur
pays. Cette leçon les rendit sages, et, depuis ce temps,
les Indiens respectèrent les Gangarides, comme les ignorants qui voudraient s'instruire respectent parmi vous les
philosophes chaldéens, qu'ils ne peuvent égaler. — A propos,
mon cher oiseau, lui dit la princesse, y a-t-il une religion
chez les Gangarides ? — S'il y en a une, madame ! nous nous
assemblons pour rendre grâces à Dieu, les jours de la
pleine lune, les hommes dans un grand temple de cèdre,
les femmes dans un autre, de peur de distractions ; tous
les oiseaux dans un bocage, les quadrupèdes sur une belle
pelouse ; nous remercions Dieu de tous les biens qu'il nous
a faits. Nous avons surtout des perroquets qui prêchent à
merveille.

Telle est la patrie de mon cher Amazan ; c'est là que je
demeure : j'ai autant d'amitié pour lui qu'il vous a inspiré

d'amour. Si vous m'en croyez, nous partirons ensemble et vous irez lui rendre sa visite.

— Vraiment, mon oiseau, vous faites là un joli métier, répondit en souriant la princesse, qui brûlait d'envie de faire le voyage, et qui n'osait le dire. — Je sers mon ami, dit l'oiseau ; et, après le bonheur de vous aimer, le plus grand est celui de servir vos amours.

Formosante ne savait plus où elle en était ; elle se croyait transportée hors de la terre. Tout ce qu'elle avait vu dans cette journée, tout ce qu'elle voyait, tout ce qu'elle entendait, et surtout ce qu'elle sentait dans son cœur, la plongeait dans un ravissement qui passait de bien loin celui qu'éprouvent aujourd'hui les fortunés musulmans, quand, dégagés de leurs liens terrestres, ils se voient dans le neuvième ciel entre les bras de leurs houris, environnés et pénétrés de la gloire et de la félicité célestes.

IV

Elle passa toute la nuit à parler d'Amazan. Elle ne l'appelait plus que son *berger* ; et c'est depuis ce temps-là que les noms de *berger* et d'*amant* sont toujours employés l'un pour l'autre chez quelques nations.

Tantôt elle demandait à l'oiseau si Amazan avait eu d'autres maîtresses. Il répondait que non, et elle était au comble de la joie. Tantôt elle voulait savoir à quoi il passait sa vie ; et elle apprenait avec transport qu'il l'employait à faire du bien, à cultiver les arts, à pénétrer les secrets de la nature, à perfectionner son être. Tantôt elle voulait savoir si l'âme de son oiseau était de la même nature que celle de son amant : pourquoi il avait vécu près de vingt-huit mille ans, tandis que son amant n'en avait que dix-huit ou dix-neuf. Elle faisait cent questions pareilles,

auxquelles l'oiseau répondait avec une discrétion qui
irritait sa curiosité. Enfin le sommeil ferma leurs yeux,
et livra Formosante à la douce illusion des songes envoyés
par les dieux, qui surpassent quelquefois la réalité même,
et que toute la philosophie des Chaldéens a bien de la
peine à expliquer.

Formosante ne s'éveilla que très tard. Il était petit jour
chez elle quand le roi son père entra dans sa chambre.
L'oiseau reçut Sa Majesté avec une politesse respectueuse,
alla au-devant de lui, battit des ailes, allongea son cou,
et se remit sur son oranger. Le roi s'assit sur le lit de sa
fille, que ses rêves avaient encore embellie. Sa grande
barbe s'approcha de ce beau visage, et, après lui avoir
donné deux baisers, il lui parla en ces mots :

— Ma chère fille, vous n'avez pu trouver hier un mari,
comme je l'espérais : il vous en faut un pourtant ; le salut
de mon empire l'exige. J'ai consulté l'oracle, qui, comme
vous savez, ne ment jamais, et qui dirige toute ma conduite ; il m'a ordonné de vous faire courir le monde. Il faut
que vous voyagiez. — Ah ! chez les Gangarides sans doute,
dit la princesse ; et en prononçant ces mots, qui lui échap-
paient, elle sentit bien qu'elle disait une sottise. Le roi,
qui ne savait pas un mot de géographie, lui demanda ce
qu'elle entendait par des Gangarides. Elle trouva aisément une défaite. Le roi lui apprit qu'il fallait faire un
pèlerinage, qu'il avait nommé les personnes de sa suite, le
doyen des conseillers d'État, le grand aumônier, une dame
d'honneur, un médecin, un apothicaire, et son oiseau,
avec tous les domestiques convenables.

Formosante, qui n'était jamais sortie du palais du roi
son père et qui, jusqu'à la journée des trois rois et d'Amazan n'avait mené qu'une vie très insipide dans l'étiquette
du faste et dans l'apparence des plaisirs, fut ravie d'avoir
un pèlerinage à faire. — Qui sait, disait-elle tout bas à son
cœur, si les dieux n'inspireront pas à mon cher Gangaride
le même désir d'aller à la même chapelle, et si je n'aurai pas
le bonheur de revoir le pèlerin ? Elle remercia tendrement

son père, en lui disant qu'elle avait toujours eu une secrète dévotion pour le saint chez lequel on l'envoyait.

Bélus donna un excellent dîner à ses hôtes ; il n'y avait que des hommes. C'étaient tous gens fort mal assortis : rois, princes, ministres, pontifes, tous jaloux les uns des autres, tous pesant leurs paroles, tous embarrassés de leurs voisins et d'eux-mêmes. Le repas fut triste, quoiqu'on y bût beaucoup. Les princesses restèrent dans leurs appartements, occupées chacune de leur départ. Elles mangèrent à leur petit couvert. Formosante ensuite alla se promener dans les jardins avec son cher oiseau, qui, pour l'amuser, vola d'arbre en arbre en étalant sa superbe queue et son divin plumage.

Le roi d'Égypte, qui était chaud de vin, pour ne pas dire ivre, demanda un arc et des flèches à un de ses pages. Ce prince était à la vérité l'archer le plus maladroit de son royaume. Quand il tirait au blanc, la place où l'on était le plus en sûreté était le but où il visait ; mais le bel oiseau, en volant aussi rapidement que la flèche, se présenta lui-même au coup, et tomba tout sanglant entre les bras de Formosante. L'Égyptien, en riant d'un sot rire, se retira dans son quartier. La princesse perça le ciel de ses cris, fondit en larmes, se meurtrit les joues et la poitrine. L'oiseau mourant lui dit tout bas : Brûlez-moi, et ne manquez pas de porter mes cendres vers l'Arabie Heureuse, à l'orient de l'ancienne ville d'Aden ou d'Éden, et de les exposer au soleil sur un petit bûcher de girofle et de cannelle. Après avoir proféré ces paroles, il expira. Formosante resta longtemps évanouie, et ne revit le jour que pour éclater en sanglots. Son père, partageant sa douleur, et faisant des imprécations contre le roi d'Égypte, ne douta pas que cette aventure n'annonçât un avenir sinistre. Il alla vite consulter l'oracle de sa chapelle. L'oracle répondit : « Mélange de tout ; mort vivant, infidélité et constance, perte et gain, calamités et bonheur. » Ni lui ni son conseil n'y purent rien comprendre ; mais enfin il était satisfait d'avoir rempli ses devoirs de dévotion.

Sa fille éplorée, pendant qu'il consultait l'oracle, fit rendre à l'oiseau les honneurs funèbres qu'il avait ordonnés, et résolut de le porter en Arabie au péril de ses jours. Il fut brûlé dans du lin incombustible avec l'oranger sur lequel il avait couché : elle en recueillit la cendre dans un petit vase d'or tout entouré d'escarboucles et des diamants qu'on ôta de la gueule du lion. Que ne put-elle, au lieu d'accomplir ce devoir funeste, brûler tout en vie le détestable roi d'Égypte ! c'était là tout son désir. Elle fit tuer, dans son dépit, ses deux crocodiles, ses deux hippopotames, ses deux zèbres, ses deux rats, et fit jeter ses deux momies dans l'Euphrate ; si elle avait tenu son bœuf Apis, elle ne l'aurait pas épargné.

Le roi d'Égypte, outré de cet affront, partit sur-le-champ pour faire avancer ses trois cent mille hommes. Le roi des Indes, voyant partir son allié, s'en retourna le jour même, dans le ferme dessein de joindre ses trois cent mille Indiens à l'armée égyptienne. Le roi de Scythie délogea dans la nuit avec la princesse Aldée, bien résolu de venir combattre pour elle à la tête de trois cent mille Scythes, et de lui rendre l'héritage de Babylone, qui lui était dû, puisqu'elle descendait de la branche aînée.

De son côté la belle Formosante se mit en route à trois heures du matin avec sa caravane de pèlerins, se flattant bien qu'elle pourrait aller en Arabie exécuter les dernières volontés de son oiseau, et que la justice des dieux immortels lui rendrait son cher Amazan, sans qui elle ne pouvait plus vivre.

Ainsi, à son réveil, le roi de Babylone ne trouva plus personne. Comme les grandes fêtes se terminent, disait-il, et comme elles laissent un vide étonnant dans l'âme, quand le fracas est passé ! Mais il fut transporté d'une colère vraiment royale, quand il apprit qu'on avait enlevé la princesse Aldée. Il donna ordre qu'on éveillât tous ses ministres, et qu'on assemblât le conseil. En attendant qu'ils vinssent, il ne manqua pas de consulter son oracle, mais il ne put jamais en tirer que ces paroles si célèbres depuis dans l'univers : *Quand on ne marie pas les filles, elles se marient elles-mêmes.*

Aussitôt l'ordre fut donné de faire marcher trois cent mille hommes contre le roi des Scythes. Voilà donc la guerre la plus terrible allumée de tous les côtés, et elle fut produite par les plaisirs de la plus belle fête qu'on ait jamais donnée sur la terre. L'Asie allait être désolée par quatre armées de trois cent mille combattants chacune. On sent bien que la guerre de Troie, qui étonna le monde quelques siècles après, n'était qu'un jeu d'enfants en comparaison ; mais aussi on doit considérer que dans la querelle des Troyens il ne s'agissait que d'une vieille femme fort libertine qui s'était fait enlever deux fois, au lieu qu'ici il s'agissait de deux filles et d'un oiseau.

Le roi des Indes allait attendre son armée sur le grand et magnifique chemin qui conduisait alors en droiture de Babylone à Cachemire. Le roi des Scythes courait avec Aldée par la belle route qui menait au mont Immaus. Tous ces chemins ont disparu dans la suite par le mauvais gouvernement. Le roi d'Égypte avait marché à l'occident, et s'avançait vers la petite mer Méditerranée, que les ignorants Hébreux ont depuis nommée *la Grande Mer.*

A l'égard de la belle Formosante, elle suivait le chemin de Bassora, planté de hauts palmiers qui fournissaient un ombrage éternel et des fruits dans toutes les saisons. Le temple où elle allait en pèlerinage était dans Bassora même. Le saint à qui ce temple avait été dédié était à peu près dans le goût de celui qu'on adora depuis à Lampsaque. Non seulement il procurait des maris aux filles, mais il tenait lieu souvent de mari. C'était le saint le plus fêté de toute l'Asie.

Formosante ne se souciait point du tout du saint de Bassora ; elle n'invoquait que son cher berger gangaride, son bel Amazan. Elle comptait s'embarquer à Bassora, et entrer dans l'Arabie Heureuse pour faire ce que l'oiseau mort avait ordonné.

A la troisième couchée, à peine était-elle entrée dans

une hôtellerie où ses fourriers avaient tout préparé pour elle, qu'elle apprit que le roi d'Égypte y entrait aussi. Instruit de la marche de la princesse par ses espions, il avait sur-le-champ changé de route, suivi d'une nombreuse escorte. Il arrive ; il fait placer des sentinelles à toutes les portes ; il monte dans la chambre de la belle Formosante, et lui dit : Mademoiselle, c'est vous précisément que je cherchais ; vous avez fait très peu de cas de moi lorsque j'étais à Babylone ; il est juste de punir les dédaigneuses et les capricieuses : vous aurez, s'il vous plaît, la bonté de souper avec moi ce soir ; vous n'aurez point d'autre lit que le mien, et je me conduirai avec vous selon que j'en serai content.

Formosante vit bien qu'elle n'était pas la plus forte ; elle savait que le bon esprit consiste à se conformer à sa situation ; elle prit le parti de se délivrer du roi d'Egypte par une innocente adresse : elle le regarda du coin de l'œil, ce qui plusieurs siècles après s'est appelé *lorgner ;* et voici comme elle lui parla avec une modestie, une grâce, une douceur, un embarras, et une foule de charmes qui auraient rendu fou le plus sage des hommes, et aveuglé le plus clairvoyant :

Je vous avoue, monsieur, que je baissai toujours les yeux devant vous quand vous fîtes l'honneur au roi mon père de venir chez lui. Je craignais mon cœur, je craignais ma simplicité trop naïve : je tremblais que mon père et vos rivaux ne s'aperçussent de la préférence que je vous donnais, et que vous méritez si bien. Je puis à présent me livrer à mes sentiments. Je jure par le bœuf Apis, qui est, après vous, tout ce que je respecte le plus au monde, que vos propositions m'ont enchantée. J'ai déjà soupé avec vous chez le roi mon père : j'y souperai encore bien ici sans qu'il soit de la partie : tout ce que je vous demande, c'est que votre grand aumônier boive avec nous ; il m'a paru à Babylone un très bon convive ; j'ai d'excellent vin de Chiras, je veux vous en faire goûter à tous deux. A l'égard de votre seconde proposition, elle est très engageante, mais il ne convient pas à une fille bien née d'en parler ; qu'il vous suffise de savoir que je vous regarde comme le plus grand des rois et le plus aimable des hommes.

Ce discours fit tourner la tête au roi d'Égypte ; il voulut bien que l'aumônier fût en tiers. — J'ai encore une grâce à vous demander, lui dit la princesse, c'est de permettre que mon apothicaire vienne me parler ; les filles ont toujours de certaines petites incommodités qui demandent de certains soins, comme vapeurs de tête, battements de cœur, coliques, étouffements, auxquels il faut mettre un certain ordre dans de certaines circonstances : en un mot, j'ai un besoin pressant de mon apothicaire, et j'espère que vous ne me refuserez pas cette légère marque d'amour.

— Mademoiselle, lui répondit le roi d'Égypte, quoiqu'un apothicaire ait des vues précisément opposées aux miennes, et que les objets de son art soient le contraire de ceux du mien, je sais trop bien vivre pour refuser une demande si juste ; je vais ordonner qu'il vienne vous parler en attendant le souper ; je conçois que vous devez être un peu fatiguée du voyage : vous devez aussi avoir besoin d'une femme de chambre, vous pourrez faire venir celle qui vous agréera davantage ; j'attendrai ensuite vos ordres et votre commodité. Il se retira ; l'apothicaire et la femme de chambre nommée Irla, arrivèrent. La princesse avait en elle une entière confiance ; elle lui ordonna de faire apporter six bouteilles de vin de Chiras pour le souper, et d'en faire boire de pareil à toutes les sentinelles qui tenaient ses officiers aux arrêts, puis elle recommanda à l'apothicaire de faire mettre dans toutes les bouteilles certaines drogues de sa pharmacie qui faisaient dormir les gens vingt-quatre heures, et dont il était toujours pourvu. Elle fut ponctuellement obéie. Le roi revint avec le grand aumônier au bout d'une demi-heure : le souper fut très gai ; le roi et le prêtre vidèrent les six bouteilles, et avouèrent qu'il n'y avait pas de si bon vin en Égypte ; la femme de chambre eut soin d'en faire boire aux domestiques qui avaient servi. Pour la princesse, elle eut grande attention de n'en point boire, disant que son médecin l'avait mise au régime. Tout fut bientôt endormi.

L'aumônier du roi d'Égypte avait la plus belle barbe que pût porter un homme de sa sorte. Formosante la coupa très adroitement ; puis, l'ayant fait coudre à un petit ruban, elle l'attacha à son menton. Elle s'affubla de la robe du prêtre et de toutes les marques de sa dignité, habilla sa femme de chambre en sacristain de la déesse Isis ; enfin, s'étant munie de son urne et de ses pierreries, elle sortit de l'hôtellerie à travers les sentinelles, qui dormaient comme leur maître. La suivante avait eu soin de faire tenir à la porte deux chevaux prêts. La princesse ne pouvait mener avec elle aucun des officiers de sa suite : ils auraient été arrêtés par les grandes gardes.

Formosante et Irla passèrent à travers des haies de soldats, qui, prenant la princesse pour le grand prêtre, l'appelaient *mon révérendissime père en Dieu*, et lui demandaient sa bénédiction. Les deux fugitives arrivèrent en vingt-quatre heures à Bassora, avant que le roi fût éveillé. Elles quittèrent alors leur déguisement, qui eût pu donner des soupçons. Elles frétèrent au plus vite un vaisseau qui les porta, par le détroit d'Ormus, au beau rivage d'Éden, dans l'Arabie Heureuse. C'est cet Éden, dont les jardins furent si renommés qu'on en fit depuis la demeure des justes ; ils furent le modèle des Champs-Élysées, des jardins des Hespérides, et de ceux des îles Fortunées ; car, dans ces climats chauds, les hommes n'imaginèrent point de plus grande béatitude que les ombrages et les murmures des eaux. Vivre éternellement dans les cieux avec l'Être suprême, ou aller se promener dans le jardin, dans le paradis, fut la même chose pour les hommes, qui parlent toujours sans s'entendre, et qui n'ont pu guère avoir encore d'idées nettes ni d'expressions justes.

Dès que la princesse se vit dans cette terre, son premier soin fut de rendre à son cher oiseau les honneurs funèbres qu'il avait exigés d'elle. Ses belles mains dressèrent un petit bûcher de girofle et de cannelle. Quelle fut sa surprise

lorsque, ayant répandu les cendres de l'oiseau sur ce bûcher,
elle le vit s'enflammer de lui-même. Tout fut bientôt consumé. Il ne parut, à la place des cendres, qu'un gros œuf;
dont elle vit sortir son oiseau plus brillant qu'il ne l'avait
jamais été. Ce fut le plus beau des moments que la princesse eût éprouvés dans toute sa vie ; il n'y en avait qu'un
qui pût lui être plus cher ; elle le désirait, mais elle ne
l'espérait pas.

— Je vois bien, dit-elle à l'oiseau, que vous êtes le phénix
dont on m'avait tant parlé. Je suis prête à mourir d'étonnement et de joie. Je ne croyais point à la résurrection ;
mais mon bonheur m'en a convaincue. — La résurrection,
madame, lui dit le phénix, est la chose du monde la plus
simple. Il n'est pas plus surprenant de naître deux fois
qu'une. Tout est résurrection dans ce monde ; les chenilles
ressuscitent en papillons ; un noyau mis en terre ressuscite
en arbre ; tous les animaux ensevelis dans la terre ressuscitent en herbes, en plantes, et nourrissent d'autres animaux dont ils font bientôt une partie de la substance :
toutes les particules qui composaient le corps sont changées
en différents êtres. Il est vrai que je suis le seul à qui le
puissant Orosmade ait fait la grâce de ressusciter dans sa
propre nature.

Formosante qui, depuis le jour qu'elle vit Amazan et
le phénix pour la première fois, avait passé toutes ses
heures à s'étonner, lui dit : Je conçois bien que le grand
Être ait pu former de vos cendres un phénix à peu près
semblable à vous ; mais que vous soyez précisément la
même personne, que vous ayez la même âme, j'avoue que
je ne le comprends pas bien clairement. Qu'est devenue
votre âme pendant que je vous portais dans ma poche
après votre mort ?

— Eh ! mon Dieu ! madame, n'est-il pas aussi facile au
grand Orosmade de continuer son action sur une petite
étincelle de moi-même que de commencer cette action ?
Il m'avait accordé auparavant le sentiment, la mémoire,
et la pensée ; il me les accorde encore : qu'il ait attaché

cette faveur à un atome de feu élémentaire caché dans moi, ou à l'assemblage de mes organes, cela ne fait rien au fond : le phénix et les hommes ignoreront toujours comment la chose se passe ; mais la plus grande grâce que l'Être suprême m'ait accordée est de me faire renaître pour vous. Que ne puis-je passer les vingt-huit mille ans que j'ai encore à vivre jusqu'à ma prochaine résurrection entre vous et mon cher Amazan !

— Mon phénix, lui répartit la princesse, songez que les premières paroles que vous me dites à Babylone, et que je n'oublierai jamais, me flattèrent de l'espérance de revoir ce berger que j'idolâtre ; il faut absolument que nous allions ensemble chez les Gangarides, et que je le ramène à Babylone. — C'est mon dessein, dit le phénix ; il n'y a pas un moment à perdre. Il faut aller trouver Amazan par le plus court chemin, c'est-à-dire par les airs. Il y a dans l'Arabie Heureuse deux griffons, mes amis intimes, qui ne demeurent qu'à cent cinquante milles d'ici : je vais leur écrire par la poste aux pigeons ; ils viendront avant la nuit. Nous aurons tout le temps de vous faire travailler un petit canapé-commode avec des tiroirs où l'on mettra vos provisions de bouche. Vous serez très à votre aise dans cette voiture avec votre demoiselle. Les deux griffons sont les plus vigoureux de leur espèce ; chacun d'eux tiendra un des bras du canapé entre ses griffes ; mais, encore une fois, les moments sont chers. Il alla sur-le-champ avec Formosante commander le canapé à un tapissier de sa connaissance. Il fut achevé en quatre heures. On mit dans les tiroirs des petits pains à la reine, des biscuits meilleurs que ceux de Babylone, des poncires, des ananas, des cocos, des pistaches, et du vin d'Éden, qui l'emporte sur le vin de Chiras autant que celui de Chiras est au-dessus de celui de Suresnes.

Le canapé était aussi léger que commode et solide. Les deux griffons arrivèrent dans Éden à point nommé. Formosante et Irla se placèrent dans la voiture. Les deux griffons l'enlevèrent comme une plume. Le phénix tantôt volait auprès, tantôt se perchait sur le dossier. Les deux griffons cinglèrent vers le Gange avec la rapidité d'une flèche qui fend les airs. On ne se reposait que la nuit pendant quelques moments pour manger, et pour faire boire un coup aux deux voituriers.

On arriva enfin chez les Gangarides. Le cœur de la princesse palpitait d'espérance, d'amour et de joie. Le phénix fit arrêter la voiture devant la maison d'Amazan ; il demande à lui parler, mais il y avait trois heures qu'il en était parti, sans qu'on sût où il était allé.

Il n'y a point de termes dans la langue même des Gangarides qui puissent exprimer le désespoir dont Formosante fut accablée. — Hélas ! voilà ce que j'avais craint, dit le phénix, les trois heures que vous avez passées dans votre hôtellerie sur le chemin de Bassora avec ce malheureux roi d'Égypte vous ont enlevé peut-être pour jamais le bonheur de votre vie : j'ai bien peur que nous n'ayons perdu Amazan sans retour.

Alors il demanda aux domestiques si on pouvait saluer Madame sa mère. Ils répondirent que son mari était mort l'avant-veille, et qu'elle ne voyait personne. Le phénix, qui avait du crédit dans la maison, ne laissa pas de faire entrer la princesse de Babylone dans un salon dont les murs étaient revêtus de bois d'oranger à filets d'ivoire : les sous-bergers et sous-bergères, en longues robes blanches, ceintes de garnitures aurore, lui servirent dans cent corbeilles de simple porcelaine cent mets délicieux, parmi lesquels on ne voyait aucun cadavre déguisé : c'était du riz, du sagou, de la semoule, du vermicelle, des macaronis, des omelettes, des œufs au lait, des fromages à la crème, des pâtisseries de toute espèce, des légumes, des fruits d'un parfum et d'un goût dont on n'a point d'idée dans les autres climats : c'était une profusion de liqueurs rafraîchissantes, supérieures aux meilleurs vins.

Pendant que la princesse mangeait, couchée sur un lit de roses, quatre pavons, ou paons, ou pans, heureusement muets, l'éventaient de leurs brillantes ailes ; deux cents oiseaux, cent bergers et cent bergères, lui donnèrent un concert à deux chœurs ; les rossignols, les serins, les fauvettes, les pinsons, chantaient le dessus avec les bergères, les bergers faisaient la haute-contre et la basse : c'était en tout la belle et simple nature. La princesse avoua que, s'il y avait plus de magnificence à Babylone, la nature était mille fois plus agréable chez les Gangarides ; mais, pendant qu'on lui donnait cette musique si consolante et si voluptueuse, elle versait des larmes ; elle disait à la jeune Irla sa compagne : ces bergers et ces bergères, ces rossignols et ces serins font l'amour, et moi je suis privée du héros Gangaride, digne objet de mes très tendres et très impatients désirs.

Pendant qu'elle faisait ainsi collation, qu'elle admirait et qu'elle pleurait, le phénix disait à la mère d'Amazan : Madame, vous ne pouvez vous dispenser de voir la princesse de Babylone ; vous savez... — Je sais tout, dit-elle, jusqu'à son aventure dans l'hôtellerie sur le chemin de Bassora ; un merle m'a tout conté ce matin ; et ce cruel merle est la cause que mon fils, au désespoir, est devenu fou, et a quitté la maison paternelle. — Vous ne savez donc pas, reprit le phénix, que la princesse m'a ressuscité ? — Non, mon cher enfant ; je savais par le merle que vous étiez mort, et j'en étais inconsolable. J'étais si affligée de cette perte, de la mort de mon mari, et du départ précipité de mon fils, que j'avais fait défendre ma porte ; mais puisque la princesse de Babylone me fait l'honneur de venir me voir, faites-la entrer au plus vite, j'ai des choses de la dernière conséquence à lui dire, et je veux que vous y soyez présent. Elle alla aussitôt dans un autre salon au-devant de la princesse. Elle ne marchait pas facilement ; c'était une dame d'environ trois cents années ; mais elle avait encore de beaux restes, et on voyait bien que vers les deux cent trente à quarante ans elle avait été charmante. Elle reçut Formosante avec une noblesse respectueuse, mêlée d'un air d'intérêt et de douleur qui fit sur la princesse une vive impression.

Formosante lui fit d'abord ses tristes compliments sur la mort de son mari. — Hélas ! dit la veuve, vous devez vous intéresser à sa perte plus que vous ne pensez. — J'en suis touchée, sans doute, dit Formosante ; il était le père de... A ces mots elle pleura. — Je n'étais venue que pour lui et à travers bien des dangers. J'ai quitté pour lui mon père et la plus brillante cour de l'univers ; j'ai été enlevée par un roi d'Égypte que je déteste. Échappée à ce ravisseur, j'ai traversé les airs pour venir voir ce que j'aime : j'arrive, et il me fuit ! Les pleurs et les sanglots l'empêchèrent d'en dire davantage.

La mère lui dit alors : Madame, lorsque le roi d'Égypte vous ravissait, lorsque vous soupiez avec lui dans un cabaret sur le chemin de Bassora, lorsque vos belles mains lui versaient du vin de Chiras, vous souvenez-vous d'avoir vu un merle qui voltigeait dans la chambre ? — Vraiment oui, vous m'en rappelez la mémoire ; je n'y avais pas fait attention ; mais, en recueillant mes idées, je me souviens très bien qu'au moment où le roi d'Égypte se leva de table pour me donner un baiser, le merle s'envola par la fenêtre en jetant un grand cri, et ne reparut plus.

— Hélas ! Madame, reprit la mère d'Amazan, voilà ce qui fait précisément le sujet de nos malheurs ; mon fils avait envoyé ce merle s'informer de l'état de votre santé et de tout ce qui se passait à Babylone ; il comptait revenir bientôt se mettre à vos pieds et vous consacrer sa vie. Vous ne savez pas à quel excès il vous adore. Tous les Gangarides sont amoureux et fidèles ; mais mon fils est le plus passionné et le plus constant de tous. Le merle vous rencontra dans un cabaret ; vous buviez très gaiement avec le roi d'Égypte et un vilain prêtre ; il vous vit enfin donner un tendre baiser à ce monarque qui avait tué le phénix, et pour qui mon fils conserve une horreur invincible. Le merle à cette vue fut saisi d'une juste indignation, il s'envola en maudissant vos funestes amours ; il est revenu aujourd'hui, il a tout conté ; mais dans quels moments, juste ciel ! dans le temps où mon fils pleurait avec moi la

mort de son père et celle du phénix ; dans le temps qu'il
apprenait de moi qu'il est votre cousin issu de germain !

— O ciel ! mon cousin ! Madame, est-il possible, par quelle
aventure ? comment ? quoi ! je serais heureuse à ce point !
et je serais en même temps assez infortunée pour l'avoir
offensé !

— Mon fils est votre cousin, vous dis-je, reprit la mère, et
je vais bientôt vous en donner la preuve ; mais en deve-
nant ma parente vous m'arrachez mon fils ; il ne pourra
survivre à la douleur que lui a causée votre baiser donné
au roi d'Égypte.

— Ah ! ma tante, s'écria la belle Formosante, je jure par
lui et par le puissant Orosmade, que ce baiser funeste,
loin d'être criminel, était la plus forte preuve d'amour que
je pusse donner à votre fils. Je désobéissais à mon père
pour lui. J'allais pour lui de l'Euphrate au Gange. Tombée
entre les mains de l'indigne pharaon d'Égypte, je ne pouvais lui échapper qu'en le trompant. J'en atteste les cendres et l'âme du phénix, qui étaient alors dans ma poche ;
il peut me rendre justice ; mais comment votre fils, né sur
les bords du Gange, peut-il être mon cousin, moi dont la
famille règne sur les bords de l'Euphrate depuis tant de
siècles ?

— Vous savez, lui dit la vénérable Gangaride, que votre
grand-oncle Aldée était roi de Babylone, et qu'il fut
détrôné par le père de Bélus. — Oui, madame. — Vous
savez que son fils Aldée avait eu de son mariage la princesse Aldée élevée dans votre cour. C'est ce prince qui,
étant persécuté par votre père, vint se réfugier dans notre
heureuse contrée, sous un autre nom ; c'est lui qui
m'épousa ; j'en ai eu le jeune prince Aldée-Amazan, le
plus beau, le plus fort, le plus courageux, le plus vertueux
des mortels, et aujourd'hui le plus fou. Il alla aux fêtes de
Babylone sur la représentation de votre beauté : depuis ce
temps-là il vous idolâtre, et peut-être je ne reverrai jamais
mon cher fils.

Alors elle fit déployer devant la princesse tous les titres

de la maison des Aldées ; à peine Formosante daigna les regarder. Ah ! madame, s'écria-t-elle, examine-t-on ce qu'on désire ? mon cœur vous en croit assez. Mais où est Aldée-Amazan, où est mon parent, mon amant, mon roi ? où est ma vie ? quel chemin a-t-il pris ? J'irai le chercher dans tous les globes que l'Éternel a formés, et dont il est le plus bel ornement. J'irai dans l'étoile *Canope*, dans *Sheat*, dans *Aldebaram ;* j'irai le convaincre de mon amour et de mon innocence.

Le phénix justifia la princesse du crime que lui imputait le merle d'avoir donné par amour un baiser au roi d'Egypte, mais il allait détromper Amazan et le ramener. Il envoie des oiseaux sur tous les chemins ; il met en campagne les licornes ; on lui rapporte enfin qu'Amazan a pris la route de la Chine. — Eh bien ! allons à la Chine, s'écria la princesse ; le voyage n'est pas long ; j'espère bien vous ramener votre fils dans quinze jours au plus tard. A ces mots, que de larmes de tendresse versèrent la mère Gangaride et la princesse de Babylone ! que d'embrassements ! que d'effusion de cœur !

Le phénix commanda sur-le-champ un carrosse à six licornes. La mère fournit deux cents cavaliers, et fit présent à la princesse, sa nièce, de quelques milliers des plus beaux diamants du pays. Le phénix, affligé du mal que l'indiscrétion du merle avait causé, fit ordonner à tous les merles de vider le pays ; et c'est depuis ce temps qu'il ne s'en trouve plus sur les bords du Gange.

<h2 style="text-align:center">V</h2>

Les licornes, en moins de huit jours, amenèrent Formosante, Irla, et le phénix, à Camballu, capitale de la Chine. C'était une ville plus grande que Babylone, et d'une espèce de magnificence toute différente. Ces nouveaux objets, ces mœurs nouvelles, auraient amusé Formosante, si elle avait pu être occupée d'autre chose que d'Amazan.

Dès que l'empereur de la Chine eut appris que la princesse de Babylone était à une porte de la ville, il lui dépêcha quatre mille mandarins en robe de cérémonie ; tous se prosternèrent devant elle, et lui présentèrent chacun un compliment écrit en lettres d'or sur une feuille de soie pourpre. Formosante leur dit que, si elle avait quatre mille langues, elle ne manquerait pas de répondre sur-le-champ à chaque mandarin ; mais que, n'en ayant qu'une, elle les priait de trouver bon qu'elle s'en servît pour les remercier tous en général. Ils la conduisirent respectueusement chez l'empereur.

C'était le monarque de la terre le plus juste, le plus poli, et le plus sage. Ce fut lui qui le premier laboura un petit champ de ses mains impériales, pour rendre l'agriculture respectable à son peuple. Il établit, le premier, des prix pour la vertu. Les lois, partout ailleurs, étaient honteusement bornées à punir les crimes. Cet empereur venait de chasser de ses États une troupe de bonzes étrangers qui étaient venus du fond de l'Occident, dans l'espoir insensé de forcer toute la Chine à penser comme eux, et qui, sous prétexte d'annoncer des vérités, avaient acquis déjà des richesses et des honneurs. Il leur avait dit, en les chassant, ces propres paroles enregistrées dans les annales de l'empire :

« Vous pourriez faire ici autant de mal que vous en avez fait ailleurs : vous êtes venus prêcher des dogmes d'intolérance chez la nation la plus tolérante de la terre. Je vous renvoie pour n'être jamais forcé de vous punir. Vous serez reconduits honorablement sur mes frontières ; on vous fournira tout pour retourner aux bornes de l'hémisphère dont vous êtes partis. Allez en paix si vous pouvez être en paix, et ne revenez plus. »

La princesse de Babylone apprit avec joie ce jugement et ce discours ; elle en était plus sûre d'être bien reçue à la cour, puisqu'elle était très éloignée d'avoir des dogmes intolérants. L'empereur de la Chine, en dînant avec elle tête à tête, eut la politesse de bannir l'embarras de toute étiquette gênante ; elle lui présenta le phénix, qui fut très caressé de l'empereur, et qui se percha sur son fauteuil. Formosante, sur la fin du repas, lui confia ingénument le sujet de son voyage, et le pria de faire rechercher dans Cambalu le bel Amazan, dont elle lui conta l'aventure, sans lui rien cacher de la fatale passion dont son cœur était enflammé pour ce jeune héros. — A qui en parlez-vous? lui dit l'empereur de la Chine ; il m'a fait le plaisir de venir dans ma cour ; il m'a enchanté, cet aimable Amazan ; il est vrai qu'il est profondément affligé ; mais ses grâces n'en sont que plus touchantes ; aucun de mes favoris n'a plus d'esprit que lui ; nul mandarin de robe n'a de plus vastes connaissances ; nul mandarin d'épée n'a l'air plus martial et plus héroïque ; son extrême jeunesse donne un nouveau prix à tous ses talents : si j'étais assez malheureux, assez abandonné du Tien et du Changti pour vouloir être conquérant, je prierais Amazan de se mettre à la tête de mes armées, et je serais sûr de triompher de l'univers entier. C'est bien dommage que son chagrin lui dérange quelquefois l'esprit.

— Ah! monsieur, lui dit Formosante avec un air enflammé et un ton de douleur, de saisissement et de reproche, pourquoi ne m'avez-vous pas fait dîner avec lui ? Vous me faites mourir ; envoyez-le prier tout à l'heure. — Madame, il est parti ce matin, et il n'a point dit dans quelle contrée il portait ses pas. Formosante se tourna vers le phénix : Eh ! bien, dit-elle, phénix, avez-vous jamais vu une fille plus malheureuse que moi ? Mais, monsieur, continua-t-elle, comment, pourquoi a-t-il pu quitter si brusquement une cour aussi polie que la vôtre, dans laquelle il me semble qu'on voudrait passer sa vie ?

— Voici, madame, ce qui est arrivé. Une princesse du sang, des plus aimables, s'est prise de passion pour lui, et lui a donné un rendez-vous chez elle à midi ; il est parti au point du jour, et il a laissé ce billet, qui a coûté bien des larmes à ma parente :

« Belle princesse du sang de la Chine, vous méritez un cœur qui n'ait jamais été qu'à vous ; j'ai juré aux dieux immortels de n'aimer jamais que Formosante, princesse de Babylone, et de lui apprendre comment on peut dompter ses désirs dans ses voyages ; elle a eu le malheur de succomber avec un indigne roi d'Égypte : je suis le plus malheureux des hommes ; j'ai perdu mon père et le phénix, et l'espérance d'être aimé de Formosante ; j'ai quitté ma mère affligée, ma patrie, ne pouvant vivre un moment dans les lieux où j'ai appris que Formosante en aimait un autre que moi ; j'ai juré de parcourir la terre et d'être fidèle. Vous me mépriseriez, et les dieux me puniraient si je violais mon serment ; prenez un amant, madame, et soyez aussi fidèle que moi. »

Ah ! laissez-moi cette étonnante lettre, dit la belle Formosante, elle fera ma consolation, je suis heureuse dans mon infortune. Amazan m'aime ; Amazan renonce pour moi à la possession des princesses de la Chine ; il n'y a que lui sur la terre capable de remporter une telle victoire ; il me donne un grand exemple ; le phénix sait que je n'en avais pas besoin ; il est bien cruel d'être privée de son amant pour le plus innocent des baisers donné par pure fidélité ; mais enfin où est-il allé ? quel chemin a-t-il pris ? daignez me l'enseigner, et je pars.

L'empereur de la Chine lui répondit qu'il croyait, sur les rapports qu'on lui avait faits, que son amant avait suivi une route qui menait en Scythie. Aussitôt les licornes furent attelées, et la princesse, après les plus tendres compliments, prit congé de l'empereur avec le phénix, sa femme de chambre Irla et toute sa suite.

Dès qu'elle fut en Scythie, elle vit plus que jamais combien les hommes et les gouvernements diffèrent, et différeront toujours jusqu'au temps où quelque peuple plus éclairé que les autres communiquera la lumière de proche en proche après mille siècles de ténèbres, et qu'il se trouvera dans des climats barbares des âmes héroïques qui auront la force et la persévérance de changer les brutes en hommes. Point de villes en Scythie, par conséquent point d'arts agréables. On ne voyait que de vastes prairies, et des nations entières sous des tentes et des chars. Cet aspect imprimait la terreur. Formosante demanda dans quelle tente ou dans quelle charrette logeait le roi. On lui dit que depuis huit jours il s'était mis en marche à la tête de trois cent mille hommes de cavalerie pour aller à la rencontre du roi de Babylone, dont il avait enlevé la nièce, la belle princesse Aldée. Il a enlevé ma cousine ! s'écria Formosante ; je ne m'attendais pas à cette nouvelle aventure : quoi ! ma cousine, qui était trop heureuse de me faire la cour, est devenue reine, et je ne suis pas encore mariée ! Elle se fit conduire incontinent aux tentes de la reine.

Leur réunion inespérée dans ces climats lointains, les choses singulières qu'elles avaient mutuellement à s'apprendre, mirent dans leur entrevue un charme qui leur fit oublier qu'elles ne s'étaient jamais aimées ; elles se revirent avec transport ; une douce illusion se mit à la place de la vraie tendresse ; elles s'embrassèrent en pleurant ; et il y eut même entre elles de la cordialité et de la franchise, attendu que l'entrevue ne se faisait pas dans un palais.

Aldée reconnut le phénix et la confidente Irla ; elle donna des fourrures de zibeline à sa cousine, qui lui donna des diamants. On parla de la guerre que les deux rois entreprenaient ; on déplora la condition des hommes que des monarques envoient par fantaisie s'égorger pour des différends que deux honnêtes gens pourraient concilier en une heure : mais surtout on s'entretint du bel étranger vainqueur du lion, donneur des plus gros diamants de l'univers, faiseur de madrigaux, possesseur du phénix, devenu le plus malheureux des hommes sur le rapport d'un merle. C'est mon cher frère, disait Aldée. — C'est mon amant, s'écriait Formosante ; vous l'avez vu sans doute, il peut être encore ici ; car, ma cousine, il sait qu'il est votre frère ; il ne vous aura pas quittée brusquement comme il a quitté le roi de la Chine.

— Si je l'ai vu, grands dieux! reprit Aldée; il a passé quatre jours entiers avec moi. Ah ! ma cousine, que mon frère est à plaindre ! un faux rapport l'a rendu absolument fou ; il court le monde sans savoir où il va. Figurez-vous qu'il a poussé la démence jusqu'à refuser les faveurs de la plus belle Scythe de toute la Scythie. Il partit hier après lui avoir écrit une lettre dont elle a été désespérée. Pour lui, il est allé chez les Cimmériens. — Dieu soit loué! s'écria Formosante, encore un refus en ma faveur ! mon bonheur a passé mon espoir, comme mon malheur a surpassé toute mes craintes. Faites-moi donner cette lettre charmante, que je parte, que je le suive, les mains pleines de ses sacrifices. Adieu, ma cousine ; Amazan est chez les Cimmériens, j'y vole.

Aldée trouva que la princesse sa cousine était encore plus folle que son frère Amazan : mais comme elle avait senti elle-même les atteintes de cette épidémie, comme elle avait quitté les délices et la magnificence de Babylone pour le roi des Scythes, comme les femmes s'intéressent toujours aux folies dont l'amour est cause, elle s'attendrit véritablement pour Formosante, lui souhaita un heureux voyage et lui promit de servir sa passion, si jamais elle était assez heureuse pour revoir son frère.

VI

Bientôt la princesse de Babylone et le phénix arrivèrent dans l'empire des Cimmériens, bien moins peuplé, à la vérité, que la Chine, mais deux fois plus étendu ; autrefois semblable à la Scythie, et devenu depuis quelque temps aussi florissant que les royaumes qui se vantaient d'instruire les autres États.

Après quelques jours de marche, on entra dans une très grande ville que l'impératrice régnante faisait embellir ; mais elle n'y était pas ; elle voyageait alors des frontières de l'\Europe à celles de l'Asie pour connaître ses États par ses yeux, pour juger des maux et porter les remèdes, pour accroître les avantages, pour semer l'instruction.

Un des principaux officiers de cette ancienne capitale, instruit de l'arrivée de la Babylonienne et du phénix, s'empressa de rendre ses hommages à la princesse, et de lui faire les honneurs du pays, bien sûr que sa maîtresse, qui était la plus polie et la plus magnifique des reines, lui saurait gré d'avoir reçu une si grande dame avec les mêmes égards qu'elle aurait prodigués elle-même.

On logea Formosante au palais, dont on écarta une foule importune de peuple ; on lui donna des fêtes ingénieuses. Le seigneur cimmérien, qui était un grand naturaliste, s'entretint beaucoup avec le phénix dans les temps où la princesse était retirée dans son appartement. Le phénix lui avoua qu'il avait autrefois voyagé chez les Cimmériens, et qu'il ne reconnaissait plus le pays. Comment de si prodigieux changements, disait-il, ont-ils pu être opérés dans un temps si court ? Il n'y a pas trois cents ans que je vis ici la nature sauvage dans toute son horreur ; j'y trouve aujourd'hui les arts, la splendeur, la gloire, et la politesse.—Un seul homme a commencé ce grand ouvrage, répondit le Cimmérien, une femme l'a perfectionné ; une femme a été meilleure législatrice que l'Isis des Égyptiens et la Cérès des Grecs. La plupart des législateurs ont eu un génie étroit et despotique qui a resserré leurs vues dans le pays qu'ils ont gouverné ; chacun a regardé son peuple comme étant seul sur la terre, ou comme devant être l'ennemi du reste de la terre. Ils ont formé des institutions pour ce seul peuple, introduit des usages pour lui seul, établi une religion pour lui seul. C'est ainsi que les Égyptiens, si fameux par des monceaux de pierres, se sont abrutis et déshonorés par leurs superstitions barbares. Ils croient les autres nations profanes, ils ne communiquent point avec elles ; et, excepté la cour qui s'élève quelquefois au-dessus des préjugés vulgaires, il n'y a pas un Égyptien qui voulût manger dans un plat dont un étranger se serait servi. Leurs prêtres sont cruels et absurdes. Il vaudrait mieux n'avoir point de lois, et n'écouter que la nature, qui a gravé dans nos cœurs les caractères du juste et de l'injuste, que de soumettre la société à des lois si insociables.

Notre impératrice embrasse des projets entièrement opposés ; elle considère son vaste État, sur lequel tous les méridiens viennent se joindre, comme devant correspondre à tous les peuples qui habitent sous ces différents méridiens. La première de ses lois a été la tolérance de toutes les religions, et la compassion pour toutes les erreurs. Son puissant génie a connu que si les cultes sont différents, la morale est partout la même ; par ce principe elle a lié sa nation à toutes les nations du monde, et les Cimmériens vont regarder le Scandinavien et le Chinois comme leurs frères. Elle a fait plus ; elle a voulu que cette précieuse tolérance, le premier lien des hommes, s'établît chez ses voisins ; mais elle a mérité le titre de mère de la patrie, et elle aura celui de bienfaitrice du genre humain, si elle persévère.

Avant elle, des hommes malheureusement puissants envoyaient des troupes de meurtriers ravir à des peuplades inconnues et arroser de leur sang les héritages de leurs pères ; on appelait ces assassins des héros ; leur brigandage était de la gloire. Notre souveraine a une autre gloire ; elle a fait marcher des armées pour apporter la paix, pour empêcher les hommes de se nuire, pour les forcer à se supporter les uns les autres ; et ses étendards ont été ceux de la concorde publique.

Le phénix, enchanté de tout ce que lui apprenait ce seigneur, lui dit : Monsieur, il y a vingt-sept mille neuf cents années et sept mois que je suis au monde ; je n'ai encore rien vu de comparable à ce que vous me faites entendre. Il lui

demanda des nouvelles de son ami Amazan ; le Cimmérien
lui conta les mêmes choses qu'on avait dites à la princesse
chez les Chinois et chez les Scythes. Amazan s'enfuyait
de toutes les cours qu'il visitait, sitôt qu'une dame lui
avait donné un rendez-vous auquel il craignait de succomber. Le phénix instruisit bientôt Formosante de cette nouvelle marque de fidélité qu'Amazan lui donnait ; fidélité
d'autant plus étonnante qu'il ne pouvait pas soupçonner
que sa princesse en fût jamais informée.

Il était parti pour la Scandinavie. Ce fut dans ces
climats que des spectacles nouveaux frappèrent encore ses
yeux. Ici la royauté et la liberté subsistaient ensemble par
un accord qui paraît impossible dans d'autres États ; les
agriculteurs avaient part à la législation, aussi bien que les
grands du royaume ; et un jeune prince donnait les plus
grandes espérances d'être digne de commander à une
nation libre. Là c'était quelque chose de plus étrange ; le
seul roi qui fût despotique de droit sur la terre par un con-
trat formel avec son peuple était en même temps le plus
jeune et le plus juste des rois.

Chez les Sarmates, Amazan vit un philosophe sur le
trône : on pouvait l'appeler le roi de l'anarchie ; car il était
le chef de cent mille petits rois dont un seul pouvait d'un
mot anéantir les résolutions de tous les autres. Éole n'avait
pas plus de peine à contenir tous les vents, qui se combattent sans cesse, que ce monarque n'en avait à concilier les
esprits : c'était un pilote environné d'un éternel orage ;
et cependant le vaisseau ne se brisait pas ; car le prince
était un excellent pilote.

En parcourant tous ces pays si différents de sa patrie,
Amazan refusait constamment toutes les bonnes fortunes
qui se présentaient à lui, toujours désespéré du baiser que
Formosante avait donné au roi d'Égypte, toujours affermi
dans son inconcevable résolution de donner à Formosante
l'exemple d'une fidélité unique et inébranlable.

La princesse de Babylone avec le phénix le suivait partout à la piste, et ne le manquait jamais que d'un jour ou

deux, sans que l'un se lassât de courir, et sans que l'autre perdît un moment à le suivre.

Ils traversèrent ainsi toute la Germanie ; ils admirèrent les progrès que la raison et la philosophie faisaient dans le Nord : tous les princes y étaient instruits, tous autorisaient la liberté de penser ; leur éducation n'avait point été confiée à des hommes qui eussent intérêt de les tromper, ou qui fussent trompés eux-mêmes : on les avait élevés dans la connaissance de la morale universelle, et dans le mépris des superstitions : on avait banni dans tous ces États un usage insensé, qui énervait et dépeuplait plusieurs pays méridionaux ; cette coutume était d'enterrer tout vivants, dans de vastes cachots, un nombre infini des deux sexes éternellement séparés l'un de l'autre, et de leur faire jurer de n'avoir jamais de communication ensemble. Cet excès de démence, accrédité pendant des siècles, avait dévasté la terre autant que les guerres les plus cruelles.

Les princes du Nord avaient à la fin compris que, si on voulait avoir des haras, il ne fallait pas séparer les plus forts chevaux des cavales. Ils avaient détruit aussi des erreurs non moins bizarres et non moins pernicieuses. Enfin les hommes osaient être raisonnables dans ces vastes pays, tandis qu'ailleurs on croyait encore qu'on ne peut les gouverner qu'autant qu'ils sont imbéciles.

VII

Amazan arriva chez les Bataves ; son cœur éprouva dans son chagrin une douce satisfaction d'y trouver quelque faible image du pays des heureux Gangarides : la liberté, l'égalité, la propreté, l'abondance, la tolérance ; mais les dames du pays étaient si froides, qu'aucune ne lui fit d'avances, comme on lui en avait fait partout ailleurs ; il n'eut pas la peine de résister. S'il avait voulu attaquer ces dames, il les aurait toutes subjuguées l'une après l'autre, sans être aimé d'aucune ; mais il était bien éloigné de songer à faire des conquêtes.

Formosante fut sur le point de l'attraper chez cette nation insipide : il ne s'en fallut que d'un moment.

Amazan avait entendu parler chez les Bataves avec tant d'éloges d'une certaine île, nommée Albion, qu'il s'était déterminé à s'embarquer, lui et ses licornes, sur un vaisseau qui, par un vent d'orient favorable, l'avait porté en quatre heures au rivage de cette terre plus célèbre que Tyr et que l'île Atlantique.

La belle Formosante, qui l'avait suivi au bord de la Duina, de la Vistule, de l'Elbe, du Véser, arrive enfin aux bouches du Rhin qui portait alors ses eaux rapides dans la mer Germanique.

Elle apprend que son cher amant a vogué aux côtes d'Albion ; elle croit voir son vaisseau ; elle pousse des cris de joie dont toutes les dames bataves sont surprises, n'imaginant pas qu'un jeune homme pût causer tant de joie ; et à l'égard du phénix, elles n'en firent pas grand cas, parce qu'elles jugèrent que ses plumes ne pourraient probablement se vendre aussi bien que celles des canards et des oisons de leurs marais. La princesse de Babylone loua ou nolisa deux vaisseaux pour la transporter avec tout son monde dans cette bienheureuse île, qui allait posséder l'unique objet de tous ses désirs, l'âme de sa vie, le dieu de son cœur.

Un vent funeste d'occident s'éleva tout à coup dans le moment même où le fidèle et malheureux Amazan mettait pied à terre en Albion ; les vaisseaux de la princesse de Babylone ne purent démarrer. Un serrement de cœur, une douleur amère, une mélancolie profonde, saisirent Formosante : elle se mit au lit, dans sa douleur, en attendant que le vent changeât ; mais il souffla huit jours entiers avec une violence désespérante. La princesse, pendant ce siècle de huit jours, se faisait lire par Irla des romans ; ce n'est

pas que les Bataves en sussent faire, mais, comme ils
étaient les facteurs de l'univers, ils vendaient l'esprit des
autres nations, ainsi que leurs denrées. La princesse fit
acheter chez Marc-Michel Rey tous les contes que l'on
avait écrits chez les Ausoniens et chez les Welches, et dont
le débit était défendu sagement chez ces peuples pour
enrichir les Bataves ; elle espérait qu'elle trouverait dans
ces histoires quelque aventure qui ressemblerait à la
sienne, et qui charmerait sa douleur. Irla lisait, le phénix
disait son avis, et la princesse ne trouvait rien dans *la
Paysanne parvenue*, ni dans *le Sofa*, ni dans *les Quatre
Facardins*, qui eût le moindre rapport à ses aventures ; elle
interrompait à tout moment la lecture pour demander de
quel côté venait le vent.

VIII

Cependant Amazan était déjà sur le chemin de la capitale d'Albion, dans son carrosse à six licornes, et rêvait à
sa princesse : il aperçut un équipage versé dans un fossé ;
les domestiques s'étaient écartés pour aller chercher du
secours ; le maître de l'équipage restait tranquillement
dans sa voiture, ne témoignant pas la plus légère impa-
tience, et s'amusant à fumer, car on fumait alors : il se
nommait milord *What-then*, ce qui signifie à peu près
milord *Qu'importe* en la langue dans laquelle je traduis ces
mémoires.

Amazan se précipita pour lui rendre service ; il releva
tout seul la voiture, tant sa force était supérieure à celle
des autres hommes. Milord Qu'importe se contenta de dire :
Voilà un homme bien vigoureux.

Des rustres du voisinage, étant accourus, se mirent en
colère de ce qu'on les avait fait venir inutilement, et s'en

prirent à l'étranger ; ils le menacèrent en l'appelant *chien d'étranger*, et ils voulurent le battre.

Amazan en saisit deux de chaque main, et les jeta à vingt pas. Les autres le respectèrent, le saluèrent, lui demandèrent pour boire : il leur donna plus d'argent qu'ils n'en avaient jamais vu. Milord Qu'importe lui dit : Je vous estime ; venez dîner avec moi dans ma maison de campagne qui n'est qu'à trois milles ; il monta dans la voiture d'Amazan, parce que la sienne était dérangée par la secousse.

Après un quart d'heure de silence, il regarda un moment Amazan, et lui dit : *How d'ye do ?* à la lettre, *Comment faites-vous faire.?* et, dans la langue du traducteur, *Comment vous portez-vous ?* ce qui ne veut rien dire du tout en aucune langue ; puis il ajouta : Vous avez là six jolies licornes ; et il se remit à fumer.

Le voyageur lui dit que les licornes étaient à son service : qu'il venait avec elles du pays des Gangarides, et il en prit occasion de lui parler de la princesse de Babylone, et du fatal baiser qu'elle avait donné au roi d'Égypte, à quoi l'autre ne répliqua rien du tout, se souciant très peu qu'il y eût dans le monde un roi d'Égypte et une princesse de Babylone. Il fut encore un quart d'heure sans parler ; après quoi il redemanda à son compagnon *comment il faisait faire*, et si on mangeait du bon *roast-beef* dans le pays des Gangarides. Le voyageur lui répondit avec sa politesse ordinaire qu'on ne mangeait point ses frères sur le bord du Gange. Il lui expliqua le système qui fut, après tant de siècles, celui de Pythagore, de Porphyre, de Jamblique. Sur quoi milord s'endormit, et ne fit qu'un somme jusqu'à ce qu'on fût arrivé à sa maison.

Il avait une femme jeune et charmante, à qui la nature avait donné une âme aussi vive et aussi sensible que celle de son mari était indifférente. Plusieurs seigneurs albioniens étaient venus ce jour-là dîner avec elle. Il y avait des caractères de toutes les espèces ; car le pays n'ayant presque jamais été gouverné que par des étrangers, les

familles venues avec ces princes avaient toutes apporté
des mœurs différentes. Il se trouva dans la compagnie des
gens très aimables, d'autres d'un esprit supérieur, quelques-uns d'une science profonde.

La maîtresse de la maison n'avait rien de cet air
emprunté et gauche, de cette roideur, de cette mauvaise
honte qu'on reprochait alors aux jeunes femmes d'Albion ;
elle ne cachait point, par un maintien dédaigneux et par un
silence affecté, la stérilité de ses idées et l'embarras humi-
liant de n'avoir rien à dire : nulle femme n'était plus engageante. Elle reçut Amazan avec la politesse et les grâces
qui lui étaient naturelles. L'extrême beauté de ce jeune
étranger, et la comparaison soudaine qu'elle fit entre lui
et son mari, la frappèrent d'abord sensiblement.

On servit. Elle fit asseoir Amazan à côté d'elle, et lui fit
manger des puddings de toute espèce, ayant su de lui que
les Gangarides ne se nourrissaient de rien qui eût reçu des
dieux le don céleste de vie. Sa beauté, sa force, les mœurs
des Gangarides, les progrès des arts, la religion et le gouvernement, furent le sujet d'une conversation aussi
agréable qu'instructive pendant le repas, qui dura jusqu'à
la nuit, et pendant lequel milord Qu'importe but beaucoup et ne dit mot.

Après le dîner, pendant que milady versait du thé, et
qu'elle dévorait des yeux le jeune homme, il s'entretenait
avec un membre du Parlement ; car chacun sait que dès
lors il y avait un Parlement, et qu'il s'appelait *Wittenage-
mot*, ce qui signifie *l'assemblée des gens d'esprit*. Amazan
s'informait de la constitution, des mœurs, des lois, des
forces, des usages, des arts, qui rendaient ce pays si recommandable ; et ce seigneur lui parlait en ces termes :

Nous avons longtemps marché tout nus, quoique le
climat ne soit pas chaud. Nous avons été longtemps traités
en esclaves par des gens venus de l'antique terre de Saturne,
arrosée des eaux du Tibre, mais nous nous sommes fait
nous-mêmes beaucoup plus de maux que nous n'en avions
essuyé de nos premiers vainqueurs. Un de nos rois poussa

la bassesse jusqu'à se déclarer sujet d'un prêtre qui demeurait aussi sur les bords du Tibre, et qu'on appelait *le Vieux des sept montagnes ;* tant la destinée de ces sept montagnes a été longtemps de dominer sur une grande partie de l'Europe habitée alors par des brutes !

Après ces temps d'avilissement sont venus des siècles de férocité et d'anarchie. Notre terre, plus orageuse que les mers qui l'environnent, a été saccagée et ensanglantée par nos discordes ; plusieurs têtes couronnées ont péri par le dernier supplice ; plus de cent princes du sang des rois ont fini leurs jours sur l'échafaud ; on a arraché le cœur à tous leurs adhérents, et on en a battu leurs joues. C'était au bourreau qu'il appartenait d'écrire l'histoire de notre île, puisque c'était lui qui avait terminé toutes les grandes affaires.

Il n'y a pas longtemps que, pour comble d'horreur, quelques personnes portant un manteau noir, et d'autres qui mettaient une chemise blanche par-dessus leur jaquette, ayant été mordues par des chiens enragés, communiquèrent la rage à la nation entière. Tous les citoyens furent ou meurtriers ou égorgés, ou bourreaux ou suppliciés, ou déprédateurs ou esclaves, au nom du ciel et en cherchant le Seigneur.

Qui croirait que de cet abîme épouvantable, de ce chaos de dissensions, d'atrocités, d'ignorance, et de fanatisme, il est enfin résulté le plus parfait gouvernement peut-être qui soit aujourd'hui dans le monde ? Un roi honoré et riche, tout-puissant pour faire le bien, impuissant pour faire le mal, est à la tête d'une nation libre, guerrière, commerçante et éclairée. Les grands d'un côté, et les représentants des villes de l'autre, partagent la législation avec le monarque.

On avait vu, par une fatalité singulière, le désordre, les guerres civiles, l'anarchie, et la pauvreté, désoler le pays quand les rois affectaient le pouvoir arbitraire. La tranquillité, la richesse, la félicité publique, n'ont régné chez nous que quand les rois ont reconnu qu'ils n'étaient pas absolus. Tout était subverti quand on disputait sur des choses inintelligibles ; tout a été dans l'ordre quand on les a méprisées. Nos flottes victorieuses portent notre gloire sur toutes les mers, et les lois mettent en sûreté nos fortunes : jamais un juge ne peut les expliquer arbitrairement : jamais on ne rend un arrêt qui ne soit motivé. Nous punirions comme des assassins des juges qui oseraient envoyer à la mort un citoyen, sans manifester les témoignages qui l'accusent, et la loi qui le condamne.

Il est vrai qu'il y a toujours chez nous deux partis qui se combattent avec la plume et avec des intrigues ; mais aussi ils se réunissent toujours quand il s'agit de prendre les armes pour défendre la patrie et la liberté. Ces deux partis veillent l'un sur l'autre ; ils s'empêchent mutuellement de violer le dépôt sacré des lois ; ils se haïssent, mais ils aiment l'État ; ce sont des amants jaloux qui servent à l'envi la même maîtresse.

Du même fonds d'esprit qui nous a fait connaître et soutenir les droits de la nature humaine, nous avons porté les sciences au plus haut point où elles puissent parvenir chez les hommes. Vos Égyptiens, qui passent pour de si grands mécaniciens, vos Indiens, qu'on croit de si grands philosophes, vos Babyloniens, qui se vantent d'avoir observé les astres pendant quatre cent trente mille années, les Grecs, qui ont écrit tant de phrases et si peu de choses, ne savent précisément rien en comparaison de nos moindres écoliers, qui ont étudié les découvertes de nos grands maîtres. Nous avons arraché plus de secrets à la nature dans l'espace de cent années que le genre humain n'en avait découverts dans la multitude des siècles.

Voilà au vrai l'état où nous sommes. Je ne vous ai caché ni le bien, ni le mal, ni nos opprobres, ni notre gloire ; et je n'ai rien exagéré.

Amazan, à ce discours, se sentit pénétré du désir de s'instruire dans ces sciences sublimes dont on lui parlait ; et si sa passion pour la princesse de Babylone, son respect filial pour sa mère, qu'il avait quittée, et l'amour de sa patrie,

n'eussent fortement parlé à son cœur déchiré, il aurait
voulu passer sa vie dans l'île d'Albion ; mais ce malheureux
baiser donné par sa princesse au roi d'Égypte ne lui laissait pas assez de liberté dans l'esprit pour étudier les
hautes sciences.

Je vous avoue, dit-il, que m'étant imposé la loi de courir
le monde et de m'éviter moi-même, je serais curieux de
voir cette antique terre de Saturne, ce peuple du Tibre et
des sept montagnes à qui vous avez obéi autrefois ; il faut,
sans doute, que ce soit le premier peuple de la terre. — Je
vous conseille de faire ce voyage, lui répondit l'Albionien,
pour peu que vous aimiez la musique et la peinture. Nous
allons très souvent nous-mêmes porter quelquefois notre
ennui vers les sept montagnes. Mais vous serez bien étonné
en voyant les descendants de nos vainqueurs.

Cette conversation fut longue. Quoique le bel Amazan
eût la cervelle un peu attaquée, il parlait avec tant d'agré-
ment, sa voix était si touchante, son maintien si noble et si
doux, que la maîtresse de la maison ne put s'empêcher de
l'entretenir à son tour tête à tête. Elle lui serra tendrement la main, en lui parlant, et en le regardant avec des
yeux humides et étincelants qui portaient les désirs dans
tous les ressorts de la vie. Elle le retint à souper et à coucher. Chaque instant, chaque parole, chaque regard,
enflammèrent sa passion. Dès que tout le monde fut retiré,
elle lui écrivit un petit billet, ne doutant pas qu'il ne vînt
lui faire sa cour dans son lit, tandis que milord Qu'importe
dormait dans le sien. Amazan eut encore le courage de
résister : tant un grain de folie produit d'effets miraculeux
dans une âme forte et profondément blessée !

Amazan, selon sa coutume, fit à la dame une réponse
respectueuse, par laquelle il lui représentait la sainteté de
son serment, et l'obligation étroite où il était d'apprendre
à la princesse de Babylone à dompter ses passions ; après
quoi il fit atteler ses licornes, et repartit pour la Batavie,
laissant toute la compagnie émerveillée de lui, et la dame
du logis désespérée. Dans l'excès de sa douleur, elle laissa

traîner la lettre d'Amazan ; milord Qu'importe la lut le
lendemain matin. Voilà, dit-il en levant les épaules, de
bien plates niaiseries. Et il alla chasser au renard avec
quelques ivrognes du voisinage.

Amazan voguait déjà sur la mer, muni d'une carte
géographique dont lui avait fait présent le savant Albionien qui s'était entretenu avec lui chez milord Qu'importe.
Il voyait avec surprise une grande partie de la terre sur une
feuille de papier.

Ses yeux et son imagination s'égaraient dans ce petit
espace ; il regardait le Rhin, le Danube, les Alpes du Tyrol,
marqués alors par d'autres noms, et tous les pays par où il
devait passer avant d'arriver à la ville des sept montagnes ; mais surtout il jetait les yeux sur la contrée des
Gangarides, sur Babylone, où il avait vu sa chère princesse, et sur ce fatal pays de Bassora, où elle avait donné
un baiser au roi d'Égypte. Il soupirait, il versait des larmes ; mais il convenait que l'Albionien, qui lui avait fait
présent de l'univers en raccourci, n'avait point eu tort en
disant qu'on était mille fois plus instruit sur les bords de la
Tamise que sur ceux du Nil, de l'Euphrate, et du Gange.

Comme il retournait en Batavie, Formosante volait vers
Albion avec ses deux vaisseaux qui cinglaient à pleines
voiles ; celui d'Amazan et celui de la princesse se croi-
sèrent, se touchèrent presque : les deux amants étaient
près l'un de l'autre, et ne pouvaient s'en douter. Ah ! s'ils
l'avaient su ! mais l'impérieuse destinée ne le permit pas.

IX

Sitôt qu'Amazan fut débarqué sur le terrain égal et
fangeux de la Batavie, il partit comme un éclair pour la
ville aux sept montagnes. Il fallut traverser la partie

méridionale de la Germanie. De quatre milles en quatre milles on trouvait un prince et une princesse, des filles d'honneur, et des gueux. Il était étonné des coquetteries que ces dames et des filles d'honneur lui faisaient partout avec la bonne foi germanique, et il n'y répondait que par de modestes refus. Après avoir franchi les Alpes, il s'embarqua sur la mer de Dalmatie, et aborda dans une ville qui ne ressemblait à rien de tout de ce qu'il avait vu jusqu'alors. La mer formait les rues, les maisons étaient bâties dans l'eau. Le peu de places publiques qui ornaient cette ville était couvert d'hommes et de femmes qui avaient un double visage, celui que la nature leur avait donné, et une face de carton mal peint qu'ils appliquaient par-dessus ; en sorte que la nation semblait composée de spectres. Les étrangers qui venaient dans cette contrée commençaient par acheter un visage, comme on se pourvoit ailleurs de bonnets et de souliers. Amazan dédaigna cette mode contre nature, il se présenta tel qu'il était. Il y avait dans la ville douze mille filles enregistrées dans le grand livre de la république ; filles utiles à l'État, chargées du commerce le plus avantageux et le plus agréable qui ait jamais enrichi une nation. Les négociants ordinaires envoyaient à grands frais et à grands risques des étoffes dans l'Orient ; ces belles négociantes faisaient sans aucun risque un trafic toujours renaissant de leurs attraits. Elles vinrent toutes se présenter au bel Amazan, et lui offrir le choix. Il s'enfuit au plus vite en prononçant le nom de l'incomparable princesse de Babylone, et en jurant par les dieux immortels qu'elle était plus belle que toutes les douze mille filles vénitiennes. Sublime friponne, s'écriait-il dans ses transports, je vous apprendrai à être fidèle !

Enfin les ondes jaunes du Tibre, des marais empestés, des habitants hâves, décharnés, et rares, couverts de vieux manteaux troués qui laissaient voir leur peau sèche et tannée, se présentèrent à ses yeux, et lui annoncèrent qu'il était à la porte de la ville aux sept montagnes, de cette ville de héros et de législateurs qui avaient conquis et policé une grande partie du globe.

Il s'était imaginé qu'il verrait à la porte triomphale cinq cents bataillons commandés par des héros, et, dans le Sénat, une assemblée de demi-dieux, donnant des lois à la terre ; il trouva, pour toute armée, une trentaine de gredins montant la garde avec un parasol, de peur du soleil. Ayant pénétré jusqu'à un temple qui lui parut très beau, mais moins que celui de Babylone, il fut assez surpris d'y entendre une musique exécutée par des hommes qui avaient des voix de femmes.

Voilà, dit-il, un plaisant pays que cette antique terre de Saturne. J'ai vu une ville où personne n'avait son visage ; en voici une autre où les hommes n'ont ni leur voix ni leur barbe. On lui dit que ces chantres n'étaient plus hommes, qu'on les avait dépouillés de leur virilité, afin qu'ils chantassent plus agréablement les louanges d'une prodigieuse quantité de gens de mérite. Amazan ne comprit rien à ce discours. Ces messieurs le prièrent de chanter ; il chanta un air gangaride avec sa grâce ordinaire. Sa voix était une très belle haute-contre. Ah ! monsignor, lui dirent-ils, quel charmant soprano vous auriez !... Ah ! si... — Comment si ? que prétendez-vous dire ? — Ah ! monsignor !... — Eh bien ?... — Si vous n'aviez point de barbe ! Alors ils lui expliquèrent très plaisamment, et avec des gestes fort comiques, selon leur coutume, de quoi il était question. Amazan demeura tout confondu. J'ai voyagé, dit-il, et jamais je n'ai entendu parler d'une telle fantaisie.

Lorsqu'on eut bien chanté, le vieux des sept montagnes alla en grand cortège à la porte du temple ; il coupa l'air en quatre avec le pouce élevé, deux doigts étendus et deux autres pliés, en disant ces mots dans une langue qu'on ne parlait plus : *A la ville et à l'univers* (1). Le Gangaride ne pouvait comprendre que deux doigts pussent atteindre si loin.

____

(1) *Urbi et orbi.*

Il vit bientôt défiler toute la cour du maître du monde ;
elle était composée de graves personnages, les uns en
robes rouges, les autres en violet ; presque tous regardaient
le bel Amazan en adoucissant les yeux ; ils lui faisaient des
révérences, et se disaient l'un à l'autre : *San Martino, che
bel ragazzo ! San Pancratio, che bel fanciullo !*

Les *ardents,* dont le métier était de montrer aux étrangers les curiosités de la ville, s'empressèrent de lui faire
voir des masures où un muletier ne voudrait pas passer la
nuit, mais qui avaient été autrefois de dignes monuments
de la grandeur d'un peuple-roi. Il vit encore des tableaux
de deux cents ans, et des statues de plus de vingt siècles
qui lui parurent des chefs-d'œuvre. — Faites-vous encore
de pareils ouvrages ? — Non, Votre Excellence, lui répondit un des ardents; mais nous méprisons le reste de la terre,
parce que nous conservons ces raretés. Nous sommes des
espèces de fripiers qui tirons notre gloire des vieux habits
qui restent dans nos magasins.

Amazan voulut voir le palais du prince : on l'y conduisit. Il vit des hommes en violet qui comptaient l'argent des
revenus de l'État ; tant d'une terre située sur le Danube,
tant d'une autre sur la Loire, ou sur le Guadalquivir, ou
sur la Vistule. — Oh ! oh ! dit Amazan après avoir consulté
sa carte de géographie, votre maître possède donc toute
l'Europe comme ces anciens héros des sept montagnes ? —
Il doit posséder l'univers entier de droit divin, lui répondit
un violet ; et même il a été un temps où ses prédécesseurs
ont approché de la monarchie universelle ; mais leurs suc-
cesseurs ont la bonté de se contenter aujourd'hui de quelque argent que les rois leurs sujets leur font payer en forme
de tribut.

— Votre maître est donc en effet le roi des rois ? c'est
donc là son titre ? dit Amazan. — Non, Votre Excellence ;
son titre est *serviteur des serviteurs ;* il est originairement
poissonnier et portier, et c'est pourquoi les emblèmes de sa
dignité sont des clefs et des filets ; mais il donne toujours
des ordres à tous les rois. Il n'y a pas longtemps qu'il

envoya cent et un commandements à un roi du pays des Celtes, et le roi obéit.

— Votre poissonnier, dit Amazan, envoya donc cinq ou six cent mille hommes pour faire exécuter ces cent et une volontés ?

— Point du tout, Votre Excellence ; notre saint maître n'est point assez riche pour soudoyer dix mille soldats ; mais il a quatre à cinq cent mille prophètes divins distribués dans les autres pays. Ces prophètes de toutes couleurs sont, comme de raison, nourris aux dépens des peuples ; ils annoncent de la part du ciel que mon maître peut, avec ses clefs, ouvrir et fermer toutes les serrures, et surtout celles des coffres-forts. Un prêtre normand, qui avait auprès du roi dont je vous parle la charge de confident de ses pensées, le convainquit qu'il devait obéir sans réplique, aux cent et une pensées de mon maître ; car il faut que vous sachiez qu'une des prérogatives du *vieux des sept montagnes* est d'avoir toujours raison, soit qu'il daigne parler, soit qu'il daigne écrire.

— Parbleu, dit Amazan, voilà un singulier homme ; je serais curieux de dîner avec lui.—Votre Excellence, quand vous seriez roi, vous ne pourriez manger à sa table ; tout ce qu'il pourrait faire pour vous, ce serait de vous en faire servir une à côté de lui, plus petite et plus basse que la sienne. Mais, si vous voulez avoir l'honneur de lui parler, je lui demanderai audience pour vous, moyennant la *buona mancia*, que vous aurez la bonté de me donner. — Très volontiers, dit le Gangaride. Le violet s'inclina. Je vous introduirai demain, dit-il ; vous ferez trois génuflexions, et vous baiserez les pieds du *vieux des sept montagnes*. A ces mots, Amazan fit de si prodigieux éclats de rire, qu'il fut près de suffoquer ; il sortit en se tenant les côtés, et rit aux larmes pendant tout le chemin, jusqu'à ce qu'il fût arrivé à son hôtellerie, où il rit encore très longtemps.

A son dîner, il se présenta vingt hommes sans barbe et vingt violons qui lui donnèrent un concert. Il fut courtisé le reste de la journée par les seigneurs les plus importants.

de la ville ; ils lui firent des propositions encore plus
étranges que celle de baiser les pieds du *vieux des sept
montagnes*. Comme il était extrêmement poli, il crut d'abord
que ces messieurs le prenaient pour une dame, et les
avertit de leur méprise avec l'honnêteté la plus circons-
pecte. Mais, étant pressé un peu vivement par deux ou
trois des plus déterminés violets, il les jeta par les fenêtres,
sans croire faire un grand sacrifice à la belle Formosante.
Il quitta au plus vite cette ville des maîtres du monde, où
il fallait baiser un vieillard à l'orteil, comme si sa joue
était à son pied, et où l'on n'abordait les jeunes gens
qu'avec des cérémonies encore plus bizarres.

X

De province en province, ayant toujours repoussé les
agaceries de toute espèce, toujours fidèle à la princesse de
Babylone, toujours en colère contre le roi d'Égypte, ce
modèle de constance parvint à la capitale nouvelle des
Gaules. Cette ville avait passé, comme tant d'autres, par
tous les degrés de la barbarie, de l'ignorance, de la sottise,
et de la misère. Son premier nom avait été *la boue* et *la
crotte ;* ensuite elle avait pris celui d'Isis, du culte d'Isis,
parvenu jusque chez elle. Son premier Sénat avait été une
compagnie de bateliers. Elle avait été longtemps esclave
des héros déprédateurs des sept montagnes, et, après
quelques siècles, d'autres héros brigands, venus de la rive
ultérieure du Rhin, s'étaient emparés de son petit terrain.
Le temps, qui change tout, en avait fait une ville dont
la moitié était très noble et très agréable, l'autre un peu
grossière et ridicule : c'était l'emblème de ses habitants. Il
y avait dans son enceinte environ cent mille personnes au
moins qui n'avaient rien à faire qu'à jouer et à se divertir.
Ce peuple d'oisifs jugeait des arts que les autres culti

vaient. Ils ne savaient rien de ce qui se passait à la cour ; quoiqu'elle ne fût qu'à quatre petits milles d'eux, il semblait qu'elle en fût à six cents milles au moins. La douceur de la société, la gaieté, la frivolité étaient leur importante et leur unique affaire ; on les gouvernait comme des enfants à qui l'on prodigue des jouets pour les empêcher de crier. Si on leur parlait des horreurs qui avaient, deux siècles auparavant, désolé leur patrie, et des temps épouvantables où la moitié de la nation avait massacré l'autre pour des sophismes, ils disaient qu'en effet cela n'était pas bien, et puis ils se mettaient à rire et à chanter des vaudevilles.

Plus les oisifs étaient polis, plaisants, et aimables, plus on observait un triste contraste entre eux et des compagnies d'occupés.

Il était, parmi ces occupés, ou qui prétendaient l'être, une troupe de sombres fanatiques, moitié absurdes, moitié fripons, dont le seul aspect contristait la terre, et qui l'auraient bouleversée, s'ils l'avaient pu, pour se donner un peu de crédit ; mais la nation des oisifs, en dansant et en chantant, les faisait rentrer dans leurs cavernes, comme les oiseaux obligent les chats-huants à se replonger dans les trous des masures.

D'autres occupés, en plus petit nombre, étaient les conservateurs d'anciens usages barbares contre lesquels la nature effrayée réclamait à haute voix ; ils ne consultaient que leurs registres rongés des vers. S'ils y voyaient une coutume insensée et horrible, ils la regardaient comme une loi sacrée. C'est par cette lâche habitude de n'oser penser par eux-mêmes, et de puiser leurs idées dans les débris des temps où l'on ne pensait pas que, dans la ville des plaisirs, il était encore des mœurs atroces. C'est par cette raison qu'il n'y avait nulle proportion entre les délits et les peines. On faisait quelquefois souffrir mille morts à un innocent, pour lui faire avouer un crime qu'il n'avait pas commis.

On punissait une étourderie de jeune homme comme on

aurait puni un empoisonnement ou un parricide. Les oisifs en poussaient des cris perçants, et le lendemain ils n'y pensaient plus, et ne parlaient que de modes nouvelles.

Ce peuple avait vu s'écouler un siècle entier pendant lequel les beaux-arts s'élevèrent à un degré de perfection qu'on n'aurait jamais osé espérer ; les étrangers venaient alors, comme à Babylone, admirer les grands monuments d'architecture, les prodiges des jardins, les sublimes efforts de la sculpture et de la peinture. Ils étaient enchantés d'une musique qui allait à l'âme sans étonner les oreilles.

La vraie poésie, c'est-à-dire celle qui est naturelle et harmonieuse, celle qui parle au cœur autant qu'à l'esprit, ne fut connue de la nation que dans cet heureux siècle. De nouveaux genres d'éloquence déployèrent des beautés sublimes. Les théâtres surtout retentirent de chefs-d'œuvre dont aucun peuple n'approcha jamais. Enfin le bon goût se répandit dans toutes les professions, au point qu'il y eut de bons écrivains même chez les druides.

Tant de lauriers, qui avaient levé leurs têtes jusqu'aux nues, se séchèrent bientôt dans une terre épuisée. Il n'en resta qu'un très petit nombre dont les feuilles étaient d'un vert pâle et mourant. La décadence fut produite par la facilité de faire et par la paresse de bien faire, par la satiété du beau et par le goût du bizarre. La vanité protégea des artistes qui ramenaient les temps de la barbarie ; et cette même vanité, en persécutant les talents véritables, les força de quitter leur patrie ; les frelons firent disparaître les abeilles.

Presque plus de véritables arts, presque plus de génie ; le mérite consistait à raisonner à tort et à travers sur le mérite du siècle passé : le barbouilleur des murs d'un cabaret critiquait savamment les tableaux des grands peintres ; les barbouilleurs de papier défiguraient les ouvrages des grands écrivains. L'ignorance et le mauvais goût avaient d'autres barbouilleurs à leurs gages. On répétait les mêmes choses dans cent volumes sous des titres différents. Tout était ou dictionnaire ou brochure. Un gazetier druide écrivait deux fois par semaine les annales obscures de quelques énergumènes ignorés de la nation, et de prodiges célestes opérés dans des galetas par de petits gueux et de petites gueuses ; d'autres ex-druides, vêtus de noir, près de mourir de colère et de faim, se plaignaient dans cent écrits qu'on ne leur permît plus de tromper les hommes, et qu'on laissât ce droit à des boucs vêtus de gris. Quelques archi-druides imprimaient des libelles diffamatoires.

Amazan ne savait rien de tout cela ; et, quand il l'aurait su, il ne s'en serait guère embarrassé, n'ayant la tête remplie que de la princesse de Babylone, du roi d'Égypte, et de son serment inviolable de mépriser toutes les coquetteries des dames, dans quelque pays que le chagrin conduisît ses pas.

Toute la populace légère, ignorante, et toujours poussant à l'excès cette curiosité naturelle au genre humain, s'empressa longtemps auprès de ses licornes ; les femmes, plus sensées, forcèrent les portes de son hôtel pour contempler sa personne.

Il témoigna d'abord à son hôte quelque désir d'aller à la cour ; mais des oisifs de bonne compagnie, qui se trouvèrent là par hasard, lui dirent que ce n'était plus la mode, que les temps étaient bien changés, et qu'il n'y avait plus de plaisirs qu'à la ville. Il fut invité le soir même à souper par une dame dont l'esprit et les talents étaient connus hors de sa patrie, et qui avait voyagé dans quelques pays où Amazan avait passé. Il goûta fort cette dame et la société rassemblée chez elle. La liberté y était décente, la gaieté n'y était point bruyante, la science n'y avait rien de rebutant, et l'esprit rien d'apprêté. Il vit que le nom de bonne compagnie n'est pas un vain nom, quoiqu'il soit souvent usurpé. Le lendemain il dîna dans une société non moins aimable, mais beaucoup plus voluptueuse. Plus il fut satisfait des convives, plus on fût content de lui. Il sentit son cœur s'amollir et se dissoudre comme les aromates de son pays se fondent doucement à un feu modéré, et s'exhalent en parfums délicieux.

Après le dîner, on le mena à un spectacle enchanteur, condamné par les druides, parce qu'il leur enlevait les auditeurs dont ils étaient le plus jaloux. Ce spectacle était un composé de vers agréables, de chants délicieux, de danses qui exprimaient les mouvements de l'âme, et de perspectives qui charmaient les yeux en les trompant. Ce genre de plaisir, qui rassemblait tant de genres, n'était connu que sous un nom étranger ; il s'appelait *opéra*, ce qui signifiait autrefois, dans la langue des sept montagnes, *travail, soin, occupation, industrie, entreprise, besogne, affaire*. Cette affaire l'enchanta. Une fille surtout le charma par sa voix mélodieuse et par les grâces qui l'accompagnaient : cette fille d'affaire, après le spectacle, lui fut présentée par ses nouveaux amis. Il lui fit présent d'une poignée de diamants. Elle en fut si reconnaissante, qu'elle ne put le quitter du reste du jour. Il soupa avec elle, et, pendant le repas, il oublia sa sobriété ; et, après le repas, il oublia son serment d'être toujours insensible à la beauté, et inexorable aux tendres coquetteries. Quel exemple de la faiblesse humaine !

La belle princesse de Babylone arrivait alors avec le phénix, sa femme de chambre Irla, et ses deux cents cavaliers gangarides montés sur leurs licornes. Il fallut attendre assez longtemps pour qu'on ouvrît les portes. Elle demanda d'abord si le plus beau des hommes, le plus courageux, le plus spirituel et le plus fidèle était encore dans cette ville. Les magistrats virent bien qu'elle voulait parler d'Amazan. Elle se fit conduire à son hôtel ; elle entra, le cœur palpitant d'amour ; toute son âme était pénétrée de l'inexprimable joie de revoir enfin dans son amant le modèle de la constance. Rien ne put l'empêcher d'entrer dans sa chambre ; les rideaux étaient ouverts : elle vit le bel Amazan dormant entre les bras d'une jolie brune. Ils avaient tous deux un très grand besoin de repos.

Formosante jeta un cri de douleur qui retentit dans

toute la maison, mais qui ne put éveiller ni son cousin, ni la fille d'affaire. Elle tomba pâmée entre les bras d'Irla. Dès qu'elle eut repris ses sens, elle sortit de cette chambre fatale avec une douleur mêlée de rage. Irla s'informa quelle était cette jeune personne qui passait des heures si douces avec le bel Amazan. On lui dit que c'était une fille d'affaire fort complaisante, qui joignait à ses talents celui de chanter avec assez de grâce. — O juste ciel! ô puissant Orosmade! s'écriait la belle princesse de Babylone tout en pleurs, par qui suis-je trahie, et pour qui ! Ainsi donc celui qui a refusé pour moi tant de princesses m'abandonne pour une farceuse des Gaules ! Non, je ne pourrai survivre à cet affront.

— Madame, lui dit Irla, voilà comme sont faits tous les jeunes gens d'un bout du monde à l'autre ; fussent-ils amoureux d'une beauté descendue du ciel, ils lui feraient, dans de certains moments, des infidélités pour une servante de cabaret.

— C'en est fait, dit la princesse, je ne le reverrai de ma vie; partons dans l'instant même, et qu'on attelle mes licornes. Le phénix la conjura d'attendre au moins qu'Amazan fût éveillé, et qu'il pût lui parler. — Il ne le mérite pas, dit la princesse ; vous m'offenseriez cruellement ; il croirait que je vous ai prié de lui faire des reproches, et que je veux me raccommoder avec lui : si vous m'aimez, n'ajoutez pas cette injure à l'injure qu'il m'a faite. Le phénix, qui après tout devait la vie à la fille du roi de Babylone, ne put lui désobéir. Elle repartit avec tout son monde. — Où allons-nous, madame? lui demanda Irla. — Je n'en sais rien, répondit la princesse ; nous prendrons le premier chemin que nous trouverons ; pourvu que je fuie Amazan pour jamais, je suis contente. Le phénix, qui était plus sage que Formosante, parce qu'il était sans passion, la consolait en chemin ; il lui remontrait avec douceur qu'il était triste de se punir pour les fautes d'un autre ; qu'Amazan lui avait donné des preuves assez éclatantes et assez nombreuses de fidélité pour qu'elle pût lui pardonner de s'être oublié un instant ; que c'était un juste à qui la grâce d'Orosmade avait manqué ; qu'il n'en serait que plus constant désormais dans l'amour et dans la vertu ; que le désir d'expier sa faute le mettrait au-dessus de lui-même ; qu'elle n'en serait que plus heureuse ; que plusieurs grandes princesses avant elle avaient pardonné de semblables écarts, et s'en étaient bien trouvées. Il lui en rapportait des exemples ; et il possédait tellement l'art de conter, que le cœur de Formosante fut enfin plus calme et plus paisible ; elle aurait voulu n'être point si tôt partie, elle trouvait que ses licornes allaient trop vite : mais elle n'osait revenir sur ses pas ; combattue entre l'envie de pardonner et celle de montrer sa colère, entre son amour et sa vanité, elle laissait aller ses licornes ; elle courait le monde, selon la prédiction de l'oracle de son père.

Amazan, à son réveil, apprend l'arrivée et le départ de Formosante et du phénix ; il apprend le désespoir et le courroux de la princesse ; on lui dit qu'elle a juré de ne lui pardonner jamais. — Il ne me reste plus, s'écria-t-il, qu'à la suivre et à me tuer à ses pieds.

Ses amis de la bonne compagnie des oisifs accoururent au bruit de cette aventure ; tous lui remontrèrent qu'il valait infiniment mieux demeurer avec eux ; que rien n'était comparable à la douce vie qu'ils menaient dans le sein des arts et d'une volupté tranquille et délicate ; que plusieurs étrangers et des rois mêmes avaient préféré ce repos, si agréablement occupé et si enchanteur, à leur patrie et à leur trône ; que d'ailleurs sa voiture était brisée et qu'un sellier lui en faisait une à la nouvelle mode ; que le meilleur tailleur de la ville lui avait déjà coupé une douzaine d'habits du dernier goût ; que les dames les plus spirituelles et les plus aimables de la ville, chez qui on jouait très bien la comédie, avaient retenu chacune leur jour pour lui donner des fêtes. La fille d'*affaire*, pendant ce temps-là, prenait son chocolat à sa toilette, riait, chantait et faisait des agaceries au bel Amazan, qui s'aperçut enfin qu'elle n'avait pas le sens d'un oison.

Comme la sincérité, la cordialité, la franchise, ainsi que la magnanimité et le courage composaient le caractère de ce grand prince, il avait conté ses malheurs et ses voyages à ses amis ; ils savaient qu'il était cousin issu de germain de la princesse ; ils étaient informés du baiser funeste donné par elle au roi d'Égypte. On se pardonne, lui dirent-ils, ces petites frasques entre parents, sans quoi il faudrait passer sa vie dans d'éternelles querelles. Rien n'ébranla son dessein de courir après Formosante ; mais sa voiture n'étant pas prête, il fut obligé de passer trois jours parmi les oisifs dans les fêtes et dans les plaisirs ; enfin il prit congé d'eux en les embrassant, en leur faisant accepter les diamants de son pays les mieux montés, en leur recommandant d'être toujours légers et frivoles, puisqu'ils n'en étaient que plus aimables et plus heureux. Les Germains, disait-il, sont les vieillards de l'Europe ; les peuples d'Albion sont les hommes faits, les habitants de la Gaule sont les enfants, et j'aime à jouer avec eux.

XI

Ses guides n'eurent pas de peine à suivre la route de la princesse ; on ne parlait que d'elle et de son gros oiseau. Tous les habitants étaient encore dans l'enthousiasme de l'admiration. Les peuples de la Dalmatie et de la Marche d'Ancône éprouvèrent depuis une surprise moins délicieuse, quand ils virent une maison voler dans les airs ; les bords de la Loire, de la Dordogne, de la Garonne, de la Gironde, retentissaient d'acclamations.

Quand Amazan fut au pied des Pyrénées, les magistrats et les druides du pays lui firent danser malgré lui un tambourin ; mais sitôt qu'il eut franchi les Pyrénées, il ne vit plus de gaieté ni de joie. S'il entendit quelques chansons de loin à loin, elles étaient toutes sur un ton triste : les habitants marchaient gravement avec des grains enfilés et un poignard à leur ceinture. La nation, vêtue de noir, semblait être en deuil. Si les domestiques d'Amazan interrogeaient les passants, ceux-ci répondaient par signes ; si on entrait dans une hôtellerie, le maître de la maison enseignait aux gens en trois paroles qu'il n'y avait rien dans la maison, et qu'on pouvait envoyer chercher à quelques milles les choses dont on avait un besoin pressant.

Quand on demandait à ces silenciaires s'ils avaient vu passer la belle princesse de Babylone, ils répondaient avec moins de brièveté : Nous l'avons vue, elle n'est pas si belle, il n'y a de beau que les teints basanés ; elle étale une gorge d'albâtre qui est la chose du monde la plus dégoûtante, et qu'on ne connaît presque point dans nos climats.

Amazan avançait vers la province arrosée du Bétis. Il ne s'était pas écoulé plus de douze mille années depuis que ce pays avait été découvert par les Tyriens, vers le même temps qu'ils firent la découverte de la grande île Atlantique, submergée quelques siècles après. Les Tyriens cultivaient la Bétique, que les naturels du pays laissaient en friche, prétendant qu'ils ne devaient se mêler de rien, et que c'était aux Gaulois leurs voisins à venir cultiver leurs terres. Les Tyriens avaient amené avec eux des Palestins qui, dès ce temps-là, couraient dans tous les climats, pour peu qu'il y eût de l'argent à gagner. Ces Palestins, en prêtant sur gages à cinquante pour cent, avaient attiré à eux presque toutes les richesses du pays. Cela fit croire aux peuples de la Bétique que les Palestins étaient sorciers ; et tous ceux qui étaient accusés de magie étaient brûlés sans miséricorde par une compagnie de druides qu'on appelait *les rechercheurs* ou *les antropokaïes.* Ces prêtres les revêtaient d'abord d'un habit de masque, s'emparaient de leurs biens et récitaient dévotement les propres prières des Palestins, tandis qu'on les cuisait à petit feu *por amor de Dios.*

La princesse de Babylone avait mis pied à terre dans la ville qu'on appela depuis *Sevilla*. Son dessein était de s'embarquer sur le Bétis pour retourner par Tyr à Babylone revoir le roi Bélus son père, et oublier, si elle pouvait, son infidèle amant, ou bien le demander en mariage. Elle fit venir chez elle deux Palestins qui faisaient toutes les affaires de la cour. Ils devaient lui fournir trois vaisseaux. Le phénix fit avec eux tous les arrangements nécessaires.

L'hôtesse était fort dévote, et son mari, non moins dévot, était familier, c'est-à-dire espion des druides rechercheurs anthropokaïcs ; il ne manqua pas de les avertir qu'il avait dans sa maison une sorcière et deux Palestins qui faisaient un pacte avec le diable déguisé en gros oiseau doré. Les rechercheurs, apprenant que la dame avait une prodigieuse quantité de diamants, la jugèrent incontinent sorcière ; ils attendirent la nuit pour renfermer les deux cents cavaliers et les licornes qui dormaient dans de vastes écuries, car les rechercheurs sont poltrons.

Après avoir bien barricadé les portes, ils se saisirent de la princesse et d'Irla ; mais ils ne purent prendre le phénix, qui s'envola à tire d'ailes : il se doutait bien qu'il trouverait Amazan sur le chemin des Gaules à Sevilla.

Il le rencontra sur la frontière de la Bétique, et lui apprit le désastre de la princesse. Amazan ne put parler ; il était trop saisi, trop en fureur. Il s'arme d'une cuirasse d'acier damasquinée d'or, d'une lance de douze pieds, de deux javelots, et d'une épée tranchante, appelée *la fulminante*, qui pouvait fendre d'un seul coup des arbres, des rochers et des druides ; il couvre sa belle tête d'un casque d'or ombragé de plumes de héron et d'autruche. C'était l'ancienne armure de Magog, dont sa sœur Aldée lui avait fait présent dans son voyage en Scythie ; le peu de suivants qui l'accompagnaient montent comme lui chacun sur une licorne.

Amazan, en embrassant son cher phénix, ne lui dit que ces tristes paroles : Je suis coupable ; si je n'avais pas couché avec une fille d'*affaire* dans la ville des oisifs, la

belle princesse de Babylone ne serait pas dans cet état
épouvantable ; courons aux anthropokaïes. Il entre bientôt dans Sevilla ; quinze cents alguazils gardaient les portes
de l'enclos où les deux cents Gangarides et leurs licornes
étaient renfermés sans avoir à manger ; tout était préparé
pour le sacrifice qu'on allait faire de la princesse de Babylone, de sa femme de chambre Irla, et des deux riches
Palestins.

Le grand anthropokaïe, entouré de ses petits anthropokaïes, était déjà sur son tribunal sacré ; une foule de
Sévillois, portant des grains enfilés à leurs ceintures,
joignaient les deux mains sans dire un mot, et l'on ame-
nait la belle princesse, Irla, et les deux Palestins, les mains
liées derrière le dos, et vêtus d'un habit de masque.

Le phénix entre par une lucarne dans la prison où les
Gangarides commençaient déjà à enfoncer les portes. L'invincible Amazan les brisait en dehors. Ils sortent tous
armés, tous sur leurs licornes ; Amazan se met à leur tête.
Il n'eut pas de peine à renverser les alguazils, les familiers,
les prêtres anthropokaïes ; chaque licorne en perçait des
douzaines à la fois. La fulminante d'Amazan coupait en
deux tous ceux qu'il rencontrait ; le peuple fuyait en manteau noir et en fraise sale, toujours tenant à la main ses
grains bénits *por amor de Dios*.

Amazan saisit de sa main le grand rechercheur sur son
tribunal, et le jette sur le bûcher qui était préparé à
quarante pas : il y jeta aussi les autres petits rechercheurs
l'un après l'autre. Il se prosterne ensuite aux pieds de
Formosante. Ah ! que vous êtes aimable, dit-elle, et que je
vous adorerais si vous ne m'aviez pas fait une infidélité
avec une fille d'*affaire*.

Tandis qu'Amazan faisait sa paix avec la princesse,
tandis que les Gangarides entassaient dans le bûcher les
corps de tous les anthropokaïes, et que les flammes s'élevaient jusqu'aux nues, Amazan vit de loin comme une
armée qui venait à lui. Un vieux monarque, la couronne
en tête, s'avançait sur un char traîné par huit mules

attelées avec des cordes, cent autres chars suivaient. Ils étaient accompagnés de graves personnages en manteau noir et en fraise, montés sur de très beaux chevaux ; une multitude de gens à pied suivait en cheveux gras et en silence.

D'abord Amazan fit ranger autour de lui ses Gangarides, et s'avança la lance en arrêt. Dès que le roi l'aperçut, il ôta sa couronne, descendit de son char, embrassa l'étrier d'Amazan, et lui dit : « Homme envoyé de Dieu, vous êtes le vengeur du genre humain, le libérateur de ma patrie, mon protecteur. Ces monstres sacrés dont vous avez purgé la terre étaient mes maîtres au nom du *vieux des sept montagnes* ; j'étais forcé de souffrir leur puissance criminelle. Mon peuple m'aurait abandonné si j'avais voulu seulement modérer leurs abominables atrocités. D'aujourd'hui je respire, je règne et je vous le dois. »

Ensuite il baisa respectueusement la main de Formosante, et la supplia de vouloir bien monter avec Amazan, Irla et le phénix, dans son carrosse à huit mules. Les deux Palestins, banquiers de la cour, encore prosternés à terre de frayeur et de reconnaissance, se relevèrent, et la troupe des licornes suivit le roi de la Bétique dans son palais.

Comme la dignité du roi d'un peuple grave exigeait que ses mules allassent au pas, Amazan et Formosante eurent le temps de lui conter leurs aventures. Il entretint aussi le phénix ; il l'admira et le baisa cent fois. Il comprit combien les peuples d'Occident, qui mangeaient les animaux, et qui n'entendaient plus leur langage, étaient ignorants, brutaux et barbares ; que les seuls Gangarides avaient conservé la nature et la dignité primitive de l'homme ; mais il convenait surtout que les plus barbares des mortels étaient ces rechercheurs anthropokaïes dont Amazan venait de purger le monde. Il ne cessait de le bénir et de le remercier. La belle Formosante oubliait déjà l'aventure de la fille d'*affaire*, et n'avait l'âme remplie que de la valeur du héros qui lui avait sauvé la vie. Amazan, instruit de l'innocence du baiser donné au roi d'Égypte, et de la résurrection du phénix, goûtait une joie pure, et était enivré du plus violent amour.

On dîna au palais, et on y fit assez mauvaise chère. Les cuisiniers de la Bétique étaient les plus mauvais de l'Europe : Amazan conseilla d'en faire venir des Gaules. Les musiciens du roi exécutèrent pendant le repas cet air célèbre qu'on appela dans la suite des siècles *les Folies d'Espagne*. Après le repas on parla d'affaires.

Le roi demanda au bel Amazan, à la belle Formosante, et au beau phénix, ce qu'ils prétendaient devenir. — Pour moi, dit Amazan, mon intention est de retourner à Babylone, dont je suis l'héritier présomptif, et de demander à mon oncle Bélus ma cousine issue de germaine, l'incomparable Formosante, à moins qu'elle n'aime mieux vivre avec moi chez les Gangarides.

— Mon dessein, dit la princesse, est assurément de ne jamais me séparer de mon cousin issu de germain ; mais je crois qu'il convient que je me rende auprès du roi mon père, d'autant plus qu'il ne m'a donné permission que d'aller en pèlerinage à Bassora, et que j'ai couru le monde. — Pour moi, dit le phénix, je suivrai partout ces deux tendres et généreux amants.

— Vous avez raison, dit le roi de la Bétique; mais le retour à Babylone n'est pas si aisé que vous le pensez. Je sais tous les jours des nouvelles de ce pays-là par les vaisseaux tyriens et par mes banquiers palestins, qui sont en correspondance avec tous les peuples de la terre. Tout est en armes vers l'Euphrate et le Nil. Le roi de Scythie redemande l'héritage de sa femme, à la tête de trois cent mille guerriers tous à cheval. Le roi d'Égypte et le roi des Indes désolent aussi les bords du Tigre et de l'Euphrate, chacun à la tête de trois cent mille hommes, pour se venger de ce qu'on s'est moqué d'eux. Pendant que le roi d'Égypte est hors de son pays, son ennemi le roi d'Éthiopie ravage l'Égypte avec trois cent mille hommes, et le roi de Babylone n'a encore que six cent mille hommes sur pied pour se défendre.

Je vous avoue, continua le roi, que lorsque j'entends parler de ces prodigieuses armées que l'Orient vomit de son sein, et de leur étonnante magnificence ; quand je les compare à nos petits corps de vingt à trente mille soldats qu'il est si difficile de vêtir et de nourrir, je suis tenté de croire que l'Orient a été fait bien longtemps avant l'Occident. Il semble que nous soyons sortis avant-hier du chaos, et hier de la barbarie.

— Sire, dit Amazan, les derniers venus l'emportent quelquefois sur ceux qui sont entrés les premiers dans la carrière. On pense, dans mon pays, que l'homme est originaire de l'Inde ; mais je n'en ai aucune certitude.

— Et vous, dit le roi de la Bétique au phénix, qu'en pensez-vous ? — Sire, répondit le phénix, je suis encore trop jeune pour être instruit de l'antiquité. Je n'ai vécu qu'environ vingt-sept mille ans ; mais mon père, qui avait vécu cinq fois cet âge, me disait qu'il avait appris de son père que les contrées de l'Orient avaient toujours été plus peuplées et plus riches que les autres. Il tenait de ses ancêtres que les générations de tous les animaux avaient commencé sur les bords du Gange. Pour moi, je n'ai pas la vanité d'être de cette opinion ; je ne puis croire que les renards d'Albion, les marmottes des Alpes et les loups de la Gaule viennent de mon pays ; de même que je ne crois pas que les sapins et les chênes de vos contrées descendent des palmiers et des cocotiers des Indes.

— Mais d'où venons-nous donc ? dit le roi. — Je n'en sais rien, dit le phénix ; je voudrais seulement savoir où la belle princesse de Babylone et mon cher ami Amazan pourront aller. — Je doute fort, répartit le roi, qu'avec ses deux cents licornes il soit en état de percer à travers tant d'armées de trois cent mille hommes chacune. — Pourquoi non ? dit Amazan.

Le roi de la Bétique sentit le sublime du pourquoi non ; mais il crut que le sublime seul ne suffisait pas contre des armées innombrables. — Je vous conseille, dit-il, d'aller trouver le roi d'Éthiopie ; je suis en relation avec ce prince

noir par le moyen de mes Palestins ; je vous donnerai des
lettres pour lui : puisqu'il est l'ennemi du roi d'Égypte, il
sera trop heureux d'être fortifié par votre alliance. Je puis
vous aider de deux mille hommes très sobres et très braves ;
il ne tiendra qu'à vous d'en engager autant chez les peuples
qui demeurent, ou plutôt qui sautent au pied des Pyrénées, et qu'on appelle *Vasques* ou *Vascons*. Envoyez un
de vos guerriers sur une licorne avec quelques diamants ;
il n'y a point de Vascon qui ne quitte le castel, c'est-à-dire
la chaumière de son père, pour vous servir. Ils sont infa-
tigables, courageux et plaisants ; vous en serez très satisfait. En attendant qu'ils soient arrivés, nous vous donne-
rons des fêtes et nous vous préparerons des vaisseaux. Je
ne puis trop reconnaître le service que vous m'avez rendu.

Amazan jouissait du bonheur d'avoir retrouvé Formosante, et de goûter en paix dans sa conversation tous les
charmes de l'amour réconcilié, qui valent presque ceux de
l'amour naissant.

Bientôt une troupe fière et joyeuse de Vascons arriva en
dansant au tambourin ; l'autre troupe fière et sérieuse de
Bétiquois était prête. Le vieux roi tanné embrassa tendrement les deux amants ; il fit charger leurs vaisseaux
d'armes, de lits, de jeux d'échecs, d'habits noirs, de
golilles*, d'oignons, de moutons, de poules, de farine et de
beaucoup d'ail, en leur souhaitant une heureuse traversée,
un amour constant et des victoires.

La flotte aborda le rivage où l'on dit que tant de siècles
après la Phénicienne Didon, sœur d'un Pygmalion, épouse
d'un Sichée, ayant quitté cette ville de Tyr, vint fonder la
superbe ville de Carthage, en coupant un cuir de bœuf en
lanières, selon le témoignage des plus graves auteurs de
l'antiquité, lesquels n'ont jamais conté de fables, et selon
les professeurs qui ont écrit pour les petits garçons ;
quoique après tout il n'y eut jamais eu personne à Tyr qui
se soit appelé Pygmalion, ou Didon, ou Sichée, qui sont

---

* *Golilla*, collet, ou fraise à l'espagnole.

des noms entièrement grecs, et quoique enfin il n'y eût
point de roi à Tyr en ces temps-là.

La superbe Carthage n'était point encore un port de
mer ; il n'y avait là que quelques Numides qui faisaient
sécher des poissons au soleil. On côtoya la Byzacène et les
Syrtes, les bords fertiles où furent depuis Cyrène et la
grande Chersonèse.

Enfin on arriva vers la première embouchure du fleuve
sacré du Nil. C'est à l'extrémité de cette terre fertile que le
port de Canope recevait déjà les vaisseaux de toutes les
nations commerçantes, sans qu'on sût si le dieu Canope
avait fondé le port, ou si les habitants avaient fabriqué
le dieu, ni si l'étoile Canope avait donné son nom à la ville,
ou si la ville avait donné le sien à l'étoile. Tout ce qu'on en
savait c'est que la ville et l'étoile étaient fort anciennes,
et c'est tout ce qu'on peut savoir de l'origine des choses,
de quelque nature qu'elles puissent être.

Ce fut là que le roi d'Éthiopie, ayant ravagé toute
l'Égypte, vit débarquer l'invincible Amazan et l'adorable
Formosante. Il prit l'un pour le Dieu des combats, et
l'autre pour la déesse de la beauté. Amazan lui présenta
la lettre de recommandation du roi de la Bétique. Le roi
d'Éthiopie donna d'abord des fêtes admirables, suivant la
coutume indispensable des temps héroïques : ensuite on
parla d'aller exterminer les trois cent mille hommes du roi
d'Égypte, les trois cent mille de l'empereur des Indes, et
les trois cent mille du grand khan des Scythes qui assié-
geaient l'immense, l'orgueilleuse, la voluptueuse ville de
Babylone.

Les deux mille Bétiquois qu'Amazan avait amenés avec
lui dirent qu'ils n'avaient que faire du roi d'Éthiopie pour
secourir Babylone ; que c'était assez que leur roi leur eût
ordonné d'aller la délivrer ; qu'il suffisait d'eux pour cette
expédition.

Les Vascons dirent qu'ils en avaient bien fait d'autres ;
qu'ils battraient tous seuls les Égyptiens, les Indiens
et les Scythes, et qu'ils ne voulaient marcher avec les

Bétiquois qu'à condition que ceux-ci seraient à l'arrière-garde.

Les deux cents Gangarides se mirent à rire des prétentions de leurs alliés, et ils soutinrent qu'avec cent licornes seulement ils feraient fuir tous les rois de la terre. La belle Formosante les apaisa par sa prudence et par ses discours enchanteurs. Amazan présenta au monarque noir ses Gangarides, ses licornes, les Bétiquois, les Vascons, et son bel oiseau.

Tout fut prêt bientôt pour marcher par Memphis, par Héliopolis, par Arsinoé, par Pétra, par Artémite, par Sora, par Apamée, pour aller attaquer les trois rois, et pour faire cette guerre mémorable devant laquelle toutes les guerres que les hommes ont faites depuis n'ont été que des combats de coqs et de cailles.

Chacun sait comment le roi d'Éthiopie devint amoureux de la belle Formosante, et comment il la surprit au lit lorsqu'un doux sommeil fermait ses longues paupières. On se souvient qu'Amazan, témoin de ce spectacle, crut voir le jour et la nuit couchant ensemble. On n'ignore pas qu'Amazan, indigné de l'affront, tira soudain sa fulminante, qu'il coupa la tête perverse du nègre insolent, et qu'il chassa tous les Éthiopiens d'Égypte. Ces prodiges ne sont-ils pas écrits dans le livre des chroniques d'Égypte ? La renommée a publié de ses cent bouches les victoires qu'il remporta sur les trois rois avec ses guerriers de la Bétique, ses Vascons et ses licornes. Il rendit la belle Formosante à son père, il délivra toute la suite de sa maîtresse, que le roi d'Égypte avait réduite en esclavage. Le grand khan des Scythes se déclara son vassal, et son mariage avec la princesse Aldée fut confirmé. L'invincible et généreux Amazan, reconnu pour héritier du royaume de Babylone, entra dans la ville en triomphe avec le phénix, en présence de cent rois tributaires. La fête de son mariage surpassa en tout celle que le roi Bélus avait donnée. On servit à table le bœuf Apis rôti. Le roi d'Égypte et celui des Indes donnèrent à boire aux deux époux, et ces noces furent célébrées par cinq cents grands poètes de Babylone.

O muses ! qu'on invoque toujours au commencement de son ouvrage, je ne vous implore qu'à la fin. C'est en vain qu'on me reproche de dire grâces sans avoir dit *benedicite*. Muses ! vous n'en serez pas moins mes protectrices. Empêchez que des continuateurs téméraires ne gâtent par leurs fables les vérités que j'ai enseignées aux mortels dans ce fidèle récit, ainsi qu'ils ont osé falsifier *Candide*, *l'Ingénu*, et les chastes aventures de la chaste Jeanne, qu'un ex-capucin a défigurées par des vers dignes des capucins, dans les éditions bataves. Qu'ils ne fassent pas ce tort à mon typographe, chargé d'une nombreuse famille, et qui possède à peine de quoi avoir des caractères, du papier et de l'encre.

O muses ! imposez silence au détestable Cogé, professeur de bavarderie au collège Mazarin, qui n'a pas été content des discours moraux de Bélisaire et de l'empereur Justinien, et qui a écrit de vilains libelles diffamatoires contre ces deux grands hommes.

Mettez un bâillon au pédant Larcher, qui, sans savoir un mot de l'ancien babylonien, sans avoir voyagé comme moi sur les bords de l'Euphrate et du Tigre, a eu l'impudence de soutenir que la belle Formosante, fille du plus grand roi du monde, et la princesse Aldée, et toutes les femmes de cette respectable cour, allaient coucher avec tous les palefreniers de l'Asie pour de l'argent, dans le grand temple de Babylone, par principe de religion. Ce libertin de collège, votre ennemi et celui de la pudeur, accuse les belles Égyptiennes de Mendès de n'avoir aimé que des boucs, se proposant en secret, par cet exemple, de faire un tour en Égypte pour avoir enfin de bonnes aventures.

Comme il ne connaît pas plus le moderne que l'antique, il insinue, dans l'espérance de s'introduire auprès de quelque vieille, que notre incomparable Ninon, à l'âge de quatre-vingts ans, coucha avec l'abbé Gédoin, de l'Académie française et de celle des inscriptions et belles-lettres.

Il n'a jamais entendu parler de l'abbé de Châteauneuf, qu'il prend pour l'abbé Gédoin. Il ne connaît pas plus Ninon que les filles de Babylone.

Muses, filles du ciel, votre ennemi Larcher fait plus, il se répand en éloges sur la pédérastie ; il ose dire que tous les bambins de mon pays sont sujets à cette infamie. Il croit se sauver en augmentant le nombre des coupables.

Nobles et chastes muses, qui détestez également le pédantisme et la pédérastie, protégez-moi contre maître Larcher !

Et vous, maître Aliboron, dit Fréron, ci-devant soi-disant jésuite, vous dont le Parnasse est tantôt à Bicêtre et tantôt au cabaret du coin ; vous à qui l'on a rendu tant de justice sur tous les théâtres de l'Europe dans l'honnête comédie de *l'Ecossaise ;* vous, digne fils du prêtre Desfontaines, qui naquîtes de ses amours avec un de ces beaux enfants qui portent un fer et un bandeau comme le fils de Vénus, et qui s'élancent comme lui dans les airs, quoiqu'ils n'aillent jamais qu'au haut des cheminées ; mon cher Aliboron, pour qui j'ai toujours eu tant de tendresse, et qui m'avez fait rire un mois de suite du temps de cette *Ecossaise,* je vous recommande ma princesse de Babylone ; dites-en bien du mal afin qu'on la lise.

Je ne vous oublierai point ici, gazetier ecclésiastique, illustre orateur des convulsionnaires, père de l'Église fondée par l'abbé Bécherand et par Abraham Chaumeix ; ne manquez pas de dire dans vos feuilles, aussi pieuses qu'éloquentes et sensées, que la princesse de Babylone est hérétique, déiste et athée. Tâchez surtout d'engager le sieur Riballier à faire condamner la princesse de Babylone par la Sorbonne ; vous ferez grand plaisir à mon libraire, à qui j'ai donné cette petite histoire pour ses étrennes.

CONTES EN VERS

L'ANTI-GITON

A Mlle LECOUVREUR
(1714)

O du théâtre aimable souveraine,
Belle Chloé, fille de Melpomène,
Puissent ces vers de vous être goûtés !
Amour le veut, Amour les a dictés.
Ce petit dieu de son aile légère,
Un arc en main, parcourait l'autre jour
Tous les recoins de votre sanctuaire ;
Car le théâtre appartient à l'Amour :
Tous ses héros sont enfants de Cythère.
Hélas ! Amour, que tu fus consterné
Lorsque tu vis ce temple profané,
Et ton rival, de son culte hérétique
Établissant l'usage antiphysique,
Accompagné de ses mignons fleuris,
Fouler aux pieds les myrtes de Cypris !
Cet ennemi jadis eut dans Gomorrhe
Plus d'un autel, et les aurait encore,
Si par le feu son pays consumé
En lac un jour n'eût été transformé.
Ce conte n'est de la métamorphose,
Car gens de bien m'ont expliqué la chose
Très-doctement ; et partant ne veux pas
Mécroire en rien la vérité du cas.
Ainsi que Loth, chassé de son asile,

Ce pauvre dieu courut de ville en ville :
Il vint en Grèce ; il y donna leçon
Plus d'une fois à Socrate, à Platon :
Chez des héros il fit sa résidence,
Tantôt à Rome, et tantôt à Florence ;
Cherchant toujours, si bien vous l'observez,
Peuples polis et par art cultivés.
Maintenant donc le voici dans Lutèce,
Séjour fameux des effrénés désirs,
Et qui vaut bien l'Italie et la Grèce,
Quoi qu'on en dise, au moins pour les plaisirs.
Là, pour tenter notre faible nature,
Ce dieu paraît sous humaine figure,
Et n'a point pris bourdon de pèlerin,
Comme autrefois l'a pratiqué Jupin,
Qui, voyageant au pays où nous sommes,
Quittait les cieux pour éprouver les hommes.
Il n'a point l'air de ce pesant abbé
Brutalement dans le vice absorbé,
Qui, tourmentant en tout sens son espèce,
Mord son prochain, et corrompt la jeunesse ;
Lui, dont l'œil louche et le mufle effronté
Font frissonner la tendre Volupté,
Et qu'on prendrait, dans ses fureurs étranges,
Pour un démon qui viole des anges.
Ce dieu sait trop qu'en un pédant crasseux
Le plaisir même est un objet hideux.
D'un beau marquis il a pris le visage (1),
Le doux maintien, l'air fin, l'adroit langage ;
Trente mignons le suivent en riant ;
Philis le lorgne, et soupire en fuyant.
Ce faux Amour se pavane à toute heure
Sur le théâtre aux muses destiné,
Où, par Racine en triomphe amené,

---

(1) L'homme dont il est question avait eu une cuisse emportée à
Ramillies. — C'est une erreur. C'est à Malplaquet que le marquis de
Courcillon avait perdu une jambe (*Note de l'éditeur*).

L'Amour galant choisissait sa demeure.
Que dis-je ? hélas ! l'Amour n'habite plus
Dans ce réduit : désespéré, confus
Des fiers succès du dieu qu'on lui préfère,
L'Amour honnête est allé chez sa mère,
D'où rarement il descend ici-bas.
Belle Chloé, ce n'est que sur vos pas
Qu'il vient encor. Chloé, pour vous entendre,
Du haut des cieux j'ai vu ce dieu descendre
Sur le théâtre ; il vole parmi nous
Quand, sous le nom de Phèdre ou de Monime,
Vous partagez entre Racine et vous
De notre encens le tribut légitime.
Si vous voulez que cet enfant jaloux
De ces beaux lieux désormais ne s'envole,
Convertissez ceux qui devant l'idole
De son rival ont fléchi les genoux.
Il vous créa la prêtresse du temple :
A l'hérétique il faut prêcher d'exemple.
Prêchez donc vite, et venez dès ce jour
Sacrifier au véritable Amour.

LE CADENAS

Envoyé en 1716 a Mme de E*** (1)

Je triomphais ; l'Amour était le maître,
Et je touchais à ces moments trop courts
De mon bonheur et du vôtre peut-être :
Mais un tyran veut troubler nos beaux jours.
C'est votre époux : geôlier sexagénaire,
Il a fermé le libre sanctuaire

(1) Voltaire avait environ vingt ans quand il fit cette pièce, adressée
à une dame contre laquelle son mari avait pris cette étrange précaution ; elle fut imprimée en 1724 pour la première fois.
La pièce, dans cette édition, commençait par les vers suivants :

Jeune beauté, qui ne savez que plaire,
A vos genoux, comme bien vous savez,
En qualité de prêtre de Cythère,
J'ai débité, sans morale sévère,
Mais bien sermons par Vénus approuvés,
Gentils propos, et toutes les sornettes
Dont Rochebrune orne ses chansonnettes.
De ces sermons votre cœur fut touché ;
Jurâtes lors de quitter le péché
Que parmi nous on nomme indifférence :
Même un baiser m'en donna l'assurance ;
Mais votre époux, Iris, a tout gâté.
Il craint l'Amour : époux sexagénaire
Contre ce dieu fut toujours en colère ;
C'est bien raison : Amour de son côté
Assez souvent ne les épargne guère.
Celui-ci donc tient de court vos appas.
Plus ne venez sur les bords de la Seine,
Dans ces jardins où Sylvains à centaine
Et le dieu Pan vont prendre leurs ébats ;

De vos appas ; et, trompant nos désirs,
Il tient la clef du séjour des plaisirs.
Pour éclaircir ce douloureux mystère,
D'un peu plus haut reprenons cette affaire.
Vous connaissez la déesse Cérès :
Or en son temps Cérès eut une fille
Semblable à vous, à vos scrupules près,
Brune piquante, honneur de sa famille,
Tendre surtout, et menant à sa cour
L'aveugle enfant que l'on appelle Amour.
Un autre aveugle, hélas ! bien moins aimable,
Le triste Hymen, la traita comme vous.
Le vieux Pluton, riche autant qu'haïssable,
Dans les enfers fut son indigne époux.

Il était dieu, mais avare et jaloux :
Il fut cocu, car c'était là justice.

Où tous les soirs nymphes jeunes et blanches,
Les Courcillons, Polignacs, Villefranches,
Près du bassin, devant plus d'un Pàris,
De la beauté vont disputer le prix.
Plus ne venez au palais des Francines,
Dans ce pays où tout est fiction,
Où l'Amour seul fait mouvoir cent machines,
Plaindre Thésée et siffler Arion.
Trop bien, hélas ! à votre époux soumise,
On ne vous voit tout au plus qu'à l'église ;
Le scélérat a de plus attenté
Par cas nouveau sur votre liberté.
Pour éclaicir pleinement ce mystère,
D'un peu plus loin reprenons cette affaire.
    Vous connaissez la déesse Cérès ;
Or en son temps Cérès eut une fille
Semblable à vous, à vos scrupules près,
Belle, sensible, honneur de sa famille,
Brune surtout, partant pleine d'attraits.
Ainsi que vous par le dieu d'hyménée
La pauvre enfant fut assez malmenée.
Le dieu des morts fut son barbare époux :
Il était louche, avare, hargneux, jaloux ;
Il fut cocu : c'était bien la justice.
Pirithoüs, etc.

Pirithoüs; son fortuné rival;
Beau, jeune, adroit, complaisant, libéral;
Au dieu Pluton donna le bénéfice
De cocuage. Or ne demandez pas
Comment un homme, avant sa dernière heure,
Put pénétrer dans la sombre demeure :
Cet homme aimait ; l'Amour guida ses pas.
Mais aux enfers, comme aux lieux où vous êtes,
Voyez qu'il est peu d'intrigues secrètes !
De sa chaudière un traître d'espion
Vit le grand cas, et dit tout à Pluton.
Il ajouta que, même à la sourdine,
Plus d'un damné festoyait Proserpine.
Le dieu cornu dans son noir tribunal
Fit convoquer le sénat infernal.
Il assembla les détestables âmes
De tous ces saints dévolus aux enfers,
Qui, dès longtemps en cocuage experts,
Pendant leur vie ont tourmenté leurs femmes.
Un Florentin lui dit : « Frère et seigneur,
Pour détourner la maligne influence
Dont Votre Altesse a fait l'expérience,
Tuer sa dame est toujours le meilleur :
Mais, las ! seigneur, la vôtre est immortelle.
Je voudrais donc, pour votre sûreté,
Qu'un cadenas, de structure nouvelle,
Fût le garant de sa fidélité.
A la vertu par la force asservie,
Lors vos plaisirs borneront son envie ;
Plus ne sera d'amant favorisé.
Et plût aux dieux que, quand j'étais en vie,
D'un tel secret je me fusse avisé ! »
A ce discours les damnés applaudirent,
Et sur l'airain les Parques l'écrivirent.
En un moment, fers, enclumes, fourneaux,
Sont préparés aux gouffres infernaux ;
Tisiphoné, de ces lieux serrurière,

Au cadenas met la main la première ;
Elle l'achève, et des mains de Pluton
Proserpine reçoit ce triste don.
On m'a conté qu'essayant son ouvrage,
Le cruel dieu fut ému de pitié,
Qu'avec tendresse il dit à sa moitié :
« Que je vous plains ! vous allez être sage. »
Or ce secret, aux enfers inventé,
Chez les humains tôt après fut porté ;
Et depuis ce, dans Venise et dans Rome,
Il n'est pédant, bourgeois, ni gentilhomme,
Qui, pour garder l'honneur de sa maison,
De cadenas n'ait sa provision.
Là, tout jaloux, sans crainte qu'on le blâme,
Tient sous la clef la vertu de sa femme.
Or votre époux dans Rome a fréquenté ;
Chez les méchants on se gâte sans peine,
Et le galant vit fort à la romaine ;
Mais son trésor est-il en sûreté ?
A ses projets l'Amour sera funeste :
Ce dieu charmant sera notre vengeur :
Car vous m'aimez ; et quand on a le cœur
De femme honnête, on a bientôt le reste.

GERTRUDE

ou

L'ÉDUCATION D'UNE FILLE

———

Mes amis, l'hiver dure, et ma plus douce étude
Est de vous raconter les faits des temps passés.
Parlons ce soir un peu de Madame Gertrude.
Je n'ai jamais connu de plus aimable prude.
Par trente-six printemps sur sa tête amassés
Ses modestes appas n'étaient point effacés ;
Son maintien était sage, et n'avait rien de rude ;
Ses yeux étaient charmants, mais ils étaient baissés ;
Sur sa gorge d'albâtre uné gaze étendue
Avec un art discret en permettait la vue ;
L'industrieux pinceau d'un carmin délicat,
D'un visage arrondi relevant l'incarnat,
Embellissait ses traits sans outrer la nature :
Moins elle avait d'apprêt, plus elle avait d'éclat ;
La simple propreté composait sa parure.
Toujours sur sa toilette est la sainte Écriture,
Auprès d'un pot de rouge on voit un Massillon,
Et le Petit Carême est surtout sa lecture.
Mais ce qui nous charmait dans sa dévotion,
C'est qu'elle était toujours aux femmes indulgente :
Gertrude était dévote, et non pas médisante.
Elle avait une fille : un dix avec un sept
Composait l'âge heureux de ce divin objet
Qui depuis son baptême eut le nom d'Isabelle.

Plus fraîche que sa mère, elle était aussi belle :
A côté de Minerve on eût cru voir Vénus.
Gertrude à l'élever prit des soins assidus.
Elle avait dérobé cette rose naissante
Au souffle empoisonné d'un monde dangereux :
Les conversations, les spectacles, les jeux,
Ennemis séduisants de toute âme innocente,
Vrais pièges du démon, par les saints abhorrés,
Étaient dans la maison des plaisirs ignorés.
  Gertrude en son logis avait un oratoire,
Un boudoir de dévote, où pour se recueillir
Elle allait saintement occuper son loisir,
Et faisait l'oraison qu'on dit jaculatoire.
Des meubles recherchés, commodes, précieux,
Ornaient cette retraite au public inconnue :
Un escalier secret, loin des profanes yeux,
Conduisait au jardin, du jardin dans la rue.
  Vous savez qu'en été les ardeurs du soleil
Rendent souvent les nuits aux beaux jours préférables ;
La lune fait aimer ses rayons favorables :
Les filles en ce temps goûtent peu le sommeil.
Isabelle, inquiète, en secret agitée,
Et de ses dix-sept ans doucement tourmentée,
Respirait dans la nuit sous un ombrage frais,
En ignorait l'usage, et s'étendait auprès ;
Sans savoir l'admirer regardait la nature ;
Puis se levait, allait, marchait à l'aventure,
Sans dessein, sans objet qui pût l'intéresser ;
Ne pensant point encore, et cherchant à penser.
Elle entendit du bruit au boudoir de sa mère.
La curiosité l'aiguillonne à l'instant.
Elle ne soupçonnait nulle ombre de mystère ;
Cependant elle hésite, elle approche en tremblant,
Posant sur l'escalier une jambe en avant,
Étendant une main, portant l'autre en arrière,
Le cou tendu, l'œil fixe, et le cœur palpitant,
·D'une oreille attentive avec peine écoutant.

D'abord elle entendit un tendre et doux murmure,
Des mots entrecoupés, des soupirs languissants.
Ma mère a du chagrin, dit-elle entre ses dents,
Et je dois partager les peines qu'elle endure.
Elle approche ; elle entend ces mots pleins de douceur :
André, mon cher André, vous faites mon bonheur !
Isabelle à ces mots pleinement se rassure.
Ma tendresse, dit-elle, a pris trop de souci ;
Isabelle à la fin dans son lit se retire,
Ne peut fermer les yeux, se tourmente et soupire :
André fait des heureux ! et de quelle façon ?
Que ce talent est beau ! Mais comment s'y prend-on ?
Elle revit le jour avec inquiétude.
Son trouble fut d'abord aperçu par Gertrude.
Isabelle était simple et sa naïveté
Laissa parler enfin sa curiosité.
— Quel est donc cet André, lui dit-elle, Madame,
Qui fait, à ce qu'on dit, le bonheur d'une femme ?
Gertrude fut confuse ; elle s'aperçut bien
Qu'elle était découverte, et n'en témoigna rien.
Elle se composa ; puis répondit : Ma fille,
Il faut avoir un saint pour toute une famille ;
Et depuis quelque temps j'ai choisi saint André :
Je lui suis très dévote ; il m'en sait fort bon gré ;
Je l'invoque en secret ; j'implore ses lumières ;
Il m'apparaît souvent la nuit dans mes prières :
C'est un des plus grands saints qui soient en paradis.
A quelque temps de là certain monsieur Denis,
Jeune homme bien tourné, fut épris d'Isabelle.
Tout conspirait pour lui ; Denis fut aimé d'elle,
Et plus d'un rendez-vous confirma leur amour.
Gertrude en sentinelle entendit à son tour
Les belles oraisons, les antiennes charmantes
Qu'Isabelle entonnait quand ses mains caressantes
Pressaient son tendre amant de plaisir enivré.
    Gertrude les surprit, et se mit en colère.
La fille répondit : Pardonnez-moi, ma mère ;

J'ai choisi saint Denis, comme vous saint André.
    Gertrude, dès ce jour plus sage et plus heureuse,
Conservant son amant, et renonçant aux saints,
Quitta le vain projet de tromper les humains.
On ne les trompe point. La malice envieuse
Porte sur votre masque un coup d'œil pénétrant ;
On vous devine mieux que vous ne savez feindre ;
Et le stérile honneur de toujours vous contraindre
Ne vaut pas le plaisir de vivre librement.
    La charmante Isabelle, au monde présentée,
Se forma, s'embellit, fut en tous lieux goûtée.
Gertrude en sa maison rappela pour toujours
Les doux amusements, compagnons des amours ;
Les plus honnêtes gens y passèrent leur vie.
Il n'est jamais de mal en bonne compagnie.

L'ÉDUCATION D'UN PRINCE

Puisque le Dieu du jour, en ses douze voyages,
Habite tristement sa maison du Verseau,
Que les monts sont encore assiégés des orages,
Et que nos prés riants sont engloutis sous l'eau,
Je veux au coin du feu vous faire un nouveau conte :
Nos loisirs sont plus doux par nos amusements.
Je suis vieux, je l'avoue, et je n'ai point de honte
De goûter avec vous le plaisir des enfants.
Dans Bénévent jadis régnait un jeune prince,
Plongé dans la mollesse, ivre de son pouvoir,
Élevé comme un sot, et sans en rien savoir,
Méprisé des voisins, haï dans sa province.
Deux fripons gouvernaient cet État assez mince ;
Ils avaient abruti l'esprit de monseigneur,
Aidés dans ce projet par son vieux confesseur ;
Tous trois se relayaient. On lui faisait accroire
Qu'il avait des talents, des vertus, de la gloire ;
Qu'un duc de Bénévent, dès qu'il était majeur,
Était du monde entier l'amour et la terreur ;
Qu'il pouvait conquérir l'Italie et la France,
Que son trésor ducal regorgeait de finance ;
Qu'il avait plus d'argent que n'en eut Salomon
Sur son terrain pierreux du torrent de Cédron.
Alamon (c'est le nom de ce prince imbécile)
Avalait cet encens, et, lourdement tranquille,
Entouré de bouffons et d'insipides jeux, .
Quand il avait dîné croyait son peuple heureux.

Il restait à la cour un brave militaire,
Emon, vieux serviteur du feu prince son père,
Qui, n'étant point payé, lui parlait librement,
Et prédisait malheur à son gouvernement.
Les ministres jaloux, qui bientôt le craignirent,
De ce pauvre honnête homme aisément se défirent ;
Emon fut exilé, le maître n'en sut rien.
Le vieillard, confiné dans une métairie,
Cultivait sagement ses amis et son bien
Et pleurait à la fois son maître et sa patrie.
Alamon loin de lui laissait couler sa vie
Dans l'insipidité de ses molles langueurs.
Des sots Bénéventins quelquefois les clameurs
Frappaient pour un moment son âme appesantie,
Ce bruit sourd et lointain, qu'avec peine il entend,
S'affaiblit dans sa course, et meurt en arrivant,
Le poids de la misère accablait la province,
Elle était dans les pleurs ; Alamon dans l'ennui,
Les tyrans triomphaient. Dieu prit pitié de lui ;
Il voulut qu'il aimât pour en faire un bon prince.
Il vit la jeune Amide, il la vit, l'entendit ;
Il commença de vivre, et son cœur se sentit :
Il était beau, bien fait, et dans l'âge de plaire.
Son confesseur madré découvrit le mystère ;
Il en fit un scrupule à son sot pénitent,
D'autant plus timoré qu'il était ignorant ;
Et les deux scélérats qui tremblaient que leur maître
Ne se connût un jour, et vînt à les connaître,
Envoyèrent Amide avec le pauvre Emon.
Elle fit son paquet, et le trempa de larmes :
On n'osait résister. Le timide Alamon,
Vainement attendri, s'arrachait à ses charmes ;
Car son esprit flottant, d'un vain remords touché,
Commençant à s'ouvrir, n'était point débouché.
Comme elle allait partir, on entend : Bas les armes !
A la fuite, à la mort, combattons, tout périt,
Alla, San Germano, Mahomet, Jésus-Christ !

On voit un peuple entier fuyant de place en place :
Un guerrier en turban, plein de force et d'audace,
Suivi de musulmans, le cimeterre en main,
Sur des morts entassés se frayant un chemin,
Portant dans le palais le fer avec les flammes,
Égorgeait les maris, mettait à part les femmes.
Cet homme avait marché de Cume à Bénévent,
Sans que le ministère en eût le moindre vent ;
La mort le devançait, et dans Rome la sainte
Saint Pierre avec saint Paul était transi de crainte.
C'était, mes chers amis, le superbe Abdala
Pour corriger l'Église envoyé par Alla.
    Dès qu'il fut au palais, tout fut mis dans les chaînes ;
Princes, moines, valets, ministres, capitaines,
Tels que les fils d'Io, l'un à l'autre attachés,
Sont portés dans un char aux plus voisins marchés.
Tels étaient monseigneur et ses référendaires,
Enchaînés par les pieds avec le confesseur
Qui toujours se signant, et disant ses rosaires,
Leur prêchait la constance et se mourait de peur.
    Quand tout fut garrotté, les vainqueurs partagèrent
Le butin qu'en trois lots les émirs arrangèrent ;
Les hommes, les chevaux, et les châsses des saints.
D'abord on dépouilla les bons Bénéventins.
Les tailleurs ont toujours déguisé la nature :
Ils sont trop charlatans ; l'homme n'est point connu.
L'habit change les mœurs ainsi que la figure :
Pour juger d'un mortel il faut le voir tout nu.
    Du chef des musulmans le duc fut le partage.
Il était, comme on sait, dans la fleur de son âge ;
Il paraissait robuste ; on le fit muletier,
Il profita beaucoup dans ce nouveau métier ;
Ses muscles, énervés par l'infâme mollesse,
Prirent dans le travail une heureuse vigueur.
Le malheur l'instruisit ; il dompta la paresse ;
Son avilissement fit naître sa valeur.
La valeur sans pouvoir est assez inutile,

C'est un tourment de plus. Déjà paisiblement
Abdala s'établit dans son appartement,
Boit le vin des vaincus malgré son évangile ;
Les dames de la cour, les filles de la ville,
Conduites chaque nuit par son eunuque noir,
A son petit coucher arrivent à la file,
Attendent ses regards, et briguent son mouchoir ;
Les plaisirs partageaient les moments de sa vie.
   Monseigneur cependant, au fond de l'écurie,
Avec ses compagnons, ci-devant ses sujets,
Une étrille à la main prenait soin des mulets.
Pour comblé de malheur il vit la belle Amide,
Que le noir circoncis, ministre de l'amour,
Au superbe Abdala conduisait à son tour :
Prêt à s'évanouir il s'écria : Perfide !
Ce malheur me manquait ; voici mon dernier jour.
L'eunuque à son discours ne pouvait rien comprendre.
Dans un autre langage Amide répondit
D'un coup d'œil douloureux, d'un regard noble et **tendre**
Qui pénétrait à l'âme ; et ce regard lui dit :
Consolez-vous, vivez, songez à me défendre ;
Vengez-moi, vengez-vous ; votre nouvel emploi
Ne vous rend à mes yeux que plus digne de moi.
Alamon l'entendit, et reprit l'espérance.
   Amide comparut devant Son Excellence :
Le corsaire jura que jusques à ce jour
Il avait en effet connu la jouissance,
Mais qu'en voyant Amide il connaissait l'amour.
Pour lui plaire encor plus elle fit résistance ;
Et ces refus adroits annonçant les plaisirs,
En les faisant attendre, irritaient ses désirs.
Les femmes ont toujours des prétextes honnêtes.
— Je suis, lui dit Amide, au rang de vos conquêtes ;
Vous êtes invincible en amour, aux combats,
Et tout est à vos pieds, ou veut être en vos bras ;
Mais souffrez que trois jours mon bonheur se diffère
Et, pour me consoler de ces tristes délais,

A mon timide amour accordez deux bienfaits.
— Qu'ordonnez-vous ? Parlez, répondit le corsaire,
Il n'est rien que mon cœur refuse à vos attraits.
— Des faveurs que j'attends, dit-elle, la première
Est de faire donner deux cents coups d'étrivière
A trois Bénéventins que j'ai mandés exprès :
La seconde, seigneur, est d'avoir deux mulets,
Pour m'aller quelquefois promener en litière
Avec un muletier qui soit selon mon choix.
Abdala répliqua : Vos désirs sont mes lois.
Ainsi dit, ainsi fait. Le très indigne prêtre,
Et les deux conseillers, corrupteurs de leur maître,
Eurent chacun leur dose, au grand contentement
De tous les prisonniers et de tout Bénévent ;
Et le jeune Alamon goûta le bien suprême
D'être muletier de la beauté qu'il aime.
     — Ce n'est pas tout, dit-elle ; il faut vaincre et régner.
La couronne ou la mort à présent vous appelle :
Vous avez du courage ; Emon vous est fidèle ;
Je veux aussi vous l'être, et ne rien épargner
Pour vous rendre honnête homme, et servir ma patrie.
Au fond de son exil allez trouver Emon ;
Puisque vous avez tort, demandez-lui pardon ;
Il donnera pour vous les restes de sa vie.
Tout sera préparé : revenez dans trois jours ;
Hâtez-vous. Vous savez que je suis destinée
Aux plaisirs d'Abdala la troisième journée :
Les moments sont bien chers à la guerre, en amours.
— Alamon répondit : Je vous aime, et j'y cours.
Il part. Le brave Emon, qu'avait instruit Amide,
Aimait son prince ingrat, devenu malheureux ;
Il avait rassemblé des amis généreux,
Et de soldats choisis une troupe intrépide.
Il embrassa son prince ; ils pleurèrent tous deux :
Ils s'arment en secret, ils marchent en silence.
Amide parle aux siens, et réveille en leur cœur,
Tout esclaves qu'ils sont, des sentiments d'honneur.

Alamon réunit l'audace et la prudence ;
Il devint un héros sitôt qu'il combattit.
Le Turc, aux voluptés livré sans défiance,
Surpris par les vaincus, à son tour se perdit.
Alamon triomphant au palais se rendit
Au moment que le Turc, ignorant sa disgrâce,
Avec la belle Amide allait se mettre au lit.
Il rentra dans ses droits, et se mit à sa place.
  Le confesseur arrive avec mes deux fripons
Tout fraîchement sortis de leurs sales prisons ;
Disant avoir tout fait, et n'ayant rien pu faire,
Ils pensaient conserver leur empire ordinaire.
Les lâches sont cruels : le moine conseilla
De faire au pied des murs empaler Abdala.
— Misérable ! c'est vous qui méritez de l'être,
Dit le prince éclairé, prenant un ton de maître ;
Dans un lâche repos vous m'aviez corrompu :
Je dois tout à ce Turc, et tout à ma maîtresse.
Vous m'aviez fait dévot ; vous trompiez ma jeunesse :
Le malheur et l'amour me rendent ma vertu.
Allez, brave Abdala, je dois vous rendre grâce
D'avoir développé mon esprit et mon cœur :
De mes sujets, de moi, vous fîtes le bonheur.
De leçons désormais il faut que je me passe ;
Je vous suis obligé, mais n'y revenez pas :
Soyez libre, partez ; et si vos destinées
Vous donnent trois fripons pour régir vos États,
Envoyez-moi chercher : j'irai, n'en doutez pas,
Vous rendre les leçons que vous m'avez données.

CE QUI PLAIT AUX DAMES

Or maintenant que le beau dieu du jour
Des Africains va brûlant la contrée,
Qu'un cercle étroit chez nous borne son tour,
Et que l'hiver allonge la soirée,
Après souper, pour vous désennuyer,
Mes chers amis, écoutez une histoire
Touchant un pauvre et noble chevalier
Dont l'aventure est digne de mémoire.
Son nom était messire Jean Robert,
Lequel vivait sous le roi Dagobert.
　　Il voyagea devers Rome la sainte,
Qui surpassait la Rome des Césars ;
Il rapportait de son auguste enceinte,
Non des lauriers cueillis aux champs de Mars,
Mais des agnus avec des indulgences,
Et des pardons, et de belles dispenses ;
Mon chevalier en était tout chargé.
D'argent, fort peu ; car dans ces temps de crise
Tout paladin fut très mal partagé ;
L'argent n'allait qu'aux mains des gens d'église.
　　Sire Robert possédait pour tout bien
Sa vieille armure, un cheval et son chien ;
Mais il avait reçu pour apanage
Les dons brillants de la fleur du bel âge,
Force d'Hercule, et grâce d'Adonis,
Dons fortunés qu'on prise en tout pays.
　　Comme il était assez près de Lutèce,

Au coin d'un bois qui borde Charenton,
Il aperçut la fringante Marthon
Dont un ruban nouait la blonde tresse ;
Sa taille est leste, et son petit jupon
Laisse entrevoir sa jambe blanche et fine.
Robert avance ; il lui trouve une mine
Qui tenterait les saints du paradis ;
Un beau bouquet de roses et de lis
Est au milieu de deux pommes d'albâtre
Qu'on ne voit point sans en être idolâtre ;
Et de son teint la fleur et l'incarnat
De son bouquet auraient terni l'éclat.
Pour dire tout, cette jeune merveille
A son giron portait une corbeille,
Et s'en allait avec tous ses attraits
Vendre au marché du beurre et des œufs frais.
Sire Robert, ému de convoitise,
Descend d'un saut, l'accole avec franchise :
— J'ai vingt écus, dit-il, dans ma valise,
C'est tout mon bien ; prenez encor mon cœur,
Tout est à vous. — C'est pour moi trop d'honneur,
Lui dit Marthon. Robert presse la belle,
La fait tomber, et tombe aussitôt qu'elle,
Et la renverse, et casse tous ses œufs.
Comme il cassait, son cheval ombrageux,
Épouvanté de la fière bataille,
Au loin s'écarte, et fuit dans la broussaille.
De Saint-Denis un moine survenant
Monte dessus, et trotte à son couvent.
  Enfin Marthon rajustant sa coiffure,
Dit à Robert : Où sont mes vingt écus ?
Le chevalier, tout pantois et confus,
Cherchant en vain sa bourse et sa monture,
Veut s'excuser : nulle excuse ne sert ;
Marthon ne peut digérer son injure,
Et va porter sa plainte à Dagobert :
— Un chevalier, dit-elle, m'a pillée,

Et violée, et surtout point payée.
Le sage prince à Marthon répondit :
— C'est de viol que je vois qu'il s'agit ;
Allez plaider devant ma femme Berthe,
En tel procès la reine est très experte :
Bénignement elle vous recevra,
Et sans délai justice se fera.
Marthon s'incline et va droit à la reine.
Berthe était douce, affable, accorte, humaine ;
Mais elle avait de la sévérité
Sur le grand point de la pudicité.
Elle assembla son conseil de dévotes :
Le chevalier, sans éperons, sans bottes,
La tête nue et le regard baissé,
Leur avoua ce qui s'était passé ;
Que vers Charonne il fut tenté du diable,
Qu'il succomba, qu'il se sentait coupable,
Qu'il en avait un très pieux remord ;
Puis il reçut sa sentence de mort.

Robert était si beau, si plein de charmes,
Si bien tourné, si frais et si vermeil,
Qu'en le jugeant la reine et son conseil
Lorgnaient Robert, et répandaient des larmes :
Marthon de loin dans son coin soupira ;
Dans tous les cœurs la pitié trouva place.
Berthe au conseil alors remémora
Qu'au chevalier on pouvait faire grâce,
Et qu'il vivrait pour peu qu'il eût d'esprit :
Car vous savez que notre loi prescrit
De pardonner à qui pourra nous dire
Ce que la femme en tous les temps désire ;
Bien entendu qu'il explique le cas
Très nettement, et ne nous fâche pas.

La chose étant au conseil exposée
Fut à Robert aussitôt proposée.
La bonne Berthe, afin de le sauver,
Lui concéda huit jours pour y rêver.

Il fit serment aux genoux de la reine
De comparaître au bout de la huitaine,
Remercia du décret lénitif,
Prit congé d'elle, et partit tout pensif.
    Comment nommer, disait-il en lui-même,
Très nettement ce que toute femme aime,
Sans la fâcher ? La reine et son sénat
Ont aggravé mon trop piteux état ;
J'aimerais mieux, puisqu'il faut que je meure,
Que sans délai l'on m'eût pendu sur l'heure.
    Dans son chemin dès que Robert trouvait
Ou femme ou fille, il priait la passante
De lui conter ce que plus elle aimait :
Toutes faisaient réponse différente,
Toutes mentaient, nulle n'allait au fait.
Sire Robert au diable se donnait.
    Déjà sept fois l'astre qui nous éclaire
Avait doré les bords de l'hémisphère,
Quand sur un pré, sous des ombrages frais,
Il vit de loin vingt beautés ravissantes
Dansant en rond ; leurs robes voltigeantes
Étaient à peine un voile à leurs attraits ;
Le doux zéphyr, en se jouant auprès,
Laissait flotter leurs tresses ondoyantes ;
Sur l'herbe tendre elles formaient leurs pas,
Rasant la terre et ne la touchant pas.
Robert approche, et du moins il espère
Les consulter sur la maudite affaire.
En un moment tout disparaît, tout fuit.
    Le jour baissait, à peine il était nuit ;
Il ne vit plus qu'une vieille édentée,
Au teint de suie, à la taille écourtée,
Pliée en deux, s'appuyant d'un bâton ;
Son nez pointu touche à son court menton,
D'un rouge brun sa paupière est bordée,
Quelques crins blancs couvrent son noir chignon ;
Un vieux tapis, qui lui sert de jupon,

Tombe à moitié sur sa cuisse ridée.
Elle fit peur au brave chevalier.
  Elle l'accoste, et d'un ton familier
Lui dit : Mon fils, je vois à votre mine
Que vous avez un chagrin qui vous mine,
Apprenez-moi vos tribulations ;
Nous souffrons tous, mais parler nous soulage ;
Il est encor des consolations :
J'ai beaucoup vu ; le sens vient avec l'âge :
Aux malheureux quelquefois mes avis
Ont fait du bien quand on les a suivis.
  Le chevalier lui dit : Hélas ! ma bonne,
Je vais cherchant des conseils, mais en vain,
Mon heure arrive, et je dois en personne,
Sans plus attendre, être pendu demain,
Si je ne dis à la reine, à ses femmes,
Sans les fâcher, ce qui plaît tant aux dames.
  La vieille alors lui dit : Ne craignez rien ;
Puisque vers moi le bon Dieu vous envoie,
Croyez, mon fils, que c'est pour votre bien ;
Devers la cour, cheminez avec joie ;
Allons ensemble, et je vous apprendrai
Ce grand secret de vous tant désiré ;
Mais jurez-moi qu'en me devant la vie
Vous serez juste, et que de vous j'aurai
Ce qui me plaît et qui fait mon envie :
L'ingratitude est un crime odieux ;
Faites serment, jurez par mes beaux yeux
Que vous ferez tout ce que je désire.
Le bon Robert le jura, non sans rire.
Ne riez point, rien n'est plus sérieux,
Reprit la vieille : et les voilà tous deux
Qui côte à côte arrivent en présence
De reine Berthe et de la cour de France.
Incontinent le conseil assemblé,
La reine assise, et Robert appelé :
— Je sais, dit-il, votre secret, mesdames ;

Ce qui vous plaît en tous lieux, en tout temps,
Ce qui surtout l'emporte dans vos âmes,
N'est pas toujours d'avoir beaucoup d'amants ;
Mais fille, ou femme, ou veuve, ou laide, ou belle,
Ou pauvre, ou riche, ou galante, ou cruelle,
La nuit, le jour, veut être, à mon avis,
Tant qu'elle peut, la maîtresse au logis ;
Il faut toujours que la femme commande,
C'est là son goût : si j'ai tort, qu'on me pende.
    Comme il parlait, tout le conseil conclut
Qu'il parlait juste et qu'il touchait au but.
Robert absous baisa la main de Berthe.
Quand de haillons et de fange couverte,
Au pied du trône on vit notre sans-dent
Criant justice, et la presse fendant.
On lui fait place ; et voici sa harangue :
    — O reine Berthe, ô beauté dont la langue
Ne prononça jamais que vérité,
Vous dont l'esprit connaît toute équité,
Vous dont le cœur s'ouvre à la bienfaisance ;
Ce paladin ne doit qu'à ma science
Votre secret ; il ne vit que par moi ;
Il a juré mes beaux yeux et sa foi
Que j'obtiendrais de lui ce que j'espère :
Vous êtes juste, et j'attends mon salaire.
    — Il est très vrai, dit Robert, et jamais
On ne me vit oublier les bienfaits ;
Mais vingt écus, mon cheval, mon bagage,
Et mon armure, étaient tout mon partage ;
Un moine noir a par dévotion
Saisi le tout, quand j'assaillis Marthon.
Je n'ai plus rien, et, malgré ma justice,
Je ne saurais payer ma bienfaitrice.
    La reine dit : Tout vous sera rendu ;
On punira votre voleur tondu ;
Votre fortune, en trois parts divisée,
Fera trois lots justement compensés :

Les vingt écus à Marthon la lésée
Sont dus de droit, et pour ses œufs cassés,
La bonne vieille aura votre monture ;
Et vous, Robert, vous aurez votre armure.
  La vieille dit : Rien n'est plus généreux,
Mais ce n'est pas son cheval que je veux :
Rien de Robert ne me plaît que lui-même ;
C'est sa valeur et ses grâces que j'aime :
Je veux régner sur son cœur amoureux ;
De ce trésor ma tendresse est jalouse ;
Entre mes bras Robert doit vivre heureux ;
Dès cette nuit je prétends qu'il m'épouse.
  A ce discours que l'on n'attendait pas
Robert glacé laisse tomber ses bras,
Puis fixement contemplant la figure
Et les haillons de notre créature,
Dans son horreur il recula trois pas,
Signa son front, et d'un ton lamentable
Il s'écriait : Ai-je donc mérité
Ce ridicule et cette indignité ?
J'aimerais mieux que Votre Majesté
Me fiançât à la mère du diable :
La vieille est folle, elle a perdu l'esprit.
  Lors tendrement, notre sans-dent reprit :
— Vous le voyez, ô reine, il me méprise,
Il est ingrat ; les hommes le sont tous ;
Mais je vaincrai ses injustes dégoûts :
De sa beauté j'ai l'âme trop éprise,
Je l'aime trop pour qu'il ne m'aime pas.
Le cœur fait tout : j'avoue avec franchise
Que je commence à perdre mes appas,
Mais j'en serai plus tendre et plus fidèle :
On en vaut mieux, on orne son esprit,
On sait penser ; et Salomon a dit
Que femme sage est plus que femme belle.
Je suis bien pauvre, est-ce un si grand malheur ?
La pauvreté n'est point un déshonneur ;

N'est-on content que sur un lit d'ivoire ?
Et vous, Madame, en ce palais de gloire,
Quand vous couchez côte à côte du roi,
Dormez-vous mieux, aimez-vous mieux que moi ?
De Philémon vous connaissez l'histoire ;
Amant aimé, dans le coin d'un taudis
Jusqu'à cent ans il caressa Baucis.
Les noirs chagrins, enfants de la vieillesse,
N'habitent point sous nos rustiques toits ;
Le vice fuit où n'est point la mollesse ;
Nous servons Dieu, nous égalons les rois ;
Nous soutenons l'honneur de vos provinces ;
Nous vous faisons de vigoureux soldats ;
Et, croyez-moi, pour peupler vos États,
Les pauvres gens valent mieux que vos princes.
    Que si le ciel à mes chastes désirs
N'accorde pas le bonheur d'être mère,
L'Hymen encore offre d'autres plaisirs :
Les fleurs du moins sans les fruits peuvent plaire :
On me verra, jusqu'à mon dernier jour,
Cueillir les fleurs de l'arbre de l'amour.
    La décrépite, en parlant de la sorte,
Charma le cœur des dames du palais.
On adjugea Robert à ses attraits :
De son serment la sainteté l'emporte
Sur son dégoût ; la dame encor voulut
Être à cheval entre ses bras menée
A sa chaumière, où ce noble hyménée
Doit s'achever dans la même journée ;
Et tout fut fait comme à la vieille il plut.
    Le chevalier sur son cheval remonte,
Prend tristement sa femme entre ses bras,
Saisi d'horreur et rougissant de honte,
Tenté cent fois de la jeter à bas,
De la noyer ; mais il ne le fit pas,
Tant des devoirs de la chevalerie
La loi sacrée était alors chérie.

Sa tendre épouse, en trottant avec lui,
Voulant charmer un moment son ennui,
Lui rappelait les exploits de sa race,
Lui racontait comment le grand Clovis
Assassina trois rois de ses amis ;
Comment du ciel il mérita la grâce.
Elle avait vu le beau pigeon béni
Du haut des cieux apportant à Rémi
L'ampoule sainte et le céleste chrême
Dont ce grand roi fut oint dans son baptême.
Elle mêlait à ses narrations
Des sentiments et des réflexions,
Des traits d'esprit et de morale pure
Qui, sans couper le fil de l'aventure,
Faisaient penser l'auditeur attentif,
Et l'instruisaient, mais sans l'air instructif.
Le bon Robert à toutes ces merveilles,
Le cœur ému, prêtait ses deux oreilles,
Tout délecté quand sa femme parlait,
Prêt à mourir quand il la regardait.
    L'étrange couple arrive à la chaumière
Que possédait l'affreuse aventurière :
Elle se trousse, et de sa sale main
De son époux arrange le festin ;
Frugal repas fait pour ce premier âge
Plus célébré qu'imité par le sage :
Deux ais pourris sur trois pieds inégaux
Formaient la table où les époux soupèrent,
A peine assis sur deux minces tréteaux.
Du triste époux les regards se baissèrent ;
La décrépite égaya le repas
Par des propos plaisants et délicats,
Par des bons mots qui piquent et qu'on aime,
Si naturels que l'on croirait soi-même
Les avoir dits. Robert fut si content
Qu'il en sourit, et qu'il crut un moment
Qu'elle pouvait lui paraître moins laide.

Elle voulut, quand le souper finit,
Que son époux vînt avec elle au lit.
Le désespoir, la fureur le possède ;
A cette crise, il souhaite la mort :
Mais il se couche, il se fait cet effort ;
Il l'a promis, le mal est sans remède.
  Ce n'était point deux sales demi-draps
Percés de trous et rongés par les rats,
Mal étendus sur de vieilles javelles,
Mal recousus encor par des ficelles,
Qui révoltaient le guerrier malheureux ;
Du saint hymen les devoirs rigoureux
S'offraient à lui sous un aspect horrible :
Le ciel, dit-il, voudrait-il l'impossible ?
A Rome on dit que la grâce d'en haut
Donne à la fois le vouloir et le faire ;
La grâce et moi nous sommes en défaut :
Par son esprit ma femme a de quoi plaire ;
Son cœur est bon ; mais dans le grand conflit
Peut-on jouir du cœur ou de l'esprit ?
Ainsi parlant le bon Robert se jette,
Froid comme glace, au bord de sa couchette :
Et, pour cacher son cruel déplaisir,
Il feint qu'il dort, mais il ne peut dormir.
  La vieille alors lui dit d'une voix tendre
En le pinçant : Ah ! Robert, dormez-vous ?
Charmant ingrat, cher et cruel époux,
Je suis rendue, hâtez-vous de vous rendre.
De ma pudeur les timides accents
Sont subjugués par la voix de mes sens ;
Régnez sur eux ainsi que sur mon âme :
Je meurs, je meurs ! Ciel ! à quoi réduis-tu
Mon naturel qui combat ma vertu ?
Je me dissous, je brûle, je me pâme !
Ah ! le plaisir m'enivre malgré moi ;
Je n'en puis plus, faut-il mourir sans toi !
Va, je le mets dessus ta conscience

Robert avait un fonds de complaisance,
Et de candeur, et de religion ;
De son épouse il eut compassion :
— Hélas ! dit-il, j'aurais voulu, Madame,
Par mon ardeur égaler votre flamme ;
Mais que pourrai-je ? — Allez, vous pourrez tout,
Reprit la vieille ; il n'est rien à votre âge
Dont un grand cœur enfin ne vienne à bout
Avec des soins, de l'art et du courage :
Songez combien les dames de la cour
Célébreront ce prodige d'amour.
Je vous parais peut-être dégoûtante,
Un peu ridée, et même un peu puante :
Cela n'est rien pour des héros bien nés ;
Fermez les yeux et bouchez-vous le nez.
    Le chevalier, amoureux de la gloire,
Voulut enfin tenter cette victoire :
N'écoutant plus que sa rare valeur,
Il obéit, et se piquant d'honneur,
Aidé du ciel, trouvant dans sa jeunesse
Ce qui tient lieu de beauté, de tendresse,
Fermant les yeux, se mit à son devoir.
    — C'en est assez, lui dit sa tendre épouse,
J'ai vu de vous ce que j'ai voulu voir :
Sur votre cœur j'ai connu mon pouvoir.
De ce pouvoir ma gloire était jalouse :
J'avais raison ; convenez-en, mon fils,
Femme toujours est maîtresse au logis.
Ce qu'à jamais, Robert, je vous demande,
C'est qu'à mes soins vous vous laissiez guider :
Obéissez ; mon amour vous commande
D'ouvrir les yeux et de me regarder.
    Robert regarde ; il voit à la lumière
De cent flambeaux, sur vingt lustres placés,
Dans un palais, qui fut cette chaumière,
Sous des rideaux de perles rehaussés,
Une beauté, dont le pinceau d'Apelle

Ou de Vanlo, ni le ciseau fidèle
Du bon Pigal, Lemoine ou Phidias,
N'auraient jamais imité les appas ;
C'était Vénus, mais Vénus amoureuse,
Telle qu'elle est quand, les cheveux épars,
Les yeux noyés dans sa langueur heureuse,
Entre ses bras elle attend le dieu Mars.

   — Tout est à vous, ce palais et moi-même ;
Jouissez-en, dit-elle à son vainqueur ;
Vous n'avez point dédaigné la laideur,
Vous méritez que la beauté vous aime.

   Or, maintenant j'entends mes auditeurs
Me demander quelle était cette belle
De qui Robert eut les tendres faveurs :
Mes chers amis, c'était la fée Urgelle,
Qui dans son temps protégea nos guerriers,
Et fit du bien aux pauvres chevaliers.

   O l'heureux temps que celui de ces fables,
Des bons démons, des esprits familiers,
Des farfadets aux mortels secourables !
On écoutait tous ces faits admirables
Dans son château, près d'un large foyer ;
Le père et l'oncle, et la mère et la fille,
Et les voisins, et toute la famille,
Ouvraient l'oreille à monsieur l'aumônier
Qui leur faisait des contes de sorcier.

   On a banni les démons et les fées :
Sous la raison les grâces étouffées
Livrent nos cœurs à l'insipidité ;
Le raisonner tristement s'accrédite ;
On court, hélas ! après la vérité ;
Ah ! croyez-moi, l'erreur a son mérite.

LA BÉGUEULE

CONTE MORAL

Dans ses écrits un sage italien
Dit que le mieux est l'ennemi du bien ;
Non qu'on ne puisse augmenter en prudence,
En bonté d'âme, en talents, en science ;
Cherchons le mieux sur ces chapitres-là :
Partout ailleurs évitons la chimère.
Dans son état heureux qui peut se plaire,
Vivre à sa place et garder ce qu'il a !
La belle Arsène en est la preuve claire,
Elle était jeune ; elle avait à Paris
Un tendre époux empressé de complaire
A son caprice, et souffrant son mépris.
L'oncle, la sœur, la tante, le beau-père,
Ne brillaient pas parmi les beaux esprits,
Mais ils étaient d'un fort bon caractère.
Dans le logis, des amis fréquentaient ;
Beaucoup d'aisance, une assez bonne chère ;
Les passe-temps que nos gens connaissaient,
Jeu, bal, spectacle, et soupers agréables,
Rendaient ses jours à peu près tolérables.
Car vous savez que le bonheur parfait
Est inconnu ; pour l'homme il n'est pas fait.
Madame Arsène était fort peu contente
De ses plaisirs. Son superbe dégoût
Dans ses dédains fuyait ou blâmait tout :

On l'appelait la Belle impertinente.
Or admirez la faiblesse des gens ;
Plus elle était distraite, indifférente,
Plus ils tâchaient, par des soins complaisants,
D'apprivoiser son humeur méprisante ;
Et plus aussi notre belle abusait
De tous les pas que vers elle on faisait.
Pour ses amants encor plus intraitable,
Aise de plaire, et ne pouvant aimer,
Son cœur glacé se laissait consumer
Dans le chagrin de n'avoir rien d'aimable :
D'elle à la fin chacun se retira.
De courtisans elle avait une liste.
Tout prit parti ; seule elle demeura
Avec l'orgueil, compagnon dur et triste ;
Bouffi, mais sec, ennemi des ébats,
Il renfle l'âme, et ne la nourrit pas.
    La dégoûtée avait eu pour marraine
La fée Aline. On sait que ces esprits
Sont mitoyens entre l'espèce humaine
Et la divine ; et monsieur Gabalis
Mit par écrit leur histoire certaine.
La fée allait quelquefois au logis
De la filleule, et lui disait : « Arsène,
« Es-tu contente à la fleur de tes ans ?
« As-tu des goûts et des amusements ?
« Tu dois mener une assez douce vie. »
L'autre en deux mots répondait : « Je m'ennuie. »
— « C'est un grand mal, dit la fée, et je crois
« Qu'un beau secret c'est de vivre chez soi. »
Arsène enfin conjura son Aline
De la tirer de son maudit pays.
« Je veux aller à la sphère divine :
« Faites-moi voir votre beau paradis ;
« Je ne saurais supporter ma famille
« Ni mes amis. J'aime assez ce qui brille,
« Le beau, le rare, et je ne puis jamais

« Me trouver bien que dans votre palais ;
« C'est un goût vif dont je me sens coiffée. »
— « Très volontiers, dit l'indulgente fée. »
Tout aussitôt dans un char lumineux
Vers l'Orient la belle est transportée :
Le char volait ; et notre dégoûtée,
Pour être en l'air, se croyait dans les cieux.
Elle descend au séjour magnifique
De la marraine. Un immense portique,
D'or ciselé dans un goût tout nouveau,
Lui parut riche et passablement beau ;
Mais ce n'est rien quand on voit le château ;
Pour les jardins, c'est un miracle unique ;
Marli, Versailles, et leurs petits jets d'eau
N'ont rien auprès qui surprenne et qui pique.
La dédaigneuse à cette œuvre angélique
Sentit un peu de satisfaction.
Aline dit : « Voilà votre maison ;
« Je vous y laisse un pouvoir despotique,
« Commandez-y. Toute ma nation
« Obéira sans aucune réplique.
« J'ai quatre mots à dire en Amérique.
« Il faut que j'aille y faire quelques tours :
« Je reviendrai vers vous en peu de jours.
« J'espère au moins, dans ma douce retraite,
« Vous retrouver l'âme un peu satisfaite. »
Aline part. La belle en liberté
Reste et s'arrange au palais enchanté,
Commande en reine, ou plutôt en déesse.
De cent beautés une foule s'empresse
A prévenir ses moindres volontés :
A-t-elle faim ? cent plats sont apportés ;
De vrai nectar la cave était fournie,
Et tous les mets sont de pure ambroisie ;
Les vases sont du plus fin diamant.
Le repas fait, on la mène à l'instant
Dans les jardins, sur les bords des fontaines,

Sur les gazons, respirer les haleines
Et les parfums des fleurs et des zéphyrs.
Vingt chars brillants de rubis, de saphirs,
Pour la porter se présentent d'eux-mêmes ;
Comme autrefois les trépieds de Vulcain
Allaient au ciel, par un ressort divin,
Offrir leur siège aux majestés suprêmes.
De mille oiseaux les doux gazouillements,
L'eau qui s'enfuit sur l'argent des rigoles,
Ont accordé leur murmures charmants :
Les perroquets répétaient ses paroles,
Et les échos les disaient après eux.
Telle Psyché, par le plus beau des dieux
A ses parents avec art enlevée,
Au seul Amour dignement réservée,
Dans un palais des mortels ignoré,
Aux éléments commandait à son gré.
Madame Arsène est encor mieux servie ;
Plus d'agréments environnaient sa vie ;
Plus de beautés décoraient son séjour ;
Elle avait tout ; mais il manquait l'amour.
Pour égayer notre mélancolique
On lui donna le soir une musique
Dont les accords et les accents nouveaux
Feraient pâmer soixante cardinaux.
Ces sons vainqueurs allaient au fond des âmes ;
Mais elle vit, non sans émotion,
Que pour chanter on n'avait que des femmes ;
Dans ce palais point de barbe au menton :
A quoi, dit-elle, a pensé ma marraine ?
Point d'homme ici ! Suis-je dans un couvent ?
Je trouve bon que l'on me serve en reine ;
Mais sans sujets la grandeur est du vent.
J'aime à régner, sur des hommes s'entend ;
Ils sont tous nés pour ramper dans ma chaîne :
C'est leur destin, c'est leur premier devoir ;
Je les méprise, et je veux en avoir.

Ainsi parlait la recluse intraitable ;
Et cependant les nymphes sur le soir
Avec respect ayant servi sa table,
On l'endormit au son des instruments.
Le lendemain mêmes enchantements,
Mêmes festins, pareille sérénade ;
Et le plaisir fut un peu moins piquant.
Le lendemain lui parut un peu fade ;
Le lendemain fut triste et fatigant ;
Le lendemain lui fut insupportable.
Je me souviens du temps trop peu durable,
Où je chantais dans mon heureux printemps
Des lendemains plus doux et plus plaisants.
La belle enfin chaque jour fêtoyée
Fut tellement de sa gloire ennuyée,
Que, détestant cet excès de bonheur,
Le paradis lui faisait mal au cœur.
Se trouvant seule, elle avise une brèche
A certain mur ; et, semblable à la flèche
Qu'on voit partir de la corde d'un arc,
Madame saute et vous franchit le parc.
Au même instant palais, jardins, fontaines,
Or, diamants, émeraudes, rubis,
Tout disparaît à ses yeux ébaubis ;
Elle ne voit que les stériles plaines,
D'un grand désert, et des rochers affreux.
La dame alors, s'arrachant les cheveux,
Demande à Dieu pardon de ses sottises.
La nuit venait, et déjà ses mains grises
Sur la nature étendaient ses rideaux ;
Les cris perçants des funèbres oiseaux,
Les hurlements des ours et des panthères
Font retentir les antres solitaires.
Quelle autre fée, hélas ! prendra le soin
De secourir ma folle aventurière ?
Dans sa détresse elle aperçut de loin,
A la faveur d'un reste de lumière,

Au coin d'un bois un vilain charbonnier,
Qui s'en allait par un petit sentier,
Tout en sifflant retrouver sa chaumière :
« Qui que tu sois, lui dit la beauté fière,
« Vois en pitié le malheur qui me suit ;
« Car je ne sais où coucher cette nuit. »
Quand on a peur tout orgueil s'humanise.
Le noir pataut, la voyant si bien mise,
Lui répondit : « Quel étrange démon
« Vous fait aller dans cet état de crise,
« Pendant la nuit, à pied, sans compagnon ?
« Je suis encor très loin de ma maison.
« Çà, donnez-moi votre bras, ma mignonne ;
« On recevra sa petite personne
« Comme on pourra. J'ai du lard et des œufs.
« Toute Française, à ce que j'imagine,
« Sait, bien ou mal, faire un peu de cuisine.
« Je n'ai qu'un lit ; c'est assez pour nous deux. »
Disant ces mots, le rustre vigoureux,
D'un gros baiser sur sa bouche ébahie,
Ferme l'accès à toute répartie ;
Et par avance il veut être payé
Du nouveau gîte à la belle octroyé.
« Hélas, hélas ! dit la dame affligée,
« Il faudra donc qu'ici je sois mangée
« D'un charbonnier ou de la dent des loups »
Le désespoir, la honte, le courroux,
L'ont suffoquée ; elle est évanouie.
Notre galant la rendait à la vie :
La fée arrive, et peut-être un peu tard.
Présente à tout, elle était à l'écart :
« Vous voyez bien, dit-elle à sa filleule,
« Que vous étiez une franche bégueule.
« Ma chère enfant, rien n'est plus périlleux
« Que de quitter le bien pour être mieux. »
La leçon faite, on reconduit ma belle
Dans son logis. Tout y changea pour elle

En peu de temps, sitôt qu'elle changea.
Pour son profit elle se corrigea.
Sans avoir lu les beaux moyens de plaire
Du sieur Moncrif, et sans livre, elle plut.
Que fallait-il à son cœur ?... qu'il voulût.
Elle fut douce, attentive, polie,
Vive et prudente ; et prit même en secret
Pour charbonnier un jeune amant discret,
Et fut alors une femme accomplie.

ENVOI A Mme DE FLORIAN

Chloé, quand mon impertinente
A la fin connut la façon
De devenir femme charmante,
C'est de vous qu'elle prit leçon ;
Mais elle est loin de son modèle.
Votre sort est plus singulier ;
Vous aviez pis qu'un charbonnier,
Et vous aviez mieux choisi qu'elle.

PIÈCES ATTRIBUÉES

A

VOLTAIRE

LES *SOIRÉES* PHILOSOPHIQUES

DU CUISINIER DU ROI DE *PRUSSE.*

À SANS-SOUCI.

M. DCC. LXXXV.

LES SOIRÉES PHILOSOPHIQUES

PREMIÈRE SOIRÉE

Tout est rouage, poulie, corde, ressort dans cette vaste et immense machine du monde:

Il en est de même dans l'ordre physique.

Un vent qui souffle du fond de l'Afrique et des mers australes amène une partie de l'atmosphère africaine qui retombe en pluie dans les vallées des Alpes ; — ces pluies fécondent nos terres ; — notre vent du Nord, à son tour, envoie nos vapeurs chez messieurs les nègres ; — nous faisons du bien à la Guinée, et la Guinée nous en fait... La chaîne s'étend d'un bout du monde à l'autre.

Le Présent accouche, dit-on, *de l'Avenir.*

Les événements sont enchaînés les uns aux autres par une fatalité invincible.

De profonds politiques assurent que, si on avait assassiné *Cromwel, Ludlow, Ireton* et une douzaine d'autres parlementaires, huit jours avant qu'on eut coupé la tête à *Charles I*er, ce roi aurait pu vivre encore et mourir dans son lit ; — ils ont raison. Ils peuvent ajouter encore que, si toute l'Angleterre avait été engloutie dans la mer, comme l'infortunée ville de *Messine* vient de l'être en terre par un horrible tremblement, le monarque anglais n'aurait pas péri sur un échafaud auprès de *White hall, la salle blanche ;* — mais les choses étaient arrangées de façon que *Charles* devait avoir le cou coupé, comme le

Czar *Pierre III* devait être étranglé, et Louis XV devait mourir de la petite vérole, et comme le roi, mon maître, le Salomon du Nord, mourra, peut-être, de la goutte, CE QU'A DIEU NE PLAISE ! pendant tout le temps que je serai dans sa cuisine.

On peut dire par la même raison que si trois *Pitt* avaient occupé, dans ces derniers temps, la place des trois lords *North*, *Sandwich* et *Germaine*, l'Amérique ne serait peut-être pas ce qu'elle est de nos jours.

Que faire ? On l'a dit : *tout est heur et malheur en ce monde;* — mais, pourtant, tout est arrangé comme il doit l'être.

C'est le destin qui, dans *Homère*, est supérieur à *Jupiter*, au maître des dieux même.

Ce maître des dieux et des hommes, tout ensemble, déclare net qu'il ne peut empêcher *Sarpédon*, son fils, de mourir dans le temps marqué.

Ce monsieur *Sarpédon* était, comme on sait, roi de Lycie, fils de Jupiter et de *Laodamie*, fille de *Bellérophon*.

Il se distingua au siège de Troie, où il porta des secours à *Priam*, et fut tué par *Patrocle*.

Les Troyens, après avoir brûlé le corps de ce monsieur *Sarpédon*, par ordre de son père, *Jupiter*, en gardèrent précieusement la cendre.

Sarpédon, mon cher lecteur, était né précisément dans le moment qu'il fallait qu'il naquît, et ne pouvait pas naître dans un autre; — il ne pouvait mourir ailleurs que devant Troie; — il ne pouvait être enterré ailleurs qu'en Lycie; — sa cendre devait être précieusement conservée; — cette cendre devait, dans le temps marqué, produire des légumes, des choux, des raves, des navets, lesquels devaient se changer dans la substance de quelques Lyciens.

Les héritiers de monsieur *Sarpédon* devaient établir un nouvel ordre dans ses États ; — ce nouvel ordre devait influer sur les royaumes voisins.

Il en résultait un nouvel arrangement de guerre ou de paix avec les voisins des voisins de la Lycie.

Ainsi, de proche en proche, la destinée de toute la terre a dépendu de la mort de *Sarpédon*, comme la face a changé à l'Amérique par un maudit navire chargé de thé, appartenant aux frères *Adams*, de Boston.

La différence, c'est que ces messieurs *Adams* qui, avec leur fatal navire, ont bouleversé le nouveau monde, n'ont pas l'honneur, comme monsieur *Sarpédon*, d'être fils de *Jupiter* et de mademoiselle *Laodamie*, tuée par *Diane* à coups de flèches, pour son orgueil.

La mort du seigneur *Sarpédon* dépendait de l'enlèvement d'*Hélène* — et cet enlèvement était nécessairement lié au mariage d'*Hécube*, qui, en remontant à d'autres événements, était lié à l'origine des choses.

Si un seul de ces faits avait été arrangé différemment, le monde aurait différemment tourné ; il en aurait résulté un autre univers : (ce serait grand dommage !) — Or, il n'était pas possible à *Jupiter* de sauver la vie à son fils, tout *Jupiter* qu'il était.

Ce système, mes amis, de la nécessité et de la fatalité, a été inventé, de nos jours, par *Guillaume-Godefroi Leibnitz*, baron de ce nom (à ce qu'on dit, sous la dénomination de *raison suffisante*).

Ce système est pourtant fort ancien, n'en déplaise à monsieur le Baron. Ce n'est pas d'aujourd'hui qu'on dit qu'il n'y a point d'effet sans cause, et que, souvent, la plus petite cause produit les plus grands effets. — Témoin en preuve la révolution de l'Amérique (bien entendu), en attendant celle des autres Amériques.

My Lord *Bolingbroke* avoue que les petites querelles de la duchesse de *Marlborough* (aussi petite que son mari (1)

---

(1) Tout le monde connaît les hauts faits d'armes du célèbre *Joan Churchil*, duc de *Marlborough*. Ses talents militaires éclatèrent dans la guerre de 1701. Il avait commencé à porter le mousquet en France, sous Turenne. On ne l'appelait dans l'armée que le *bel Anglais*, mais *Turenne* jugea que le *bel Anglais* serait, un jour, un grand homme.

Marlborough n'était pas comme ces généraux de nos cabinets modernes auxquels un ministre imbécile donne par écrit le plan d'une campagne. Il était alors maître de la Cour, du Parlement, était grand) avec lady *Masham*, lui firent naître l'occasion de faire le traité particulier de la reine *Anne* avec *Louis XIV ;* — ce traité amena la paix d'Utrecht ; — cette paix d'Utrecht affermit *Philippe V* sur le trône d'Espagne.

Philippe V prit Naples et la Sicile sur la maison d'Autriche ; — don Carlos III, son fils, qui règne aujourd'hui si glorieusement en Espagne, après avoir non moins glorieusement régné à Naples, doit évidemment les royaumes de toutes ses Castilles, comme il a dû ceux des deux Siciles, à lady *Masham ;* — et il ne les aurait pas eus (c'est très certain), il ne serait peut-être pas même né si madame de *Marlborough* n'avait pas donné un coup de pied au cul à une marchande de galanterie, favorite de la reine d'Angleterre, à qui cette marchande fournissait journellement de la fine pommade. — Lisez l'histoire.

L'existence de don Carlos III, tant à Naples qu'à Madrid, dépendait donc d'une sottise de plus ou de moins à la Cour de Londres ?

Examinez, lecteur, les situations de tous les peuples de l'univers, elles sont ainsi établies sur une suite de faits qui paraissent ne tenir à rien et qui tiennent à tout.

Mais il me semble qu'on abuse étrangement de ce principe. On en conclut qu'il n'y a si petit atome dont le mouvement n'ait influé dans l'arrangement actuel du monde entier ; qu'il n'y a si petit accident, soit parmi les hommes, soit parmi les animaux, qui ne soit un chaînon essentiel de la grande chaîne du destin.

---

de la guerre et des finances, plus roi que n'avait été *Guillaume III*, aussi politique que lui et beaucoup plus grand capitaine.

Guerrier infatigable pendant la campagne, *Marlborough* devenait un négociateur aussi agissant pendant l'hiver. Il allait dans toutes les Cours susciter des ennemis à la France. On sait la tablature qu'il donna à *Louis XIV* et à son petit-fils, le duc de Bourgogne.

Hochstet, Ramillies, Malplaquet, déposent en faveur du héros ; mais il était écrit dans l'ordre du destin que ce héros mourrait dans l'enfance, à l'âge précis de 73 ans, et, qu'avant de mourir, il jouerait au petit palet avec ses pages.

Entendons-nous, confrères : tout effet a évidemment sa cause, à remonter de cause en cause dans l'abîme de l'éternité ; mais toute cause n'a pas son effet, à descendre jusqu'à la fin des siècles.

Tous les événements sont produits les uns par les autres ; — je l'avoue.

Si *le passé est accouché du présent, le présent accouche du futur*, tout a des pères, mais tout n'a pas toujours des enfants, l'homme comme le cheval, le pourceau comme le coq.

Il en est ainsi précisément comme d'un arbre généalogique ; chaque maison remonte, comme on fait, à notre premier père *Adam*, mais, dans la grande famille, il y a bien des gens qui sont morts sans laisser de postérité.

Il y a de même un arbre généalogique des événements de ce monde.

Il est incontestable, en dépit de messieurs de l'Académie des Sciences, Inscriptions et Belles-Lettres, que les habitants des Gaules et des Espagnes descendent de *Gomer*, et les Russes de *Magog*, son frère cadet.

On trouve cette généalogie dans tant de gros livres ! — Sur ce pied-là, lecteur, vous ne pouvez nier que le Grand Turc, qui descend aussi de *Magog*, ne lui ait l'obligation d'avoir été bien battu en 1769 par l'impératrice de Russie, *Catherine II;* et qu'il ne lui ait encore celle d'être joliment frotté dans deux ou trois mois, si la guerre se déclare, par la même *Catherine* et par *Joseph*, empereur, son confratre, lesquels ne se proposent rien moins, dit la *Gazette*, que d'expulser Sa Hautesse de l'Europe, et de l'envoyer faire paître ses vaches dans une autre partie du globe.

Ces petites aventures tiennent évidemment à d'autres grandes aventures ; mais que *Magog* ait craché à droite ou à gauche ; qu'il ait pissé à terre ou dans un pot de chambre, auprès du mont Caucase, et qu'il ait fait deux ronds dans un puits, ou trois ; qu'il ait dormi sur le côté gauche ou sur le côté droit ; qu'il ait couché avec une vierge ou avec une fille qui avait perdu son pucelage ; je ne vois pas que cela ait influé beaucoup sur la guerre de l'Amérique, sur le siège de Gibraltar, ni sur aucune des affaires présentes.

Il faut songer, messieurs, que tout n'est pas plein dans la nature, comme *Newton* l'Anglais l'a démontré, et que tout mouvement ne se communique pas de proche en proche jusqu'à faire le tour du monde, comme il l'a démontré encore.

Jetez dans l'eau un corps de pareille densité, vous calculez aisément qu'au bout de quelque temps le mouvement de ce corps et celui qu'il a communiqué à l'eau sont anéantis ; le mouvement se perd et se répare ; donc le mouvement que put produire *Magog* en crachant dans un puits ; en pissant à terre ou dans un pot de chambre ; en dormant sur le côté droit ou sur le côté gauche ; en couchant avec une pucelle ou non pucelle ; ne peut avoir influé sur ce qui se passe aujourd'hui en Moldavie et en Valachie, tout comme moi, cuisinier, en tournant une omelette au lard dans la poële, ne puis pas empêcher que l'empereur et la czarine ne déclarent la guerre au Grand-Turc si c'est leur bon plaisir.

Donc, les événements présents ne sont pas les enfants de tous les événements passés ; ils ont leurs lignes directes ; mais mille petites lignes collatérales ne leur servent à rien.

Encore un coup, tout être a son père, mais tout être n'a pas d'enfants.

SOIRÉE II

L'homme ne peut avoir qu'un certain nombre de dents, de cheveux et d'idées ; il vient un temps où il perd nécessairement ses idées, ses dents et ses cheveux.

Il est contradictoire que ce qui fut hier, n'ait pas été ; que ce qui est aujourd'hui ne soit pas. On serait fou de dire que les préliminaires de la paix ne soient pas signés, quoique la paix ne soit encore ni signée, ni ratifiée (1). Il serait aussi contradictoire de prétendre que ce qui doit être, puisse ne pas devoir être.

Pauvre imbécile ! Si tu pouvais déranger la destinée d'une fourmi ou d'une mouche, il n'y aurait nulle raison qui pût t'empêcher de faire le destin de toutes les autres mouches, de toutes les autres fourmis, de tous les autres animaux, de tous les hommes, de toute la nature ; tu te trouverais au bout du compte plus puissant queDieu.

Un sot dit : « Mon médecin a tiré ma tante d'une maladie mortelle ; il a fait vivre ma tante dix ans de plus qu'elle ne devait vivre, c'est dommage, car j'aurais hérité de dix mille livres de rentes. »

Un autre qui fait le sage dit : « L'homme prudent fait lui-même son destin.

> *Nullum numen abest, si sit prudentia, sed nos*
> *Te facimus, fortuna, Deam, cæloque locamus.*
>
> La fortune n'est rien ; c'est en vain qu'on l'adore
> La prudence est le Dieu qu'on doit seul implorer.

Mais souvent la prudence succombe sous sa destinée, loin de la faire ; c'est le destin qui fait les prudents.

Le cardinal d'*Ossat* (2) était sans doute plus prudent qu'un fou des petites maisons ; mais n'est-il pas évident que les organes du sage d'*Ossat* étaient autrement faits que ceux d'un écervelé ? De même que les organes d'un

---

(1) Lors de la composition de cet article, les préliminaires n'étaient que signés. Aujourd'hui la paix est signée, ratifiée, publiée, et elle durera autant qu'il plaira à Dieu.

(2) Homme sage, profond, mesuré, décidé dans ses principes et dans son langage, il était d'une pénétration prodigieuse. Il prenait son parti avec tant de discernement que, dans toutes les affaires et les négociations dont il fut chargé, il est impossible de trouver une fausse démarche. Il sut allier dans un degré éminent la politique avec la probité, les dignités avec le désintéressement.

renard sont différents de ceux d'une grue, d'une cigogne et d'une alouette.

Les poiriers ne peuvent jamais porter d'ananas, ni les pommiers de cerises. L'instinct d'un chien ne peut être l'instinct d'un chat, ni l'instinct d'une belette celui d'une autruche. Le chapeau est fait pour la tête, et les souliers sont faits pour les pieds. — Tout est arrangé, engrené, et limité.

Pauvre bête ! Ton médecin a sauvé ta tante : s'il ne l'avait pas sauvée, tu aurais profité de dix mille livres de rentes ! Mais, aie confiance, petit-fils, s'il en est ainsi ordonné, tu en profiteras un jour !

Mais, certainement, le médecin de ta tante n'a pas, en cela, contredit l'ordre, il l'a suivi. Il est clair comme le soleil que ta tante, ta chère tante, ne pouvait pas s'empêcher de naître de tel père et de telle mère ; de naître dans une telle ville ; qu'elle ne pouvait pas s'empêcher d'avoir, dans un tel temps, une certaine maladie, la fièvre tierce, quarte ; la grande, la petite vérole, n'importe ; que le *doctor* ou médecin ne pouvait pas être ailleurs que dans la ville où il était ; que ta tante devait l'appeler, qu'il devait lui prescrire les drogues qui l'ont guérie et qui te privent actuellement de ses dix mille livres de rentes.

Un pauvre paysan croit qu'il a plu, tonné, grêlé, par hasard, sur son champ ; mais le GRAND d'*Alembert*, ce profond géomètre, cet oracle de la France, de la Prusse, de la Suisse, de l'Univers entier, croit qu'il a plu parce qu'il devait pleuvoir ; qu'il a tonné parce qu'il devait tonner ; qu'il a grêlé, parce qu'il devait grêler. Cet immortel philosophe qui sait le désespoir des uns et le supplice des autres, sait qu'il n'y a point de hasard, et qu'il est impossible, dans la constitution de ce monde, qu'il ne tonne, qu'il ne pleuve et ne grêle pas, ce jour-là, en tel ou tel endroit.

Il y a des gens qui vous disent : « Ne croyez pas au fatalisme ; car, alors, tout vous paraissant inévitable, vous ne travaillerez à rien ; vous croupirez dans l'indifférence ; vous n'aimerez ni les richesses, ni les honneurs, ni les louanges ; vous ne voudrez rien acquérir ; vous vous croirez sans mérite comme sans pouvoir ; aucun talent ne sera cultivé, tout périra par l'apathie, vous mourrez dans la misère. »

Ne craignez rien, messieurs ! Nous aurons toujours des passions et des préjugés, puisque c'est notre destinée, pauvres humains ! misérables vers de terre ! d'être soumis aux préjugés et aux passions : nous saurons bien qu'il ne dépend pas plus de nous d'avoir beaucoup de mérite et de grands talents, que d'avoir les cheveux bien plantés et la main belle et blanche ; nous serons convaincus qu'il ne faut tirer vanité de rien, et cependant nous aurons toujours de la vanité et de l'orgueil par-dessus le marché.

Moi, cuisinier, qui, par devoir, dans mon métier et office, ne me mêle que de *bouillis, rôti, soupe, fricassées et ragoûts*, j'ai nécessairement la passion d'écrire ceci ; et toi, paysan *brandebourgeois !* qui, de ta vie, n'a jamais léché que les écuelles de la servante de ton baillif, tu as la passion de me condamner ! Nous sommes tous deux également bêtes, également sots, également les jouets de la destinée. Ta nature est de faire du mal : tu t'es trouvé aux batailles de *Crewell* et de *Rosbach* ; là, tu as tué des hommes ; moi, de ma vie, je n'ai tué, dans ma cuisine, que des pigeons, des cailles et des perdrix. J'aime la vérité, et la publierai malgré toi.

Le hibou qui se nourrit de souris dans sa masure a dit au rossignol : « Cesse de chanter sous tes beaux ombrages, viens dans mon trou, afin que je t'y dévore ; et le rossignol a répondu : ...Je suis né pour chanter ici, et pour me moquer de toi. »

Vous me demanderez, lecteur, ce que deviendra la liberté ? Avec ma casserole, ma broche, ma poêle, ma lèche-frite en main, je ne vous entends pas. Je ne sais ce que c'est que cette liberté dont vous parlez. Il y a si longtemps que les hommes disputent sur sa nature, qu'assurément ils ne la connaissent pas.

Si on veut, ou plutôt si on peut comprendre ce que c'est que la liberté, qu'on le demande à l'avocat *Linguet*, auteur des poignants MÉMOIRES DE LA BASTILLE ; à l'auteur des LETTRES DE CACHET et des PRISONS D'ÉTAT, et, à moi-même, *Lèchefritus :* je puis vous le dire, moi, si vous le souhaitez, car j'ai été enfermé vingt-quatre heures à la Bastille prussienne de *Spandau,* pour avoir manqué une fricassée de poulet.

SOIRÉE III

Vers l'an 1707, temps où les Anglais gagnèrent la bataille de Saragosse, protégèrent le Portugal et donnèrent pour quelque temps un roi à l'Espagne, Milord *Roast-Beef*, officier général qui avait été blessé, était aux eaux de Barèges.

Il y rencontra un grand de Portugal, le comte *Medroso-Diégo-Fernando,* qui étant tombé de cheval derrière le bagage, à une lieue et demie du champ de bataille, venait prendre les eaux aussi. Il était familier de l'Inquisition ; Milord *Roast-Beef* n'était familier que dans la conversation ; un jour, après boire, il eut avec *Medroso* cet entretien :

ROAST-BEEF

Vous êtes donc sergent des Dominicains ? Vous faites là un vilain métier !

MEDROSO

Il est vrai, mais j'ai mieux aimé être leur valet que leur victime, et j'ai préféré le malheur de brûler mon prochain à celui d'être rôti moi-même.

ROAST-BEEF

Quelle horrible alternative ! Vous étiez cent fois plus heureux sous le joug des Maures qui vous laissaient croupir librement dans toutes vos superstitions, et qui, tout vainqueurs qu'ils étaient, ne s'arrogeaient pas le droit inouï de tenir les âmes dans les fers.

MEDROSO

Que voulez-vous ? Il ne nous est permis ni d'écrire, ni de parler, ni même de penser. Si nous parlons, il est aisé d'interpréter nos paroles, encore plus nos écrits. Enfin, comme on ne peut nous condamner dans un *auto-dafé* pour nos pensées secrètes, on nous menace d'être brûlés éternellement par l'ordre de DIEU même, si nous ne pensons pas comme les *Jacobins*. Ils ont persuadé au gouvernement que si nous avions le sens commun, tout l'État serait en combustion, et que la nation deviendrait la plus malheureuse de la terre.

ROAST-BEEF

Trouvez-vous que nous soyons si malheureux, nous autres Anglais ? Croyez-vous que nous soyons maudits de DIEU pour avoir donné une entière liberté à la presse et pour faire le commerce des pensées des hommes ? L'empire romain a-t-il été moins puissant, parce que *Tullius Cicero* a écrit avec liberté ?

MEDROSO

Quel est ce *Tullius Cicero ?* Jamais je n'ai entendu prononcer ce nom-là à la *Sainte-Hermandad*.

ROAST-BEEF

C'était un docteur de l'Académie de Rome qui écrivait ce qu'il pensait, ainsi que *Julius Cesar, Marcus Aure-*

lius, Titus Lucretius Carus, Plinius, Seneca, et autres docteurs.

MEDROSO

Je ne les connais point ; mais on m'a dit que la religion cathol que, apostolique et romaine est perdue, si on se met à penser.

ROAST-BEEF

Ce n'est pas à vous à le croire, car vous êtes sûr que votre religion est divine, et que les portes d'enfer ne peuvent prévaloir contre elle : si cela est, rien ne pourra jamais la détruire,

MEDROSO

Non ; mais on peut la réduire à peu de chose, et c'est pour avoir pensé que la Suède, le Danemark, toute votre île, la Hollande, la moitié de l'Allemagne, gémissent dans le malheur épouvantable de n'être plus sujets du pape.

On dit même que, si les hommes continuent à suivre leurs fausses lumières, ils s'en tiendront bientôt à la *simple* adoration de DIEU et à la vertu. Si les portes de l'enfer prévalent jamais jusque-là, que deviendra le Saint-Office ?

ROAST-BEEF

Si les premiers chrétiens n'avaient pas eu la liberté de penser, n'est-il pas vrai qu'il n'y eût point eu de christianisme ?

MEDROSO

Que voulez-vous dire ? Je ne vous entends point.

ROAST-BEEF

Je le crois bien. Je veux dire que si Tibère et les pre-

miers empereurs avaient eu des *Jacobins* qui eussent empêché les chrétiens d'avoir des plumes et de l'encre ; s'il
n'avait pas été longtemps permis dans l'empire romain
de penser librement, il eût été impossible que les chrétiens établissent leurs dogmes.

Si donc le christianisme ne s'est formé que par la liberté
de penser, par quelle contradiction, par quelle injustice
voudrait-il anéantir aujourd'hui cette liberté, sur laquelle
seul il est fondé ?

Quand on vous propose quelque affaire d'intérêt, n'exa-
minez-vous pas longtemps avant de conclure ? Quel
plus grand intérêt y a-t-il au monde que celui de notre
bonheur ou de notre malheur éternel ? Il y a cent religions sur la terre qui toutes vous dominent, si vous croyez
à vos dogmes, qu'elles appellent *absurdes* et *impies ;*
examinez donc ces dogmes.

Medroso

Comment puis-je les examiner ? Je ne suis pas *Jacobin.*

Roast-Beef

Vous êtes homme, et cela suffit.

Medroso

Hélas ! vous êtes bien plus homme que moi.

Roast-Beef

Il ne tient qu'à vous d'apprendre à penser ; vous êtes
né avec de l'esprit, vous êtes un oiseau dans la cage de
l'Inquisition ; le Saint-Office vous a rogné les ailes, mais
elles peuvent revenir. Celui qui ne sait pas l'arithmé-
tique peut l'apprendre ; tout homme peut s'instruire ;
il est honteux de mettre son âme entre les mains de ceux
à qui vous ne confieriez pas votre argent ; osez penser
par vous-même.

Medroso

On dit que si tout le monde pensait par soi-même, ce serait une étrange confusion.

Roast-Beef

C'est tout le contraire. Quand on assiste à une comédie, chacun en dit librement son avis, et la paix n'est point troublée ; mais si quelque protecteur insolent d'un mauvais poète voulait forcer tous les gens de goût à trouver bon ce qui leur paraît mauvais, alors les sifflets se feraient entendre, et les deux partis pourraient se jeter des pommes à la tête, comme il arriva une fois à Londres.

Ce sont ces tyrans des esprits, qui ont causé une partie des malheurs du monde. Nous ne sommes heureux, en Angleterre, que depuis que chacun jouit librement du droit de dire son avis.

Medroso

Nous sommes aussi fort tranquilles à Lisbonne, où personne ne peut dire le sien.

Roast-Beef

Vous êtes tranquilles, mais vous n'êtes pas heureux. C'est la tranquillité des galériens qui rament en cadence et en silence.

Medroso

Vous croyez donc que mon âme est aux galères ?

Roast-Beef

Oui, et je voudrais la délivrer.

Medroso

Mais si je me trouve bien aux galères ?

ROAST-BEEF

En ce cas, comte *Medroso-Diégo-Fernando*, vous méritez d'y être.

SOIRÉE IV

Dans le temps que toute la France était folle du système de *Law* et qu'il était contrôleur général, un homme qui avait toujours raison vint lui dire en présence d'une grande assemblée :

« Monsieur, vous êtes le plus grand fou, le plus grand sot, ou le plus grand fripon qui ait encore paru parmi nous, et c'est beaucoup dire. — Voici comme je le prouve :

« Vous avez imaginé qu'on peut décupler les richesses d'un État avec du papier. Mais ce papier ne pouvant représenter que l'argent représentatif des vraies richesses, qui sont les productions de la terre et les manufactures, il faudrait que vous eüssiez commencé par nous donner dix fois plus de blé, de vin, de drap et de toile, etc. Ce n'est pas assez ; il faudrait être sûr du débit.

« Or, vous faites dix fois plus de billets que nous n'avons d'argent et de denrées. Donc, vous êtes dix fois plus extravagant, ou plus inepte, ou plus fripon que tous les contrôleurs ou surintendants qui vous ont précédé. »

A peine notre homme avait-il commencé sa majeure qu'il fut conduit à Saint-Lazare.

Quand il fut sorti de Saint-Lazare, où il étudia beaucoup et où il fortifia sa raison, il alla à Rome ; il demanda une audience publique au pape, à condition qu'on ne l'interromprait point dans sa harangue, et il lui parla en ces termes :

« Saint Père, vous êtes un antéchrist, et voici comment je le prouve à votre Sainteté.

« J'appelle antéchrist ou anti-christ, selon la force du mot, celui qui fait tout le contraire de ce que le Christ a fait et commandé. Or, le Christ a vécu pauvre, et vous êtes très riche. Il a payé le tribut, et vous exigez des tributs. Il a été soumis aux puissances et vous êtes devenu puissance. Il marchait à pied, et vous allez à Castel-Gandolphe dans un équipage somptueux. Il mangeait tout ce qu'on voulait bien lui donner, et vous voulez que nous mangions du poisson le vendredi et le samedi, quand nous habitons loin de la mer et des rivières. Il a défendu à Simon Barjoue de se servir de l'épée et vous avez des épées à votre service, etc., etc., etc.

« Donc, en ce sens, Votre Sainteté est antéchrist. Je vous révère fort en tout autre sens, et je vous demande une indulgence *in articumo lortis.* »

On mit mon homme au château Saint-Ange.

Quand il fut sorti du château Saint-Ange, il courut à Venise et demanda à parler au Doge.

« Il faut, lui dit-il, que Votre Sérénité soit un grand extravagant, d'épouser tous les ans la mer. Car, premièrement, on ne se marie qu'une fois avec la même personne.

« Secondement, votre mariage ressemble à celui d'Arlequin, lequel était à moitié fait, attendu qu'il ne manquait que le consentement de la future.

« Troisièmement, qui vous a dit qu'un jour d'autres puissances maritimes ne vous déclareraient pas inhabile à consommer le mariage ? »

Il dit, et on l'enferma dans la tour de Saint-Marc.

Quand il fut sorti de la tour de Saint-Marc, il alla à Constantinople ; il eut audience du *Mouphti*, et lui parla en ces termes :

« Votre religion, quoiqu'elle ait de bonnes choses, comme l'adoration du grand ÊTRE, et la nécessité d'être juste et charitable, n'est d'ailleurs qu'un réchauffé du judaïsme, et un ramas ennuyeux des contes de ma grand'mère.

« Si l'archange *Gabriel* avait apporté de quelque planète les feuilles de l'Alcoran à *Mahomet*, toute l'Arabie aurait vu descendre *Gabriel*. Personne ne l'a vu ; donc *Mahomet* n'était qu'un imposteur hardi qui trompa des imbéciles. »

A peine notre homme eut-il prononcé ces paroles qu'il fut empalé. Cependant il avait eu toujours raison.

SOIRÉE V

Samuel *Ornik*, natif de Bâle, était, comme on sait, un jeune homme très aimable, qui d'ailleurs savait par cœur son Nouveau Testament en grec et en allemand.

Ses parents le firent voyager à l'âge de vingt ans. On le chargea de porter la *Gazette* au coadjuteur de Paris, du temps de la *Fronde*. (Tout le monde connaît cette *Fronde*).

Il arrive à la porte de l'archevêché ; le suisse lui dit « que Monseigneur ne voit personne ».

« Camarade, lui répartit *Ornik*, vous êtes rude à vos compatriotes ; les apôtres, disciples de JÉSUS, laissèrent approcher tout le monde ; et JÉSUS-CHRIST voulait qu'on laissât venir à lui tous les petits enfants. Je n'ai rien à demander à votre maître ; au contraire, je viens lui apporter la *Gazette*. »

— Entre donc, dit le suisse.

Samuel attend une heure dans une première antichambre. Comme il était fort naïf, il attaque de conversation un domestique qui aimait fort à dire tout ce qu'il savait de son maître.

« Il faut qu'il soit puissamment riche, dit *Ornik*, pour avoir cette foule de pages et d'estafiers que je vois courir dans la maison.

— Je ne sais pas ce qu'il a de revenu, répond l'autre ; mais j'entends dire à *Joli* et à l'abbé *Charier* qu'il a déjà deux millions de dettes.

— Il faudra, dit *Ornik*, qu'il envoie fouiller dans la gueule d'un poisson pour payer son corban. Mais quelle est cette dame qui sort d'un cabinet et qui passe ?

— C'est Mme de *Pomereu*, l'une de ses maîtresses.

— Elle est vraiment fort jolie. Mais je n'ai point lu que les apôtres eussent une telle compagnie dans leur chambre à coucher, les matins.

— Ah! voilà, je crois, Monsieur qui va donner audience.

— Dites Sa Grandeur, Monseigneur.

— Hélas, très volontiers ! »

Ornik salue Sa Grandeur, lui présente la *Gazette*, et en est reçu avec un sourire très gracieux.

On lui dit quatre mots, et on monte en carrosse escorté de cinquante cavaliers En montant, Monseigneur laisse tomber une gaine.

Ornik est tout étonné que Monseigneur porte une si grande écritoire dans sa poche.

« Ne voyez-vous pas que c'est son poignard, lui dit le causeur. Tout le monde porte régulièrement son poignard quand on va au Parlement. »

— Voilà une plaisante manière d'*officier*, dit *Ornik* », et il s'en va tout étonné.

Il parcourt la France et s'édifie de ville en ville ; de là il passe en Italie.

Quand il est sur les terres du pape, il rencontre un de ces évêques à mille écus de rente, qui allait à pied.

Ornik était très honnête, il lui offre une place dans sa cambiature.

« Vous allez, sans doute, monseigneur, consoler quelque malade ?

— Monsieur, j'allais chez mon maître.

— Votre maître! c'est JÉSUS-CHRIST, sans doute ?

— Monsieur, c'est le cardinal *Azolin*, je suis son aumônier. Il me donne des gages bien médiocres, mais il m'a promis de me placer auprès de Dona *Olimpia*, la belle-sœur favorite *di nostro signore*.

— Quoi! vous êtes aux gages d'un cardinal! Mais ne

savez-vous pas qu'il n'y avait point de cardinaux du temps de Jésus-Christ, et de saint Jean ?.

— Est-ce possible ? s'écria le prêtre italien.

— Rien n'est plus vrai ; vous l'avez lu dans l'Évangile.

— Je ne l'ai jamais lu, répliqua l'évêque, je ne sais que l'office de Notre-Dame.

— Il n'y avait, vous dis-je, ni cardinaux, ni évêques ; les prêtres furent presque leurs égaux, à ce qu'un nommé *Jérome* assure en plusieurs endroits.

— Sainte Vierge ! dit l'Italien, je n'en savais rien. Et des papes ?

— Il n'y en avait pas plus que de cardinaux ».

Le bon évêque fit le signe de la croix, il crut être avec le diable, et sauta en bas de la cambiature.

SOIRÉE VI

J'en demande vraiment pardon aux jeunes garçons et aux jeunes filles ; mais ils ne trouveront point ici, peut-être, ce qu'ils chercheront. Cet article n'est que pour les savants et les gens sérieux auxquels il ne convient guère. C'est de *baiser* qu'il s'agit.

Il n'est que trop question de baiser dans les comédies du temps de *Molière*. Champagne, dans la comédie de la *Mère Coquette* demande des baisers à *Laurette* ; elle lui dit :

> *Tu n'es donc pas content ? Vraiment c'est une honte.*
> *Je t'ai baisé deux fois.*

Champagne lui répond :

> *Quoi, tu baises par compte ?*

Les valets demandaient toujours des baisers aux sou-brettes ; on se baisait sur le théâtre. Cela était d'ordinaire très fade, très grossier, insupportable, surtout dans des acteurs assez vilains, qui faisaient mal au cœur.

· Si le lecteur veut des baisers, qu'il en aille chercher dans le *Pastor Fido ;* il y a un chœur entier où il n'est parlé que de baisers (1) ; et la pièce n'est fondée que sur un baiser que *Mirtillo* donna un jour à la belle *Amarilli* au jeu de Colin-Maillart, *un baccio molto saporito.*

On connaît le chapitre sur les baisers, dans lequel *Jean de la Caza,* archevêque de Bénévent, dit : « Qu'on peut se baiser de la tête aux pieds ». Il plaint les grands nez qui ne peuvent s'approcher que difficilement ; et il conseille aux dames qui ont le nez long d'avoir des amants *camus*

Le baiser était une manière de saluer très ordinaire dans toute l'antiquité.

Plutarque rapporte que les conjurés, avant de tuer *César,* lui baisèrent le visage, la main et la poitrine.

Tacite dit que, lorsque son beau-père *Agricola* revint de Rome, *Domitien* le reçut avec un froid baiser, ne lui dit rien, et le laissa confondu dans la foule.

L'inférieur qui ne pouvait parvenir à saluer son supérieur en le baisant, appliquait sa bouche à sa propre main, et lui envoyait ce baiser qu'on lui rendait de même, si on voulait.

On employait même ce signe pour adorer les dieux.

---

(1)   *Bacci pur bocca curiosa e scaltra*
        O seno, o fronte, o mano ; unqua non fia
        Che parte alcuna in bella donna bacci.

. . . .

Il y a quelque chose de semblable dans ces vers français dont j'ignore l'auteur :

      De cent baisers dans votre ardente flamme,
      Si vous pressez belle gorge et beau bras,
      C'est vainement ; ils ne le rendent pas.
      Baisez la bouche, elle répond à l'âme.
      L'âme se colle aux lèvres de rubis,
      Aux dents d'ivoire, à la langue amoureuse,
      Ame contre âme alors est fort heureuse.
      Deux n'en font qu'une ; et c'est un paradis.

Job, dans sa parabole (chap. xxxi), dit : « Qu'il n'a point adoré le soleil et la lune comme les autres Arabes, qu'il n'a point porté sa main à sa bouche en regardant ces astres ».

Il n'est resté chez nous de cet usage si antique que la civilité puérile et honnête, qu'on enseigne encore dans quelque petite ville aux enfants, de baiser leur main droite quand on leur donne des dragées.

C'était une chose horrible que de trahir en baisant ; c'est ce qui rend l'assassinat de *César* encore plus odieux.

Nous connaissons assez les baisers de *Judas ;* ils sont devenus proverbe.

Joab, l'un des capitaines de *David*, étant fort jaloux d'*Amaza*, autre capitaine, lui dit (Liv. ii des Rois, ch. ii) : «Bonjour, mon frère, et il prit de sa main le menton d'*Amaza* pour le baiser, et, de l'autre main, il tira sa grande épée et l'assassina d'un seul coup, si terrible que toutes ses entrailles lui sortirent du corps ».

On ne trouve aucun baiser dans les autres assassinats assez fréquents qui se commirent chez les Juifs, si ce n'est, peut-être, les baisers que donna la belle *Judith* au capitaine *Holopherne*, avant de lui couper la tête dans son lit, lorsqu'il fut endormi ; mais il n'en est pas fait mention, et la chose n'est que vraisemblable.

Dans une tragédie de l'Anglais *Shakespeare* nommée *Othello*, cet *Othello*, qui est un nègre, donne deux baisers à sa femme avant de l'étrangler.

Cela paraît abominable aux honnêtes gens ; mais des partisans de *Shakespeare* disent que c'est la belle nature, surtout dans un nègre.

Lorsqu'on assassina *Jean Galeus Sforza* dans la cathédrale de Milan, le jour de saint Etienne, les deux *Médicis* dans l'église de la *Reparata*, l'amiral *Coligny*, le prince d'*Orange*, le maréchal d'*Ancre*, les frères de *With* et tant d'autres, du moins on ne les baisa pas.

Il y avait chez les anciens je ne sais quoi de symbolique et de sacré attaché au baiser, puisqu'on baisait les statues des dieux et leurs barbes, quand les sculpteurs leur avaient donné de la barbe. Les initiés se baisaient aux mystères de *Cérès*, en signe de concorde.

Les premiers chrétiens et les premières chrétiennes se baisaient à la bouche dans leurs agapes. Ce mot signifiait *repas d'amour*.

Ils se donnaient le saint baiser, le baiser de paix, le baiser de frère et de sœur, *agion filéma*.

Cet usage dura plus de quatre siècles, et fut enfin aboli à cause des conséquences. Ce furent ces baisers de paix, ces agapes d'amour, ces noms de *frère* et de *sœur* qui attirèrent longtemps aux chrétiens peu connus ces imputations de débauche dont les prêtres de *Jupiter* et les prêtres de *Vesta* les chargèrent.

Vous voyez dans *Pétrone* et dans d'autres auteurs profanes que les dissolus se nommaient *frère* et *sœur*.

On crut que chez les chrétiens les mêmes noms signifiaient les mêmes infamies. Ils servirent innocemment eux-mêmes à répandre ces accusations dans l'empire romain.

On connaît le terme de *Gnostique* qui fut d'abord si honorable et qui signifiait *savant, éclairé, pur*, et qui devint ensuite un terme d'horreur et de mépris, un reproche d'hérésie.

Saint Epiphane, au iiie siècle, prétendait que les « Gnostiques se chatouillaient d'abord les uns les autres, hommes et femmes, qu'ensuite ils se donnaient des baisers fort impudiques, et qu'ils jugeaient du degré de leur foi par la volupté de ces baisers ; que le mari disait à sa femme, en lui présentant un jeune initié : « *Fais l'agape, ma mie, avec mon frère* », et qu'ils faisaient l'agape. »

Crainte de blesser les oreilles chastes, et de donner de mauvaises pensées aux jeunes messieurs et aux jeunes demoiselles, je n'ose répéter ici dans l'honnête langue française ce qu'ajoute le bon *saint Epiphane*. Je dirais seulement que, peut-être, on en imposa un peu au bonhomme, et que tous les gens ne sont pas de vilains débauchés.

La secte des *Piétistes*, en voulant imiter les premiers chrétiens, se donne aujourd'hui des baisers de paix en sortant de l'assemblée, et en s'appelant *mon frère* et *ma sœur*; c'est ce que m'avoua, il y a quelques jours, une petite *Piétiste* fort jolie et fort humaine.

L'ancienne coutume de baiser sur la bouche, les *Piétistes* l'ont soigneusement conservée.

Il n'y avait point d'autre manière de saluer les dames en France, en Allemagne, en Italie, en Angleterre; c'était le droit des cardinaux de baiser les reines sur la bouche, et même en Espagne.

Ce qui est singulier, c'est qu'ils n'eurent pas la même prérogative en France, où les dames eurent toujours plus de liberté que partout ailleurs. Mais chaque pays a ses cérémonies, et il n'y a point d'usage si général que le hasard et l'habitude n'y aient mis quelque exception.

C'eût été une incivilité, un affront, qu'une dame honnête, en recevant la visite d'un seigneur, ne le baisât pas à la bouche malgré ses moustaches.

S'il est désagréable à une jeune et jolie bouche de se coller par politesse à une bouche vieille et laide, il y avait un grand danger entre les bouches fraîches et vermeilles de vingt à vingt-cinq ans, et c'est ce qui fit abolir enfin la cérémonie de baiser dans les mystères et les agapes.

C'est ce qui fit enfermer les femmes chez les Orientaux, afin qu'elles ne baisassent que leurs pères et leurs frères. Coutume longtemps introduite en Espagne par les Arabes.

Voici le danger : Il y a un nerf de la cinquième paire qui va de la bouche au cœur, et de là plus bas ; tant la nature a tout préparé avec l'industrie la plus délicate; les petites glandes des lèvres, leur tissu spongieux, leurs mamelons veloutés, leur peau fine, chatouilleuse, leur donne un sentiment exquis et voluptueux, lequel n'est pas sans analogie avec une partie plus cachée et plus sensible encore. La pudeur peut souffrir d'un baiser longtemps savouré entre deux Piétistes de dix-huit ans.

Il est à remarquer que l'espèce humaine, les tourterelles et les pigeons, sont les seuls qui connaissent les baisers ; de là est venu chez les latins le mot *Columbatim* que la pauvre langue française n'a pu rendre.

Il n'y a rien dont on n'ait abusé. Le baiser, destiné par la nature à la bouche, a été prostitué souvent à des membranes qui ne semblaient pas faites pour cet usage. On sait de quoi les Templiers furent accusés.

Je ne puis honnêtement traiter plus au long ce sujet intéressant, quoique *Montaigne* dise : « Il en faut parler sans vergogne, nous prononçons hardiment tuer, dérober, trahir, et nous n'oserions prononcer qu'entre les dents choses agréables ».

SOIRÉE VII

Après avoir parlé du baiser, parlons des testicules, ensuite nous parlerons de la barbe, et puis après du cul, et puis après d'autre chose.

Ce mot *testicule* est à la fois scientifique et obscène, il signifie *petit témoin*.

Voyez dans le grand dictionnaire encyclopédique les conditions d'un bon testicule.

Sixte-Quint, cordelier, devenu pape, déclara en 1587, par sa lettre du 25 juin à son nonce en Espagne, qu'il fallait démarier tous ceux qui n'avaient point de testicules.

Il semble par cet ordre, lequel fut exécuté par *Philippe II*, qu'il y avait en Espagne plusieurs maris privés de ces deux organes.

Mais comment un homme qui avait été cordelier pouvait-il ignorer que souvent des hommes ont leurs testicules cachés dans le *scrotum*, et n'en sont que plus propres à l'action conjugale ?

On a vu en France trois frères de la plus grande nais

sance, dont l'un en possédait trois, l'autre n'en avait qu'un seul, et le troisième n'en avait point d'apparents ; ce dernier était le plus vigoureux des frères.

Le docteur *Angelique* (IV, dist. 34. Quest.), qui n'était que Jacobin, décide que deux testicules sont des *essentia matrimonii*, de l'essence de mariage; en quoi il est suivi par *Richardus, Scotus, Durandus* et *Sylvius.*

Si vous ne pouvez parvenir à voir le plaidoyer de l'avocat *Sébastien Rouillard*, en 1600, pour les testicules de sa partie enfoncés dans son épigastre, consultez du moins le dictionnaire de Bayle à l'article Quellenec.

Vous y verrez que la méchante femme du client de *Sébastien Rouillard* voulait faire déclarer son mariage nul, sur ce que la partie ne montrait point de testicules.

La partie disait avoir fait parfaitement son devoir. Il articulait intromission et éjaculation ; il offrait de recommencer en présence des chambres assemblées.

La coquine répondait que cette épreuve alarmait trop sa fierté pudique ; que cette tentative était superflue, puisque les testicules manquaient évidemment à l'intimé, et que messieurs savaient très bien que les testicules sont nécessaires pour éjaculer.

J'ignore quel fut l'événement du procès ; j'oserais soupçonner que le mari fut débouté de sa requête et qu'il perdit sa cause, quoique avec de très bonnes pièces, pour n'avoir pu les montrer toutes.

Ce qui me fait pencher à le croire, c'est que le même Parlement de Paris, le 8 janvier 1665, rendit arrêt sur la nécessité des deux testicules apparents, et déclara que sans eux on ne pouvait contracter mariage.

Cela fait voir qu'alors il n'y avait aucun membre de ce corps qui eût ses deux *témoins* dans le ventre, ou qui fût réduit à un *témoin ;* il aurait montré à la compagnie qu'elle jugeait sans connaissance de cause.

Vous pourrez consulter *Pontas* sur les testicules comme sur bien d'autres objets ; c'était un sous-pénitencier qui décidait de tous les cas : il approche quelquefois de *Sanchez.*

Il s'est glissé depuis longtemps un préjugé dans l'église latine, qu'il n'est pas permis de dire la Messe sans testicules, et qu'il faut au moins les avoir dans sa poche.

Cette ancienne idée était fondée sur le Concile de Nicée *(Canon IV)*, qui défend qu'on *ordonne* ceux qui se sont fait mutiler eux-mêmes.

L'exemple d'*Origène* et de quelques autres enthousiastes attira cette défense. Elle fut confirmée au second concile d'Arles.

L'église grecque n'exclut jamais de l'autel ceux à qui on avait fait l'opération d'*Origène* sans leur consentement.

Les patriarches de Constantinople, *Nicetaus, Ignace, Photius, Methodius* étaient eunuques.

Aujourd'hui, ce point de discipline a semblé demeurer indécis dans l'église latine. Cependant, l'opinion la plus commune est que, si un eunuque reconnu se présentait pour être ordonné prêtre, il aurait besoin d'une dispense.

Le bannissement des eunuques du service des autels paraît contraire à l'esprit même de pureté et de chasteté que ce service exige.

Il semble surtout que des eunuques qui confesseraient de beaux garçons et de belles filles, seraient moins exposés aux tentations ; mais d'autres raisons de convenance et de bienséance ont déterminé ceux qui ont fait les lois.

Dans le Lévitique, on exclut de l'autel tous les défauts corporels, les aveugles, les borgnes, les bossus, les manchots, les boîteux, les galeux, les pouilleux, les teigneux, les nez trop longs, les nez camus, etc., etc., etc.

SOIRÉE VIII

Tous les naturalistes nous assurent que la sécrétion qui produit la barbe est la même que celle qui produit le genre humain.

Les eunuques, dit-on, n'ont point de barbe, parce qu'on leur a ôté les deux bouteilles dans lesquelles s'élaborait la liqueur procréatrice qui devait à la fois former des hommes et de la barbe au menton.

On ajoute que la plupart des impuissants n'ont point de barbe, par la raison qu'il manque de cette liqueur, laquelle doit être repompée par des vaisseaux absorbants, s'unir à la lymphe nourricière et lui fournir de petits vignons de poil sous le menton, sur les joues, etc., etc.

Il y a des hommes velus de la tête aux pieds comme les singes ; on prétend que ce sont les plus dignes de propager leur espèce, les plus prêts à tout ; et on leur fait souvent beaucoup trop d'honneur, ainsi qu'à certaines dames (comme j'en connais une) qui sont un peu velues, et qui ont ce qu'on appelle une *belle palatine.*

Le fait est que les hommes et les femmes sont tous velus de la tête aux pieds ; blondes ou brunes, bruns ou blonds, tout cela est égal. Il n'y a que la paume de la main et la plante du pied qui soient absolument sans poil.

La seule différence, surtout dans nos climats froids, c'est que les poils des dames, et surtout des blondes, sont plus follets, plus doux, plus imperceptibles.

Il y a aussi beaucoup d'hommes dont la peau semble très unie ; mais il en est d'autres qu'on prendrait de loin pour des ours s'ils avaient une queue.

On a fait bien des suppositions, on a bâti bien des systèmes sur le poil et la liqueur séminale dans notre hémisphère. Mais les systèmes sont comme les souris et les rats qui peuvent passer par vingt petits trous et qui en trouvent enfin deux ou trois qui ne peuvent les admettre.

Il y a un hémisphère entier qui semble déposer contre l'union fraternelle de la barbe et de la semence.

Les Américains, de quelque contrée, de quelque couleur, de quelque stature qu'ils soient, n'ont ni barbe au menton, ni aucun poil sur le corps, excepté les sourcils et les cheveux.

J'ai vu des gens qui ont vécu, conversé, combattu avec

trente nations de l'Amérique, qui m'ont attesté qu'ils ne leur ont jamais vu un poil sur le corps, et ils se moquent, comme ils le doivent, des écrivains qui, se copiant les uns les autres, disent « que les Américains ne sont sans poil que parce qu'ils se l'arrachent avec des pinces ; » comme si *Christophe Colomb*, *Fernand Cortez* et les autres conquérants avaient chargé leurs vaisseaux de ces petites pin·cettes avec lesquelles les belles dames arrachent leurs poils follets, et en avaient distribué dans tous les cantons de l'Amérique.

J'avais cru longtemps que les Esquimaux étaient exceptés de la loi générale du nouveau monde : mais on m'a assuré qu'ils sont sans barbe comme les autres.

Cependant, on fait des enfants au Chili, au Pérou, en Canada, ainsi que dans notre continent barbu.

La virilité n'est point attachée en Amérique à des poils tirant sur le jaune ou sur le noir. Il y a donc une différence spécifique entre ces bipèdes et nous ; de même que leurs lions, qui n'ont point de crinière, ne sont pas de la même espèce que nos lions d'Afrique.

Il est à remarquer que les Orientaux n'ont jamais varié sur leur considération pour la barbe.

Le mariage chez eux a toujours été et est encore l'époque de la vie où l'on ne se rase plus le menton. L'habit long et la barbe imposent du respect.

Les Occidentaux ont presque toujours changé d'habit, et, si on l'ose dire, de menton.

La barbe était autrefois en grande vénération. On jurait sur sa barbe comme on jure aujourd'hui sur son honneur. En saluant quelqu'un, rien n'était plus poli que de s'arracher un poil et de le lui présenter.

Clovis s'arracha un poil et le donna à *saint Germier*, évêque, pour lui marquer à quel point il l'honorait. Les courtisans ou les singes de *Clovis* en firent de même ; et le vertueux prélat s'en retourna dans son diocèse les mains pleines de poils et enchanté de la Cour.

Louis VII se fit raser la barbe. Sa femme *Léonore*

d'Aquitaine le railla sur son menton rasé et s'en laissa conter par le prince d'*Antioche,* qui avait de longs poils et qui n'était point rasé.

Louis VII le trouva mauvais ; ils finirent par faire casser leur mariage.

Léonore épousa ensuite *Henri,* duc de Normandie, qui devint roi d'Angleterre, et à qui elle apporta en dot le Poitou et la Guyenne.

De là vinrent ces guerres qui ravagèrent la France pendant trois cents ans.

Il périt, dit M. de *Saint-Foix,* plus de trois millions de Français, parce qu'un archevêque s'était fâché contre les longs cheveux, parce qu'un roi avait raccourci les siens et s'était fait raser le menton, et parce que sa femme l'avait trouvé ridicule avec des cheveux courts et un menton rasé.

Les prêtres, parmi toutes les nations, ont porté des cheveux longs et se sont distingués par leur barbe.

Rangonis, dans son traité de la *Perruque,* dit que « les cornes de *Moïse* n'étaient autre chose que deux petites touffes de cheveux frisés qui s'élevaient des deux côtés de sa tête, en la manière que les portent encore les prêtres lydiens. »

Le législàteur des Hébreux avait pris cette mode des prêtres égyptiens, parmi lesquels il avait été élevé.

Les poils de la barbe servent de billet et de scrutin aux magistrats allemands pour choisir leur chef.

Les échevins d'Hardenbergen, en Westphalie, s'assemblent autour d'une table ronde, et chaque échevin se place de manière que l'extrémité de sa barbe touche le dessus de la table, au milieu de laquelle on met un pou, que l'on charge de faire le choix du nouveau chef.

Ce petit électeur, après avoir erré quelque temps, ne manque point de s'arrêter à une des barbes, et cette barbe, dans le moment même, devient barbe de consul.

Les cheveux ont occasionné bien des scandales à nos crânes tondus.

Nos prédicateurs et nos moines ignorants glapissent tous les jours en chaire contre la frisure. A les en croire, les cheveux des belles dames sont les filets du démon, où les pêcheurs s'accrochent.

« Ah ! filles de Babylone, s'écrient-ils en s'échauffant un peu trop, vous mettez des *papillotes* à vos cheveux, vous les *crêpez*, vous les *chignonez*, sans songer que Notre-Seigneur Jésus-Christ a souffert mort et passion pour votre frisure et le fer à toupet ; — si vous cherchiez à plaire au ciel, vous ne crêperiez point, vous ne tortilleriez point vos poils. Laissez-les aller leur droit chemin : l'Écriture le dit : *Ambulate in viâ rectâ*. Si le Seigneur a fait vos cheveux droits, *gaudeant bene nati !* Dans ce monde, il ne faut point se friser ; il faut s'occuper sans cesse du dernier moment de la vie ; chercher d'aller au paradis, en évitant de passer par le Purgatoire »... C'est bien dit, Frère Capucin !

On porta des moustaches sous Louis XIV, jusque vers l'année 1672.

Encore aujourd'hui, la plus grande partie de la noblesse polonaise est distinguée par une moustache, que l'on soigne, que l'on frise, que l'on arrange le plus joliment possible : il n'y a que ceux qui portent un habit à la française qui aient le dessous du nez rasé.

Sous *Louis XIII*, c'était une petite barbe en pointe. *Henri IV* la portait carrée. *Charles-Quint, Jules II, Fran-çois I* remirent en honneur à leur cour la large barbe qui était depuis longtemps passée de mode.

Les gens de robe alors, par gravité et par respect pour les usages de leurs pères, se faisaient raser, tandis que les courtisans en pourpoint et en petit manteau por-taient la barbe la plus longue qu'ils pouvaient.

Les rois alors, quand ils voulaient envoyer un homme de robe en ambassade, priaient ses confrères de souffrir qu'il laissât croître sa barbe sans qu'on se moquât de lui dans la chambre des comptes ou des enquêtes.

En voilà trop sur les barbes. Venons aux *culs*, nous

l'avons promis. A ce mot de *cul*, les dames, les belles
dames, les scrupuleuses dames, les dévotes surtout, vont
s'écrier : « ô le vilain ! il va parler des *culs*. » Oui des *culs*,
des *culs*, des *culs*, mesdames. Mais de quelle sorte de *culs*,
s'il vous plaît ? Lecteurs, prononcez !

_ SOIRÉE IX

On parle français à Cadix et à Riga, à Pékin et à Mos-
cou. Les Français s'applaudissent de voir leur langue
presque aussi universelle que le furent autrefois le grec et
le latin ; mais qu'il est indigne d'une langue aussi polie,
et aussi générale que la leur, d'employer si souvent des
mots déshonnêtes et ridicules, pour signifier des choses
communes qu'on pourrait exprimer autrement sans le
moindre embarras.

Pourquoi dire *un bras de rivière, un bras de mer, un cul
d'artichaut, un cul-de-lampe, un cul-de-sac* ?

A peine les Français se permettent de parler d'un vrai
cul devant des matrones respectables ; et cependant ils
n'emploient pas d'autre expression pour signifier les
choses auxquelles un *cul* n'a nul rapport.

Jérome Carré leur avait proposé le mot d'*impasse* pour
leurs rues sans issue ; ce mot est noble et significatif ;
cependant, à leur honte, ses compatriotes impriment toujours dans leur almanach royal que l'un d'eux demeure
dans le *cul-de-sac de Menard*, et l'autre dans *le cul des
blancs-manteaux*.

Fi ! n'avez-vous pas de honte ? ô Welches !

Que dire du mot *trou*, que les Français appliquent à
tant et de si nobles usages ?

Ne trouvent-ils pas que les noms de leurs portes, de
leurs rues, de leurs temples feraient un bel effet dans un
poème épique ?

On aime à voir *Hector* courir du temple de Pallas à la porte de Scée. L'oreille est aussi flattée que l'imagination amusée, quand les Grecs avancent de Ténédos aux rivages de Troie sur les rives du Simoïs et du Scamandre.

Mais en vérité, ô Welches ! pourrait-on peindre vos héros partant de l'église de *Saint-Pierre-aux-Bœufs,* ou de *Saint-Jacques-du-haut-pas,* ou de la *boucherie,* avançant fièrement par le *trou-d'enfer, par la rue du-pet-au-diable,* et par *la rue trousse vache,* s'embarquant sur la galiote de *Saint-Cloud* et allant combattre dans la place de *longjumeau ?*

Pourquoi nommer *cul-d'âne* et *cul-de-cheval* des orties de mer ? Pourquoi donner le nom de *cul-blanc* à l'œnante, et de *cul-rouge* à l'épeiche ? Cette épeiche est une espèce de pic-vert, et l'œnante une espèce de moineau cendré.

Il y a un oiseau qu'on nomme *fêtu-en-cul* ou *paille-en-cul.* On avait cent manières de le désigner d'une expression beaucoup plus précise.

N'est-il pas impertinent d'appeler *cul-de-vaisseau* le fond de la poupe ?

Plusieurs auteurs nomment encore *à-cul* un petit mouillage, un ancrage, une grève, un sable, une anse où les barques se mettent à couvert, à l'abri des corsaires.

Il y a un petit cul à Palo comme à Saint-Marintée. (Voyage d'Italie).

On se sert continuellement du mot *cul-de-lampe* pour exprimer un fleuron, un petit cartouche, un pendentif, un encorbellement, une base de pyramide, un placard, une vignette.

Un graveur se sera imaginé que cet ornement ressemble à la base d'une lampe, il l'aura nommé *cul-de-lampe* pour avoir plutôt fait ; et les acheteurs auront répété ce mot après lui.

C'est ainsi que les langues se forment. Ce sont les artisans qui ont nommé leurs ouvrages et leurs instruments.

Certainement, il n'y avait nulle nécessité de donner le nom de *cul-de-four* aux voûtes sphériques, d'autant plus que ces voûtes n'ont rien de celle d'un four, qui est toujours surbaissé.

Le fond d'un artichaut est fermé et creusé en ligne courbe, et le nom de *cul* ne lui convient en aucune manière.

Les chevaux ont quelquefois une tache verdâtre dans les yeux, on l'appelle *cul-de-verre*.

Une autre maladie des chevaux, qui est une espèce d'érésipèle, est appelée *cul-de-poule*.

Le haut d'un chapeau est un *cul-de-chapeau*.

Il y a des boutons à compartiments qu'on appelle boutons à *cul-de-dé*.

Comment a-t-on pu donner le nom de *cul-de-sac* à *l'angiportus* des Romains, à ces chemins sans issue ? Les Romains n'imaginaient point qu'un *cul* pût ressembler à une rue. C'est une grossièreté énorme que le nom de *cul-de-sac* ait prévalu.

Il est triste qu'en fait de langue, comme en d'autres usages plus importants, ce soit la populace qui dirige les premiers d'une nation.

Les curieux conservent des mémoires innombrables depuis la mort de Henri II jusqu'à celle de Henri IV.

Ce sont des monuments de grossièreté enfantés par la rage d'écrire ; c'est un amas de satires sur des événements affreux transmis à la postérité dans le langage des halles : les Français n'avaient alors qu'un bon historien, et il fut obligé d'écrire en latin.

Enfin, les Français ont nettoyé leur langue de cette rouille barbare, et de cette crasse bourgeoise, comme leurs femmes qui oignaient autrefois leurs cheveux avec du beurre fort, comme le dit Sidonius Apolinari *(infudens acido coman butiro)* les oignent actuellement de fine pommade au musc ou à la lavande.

Les Français ont fait quelques bons livres ; mais ont-ils alors surpassé *Cicéron* et *Démosthène ?* Ont-ils mieux écrit que *Tite-Live, Tacite, Thucydide, et Xénophon ?* Quel auteur au-dessus du médiocre a écrit jusqu'ici leurs annales ? *Daniel ?* Leur *Daniel* ressemble à leur *la Motte.*

Si vous examinez de près *Mézerai,* que de confusion et quel style !

Je veux croire que chez les Français l'éloquence du barreau et de la chaire a été portée aussi loin qu'elle peut l'être.

Les divisions de leurs sermons en trois points quand il n'y a rien à diviser, un *Ave* à la Vierge *Marie* qui précède ces divisions, un long discours welche sur un texte latin qu'on accommode comme on peut à ce discours, et enfin des lieux communs mille fois répétés, sont des chefs-d'œuvre, sans doute.

Les plaidoyers de leurs avocats sur les coutumes des Hurepois, du Gâtinais, de l'Auvergne, de la Gascogne, de la Champagne *pouilleuse,* passeront à la dernière postérité ; mais je doute qu'ils fassent oublier l'éloquence grecque et romaine.

Je suis bien loin de nier que *Blaise Pascal, Bénigne Bossuet* et le grand *Fénelon* avaient été très éloquents.

C'est lorsque ces génies parurent que les Français cessèrent d'être Welches et qu'ils furent Français.

Mais ne comparez pas les *Lettres provinciales* aux *Philippiques.*

Considérez d'abord que l'importance du sujet est quelque chose.

Les noms de *Philippe* et de *Marc-Antoine* sont un peu au-dessus des noms du père *Annal,* d'*Escobar* et de *Tambourini.*

Les intérêts de la Grèce et les guerres civiles de Rome sont des objets plus considérables que la *grâce suffisante* qui ne suffit pas, la *grâce coopérante* qui n'opère point, et la *grâce efficace* qui est sans efficacité.

Le grand attrait des *Lettres provinciales* périt avec les Jésuites ; mais les oraisons de *Démosthène* et de *Cicéron* instruisent encore l'Europe quand les objets de ces harangues ne subsistent plus, quand les Grecs ne sont que des esclaves, et que les Romains ne sont plus que Capucins.

Je sais encore une fois que les Oraisons funèbres de *Bossuet* sont belles, qu'il y a même du sublime.

Mais, entre nous, qu'est-ce qu'une oraison funèbre ? Un discours d'appareil, une déclamation, un lieu commun, et toujours un mensonge, une atteinte à la vérité.

Faudra-t-il mettre ces harangues poétiques à côté des discours solides de *Cicéron* et de *Démosthène ?*

Le grand et tendre *Fénelon*, admirateur des anciens et nourri de leurs ouvrages, allume sa bougie à leurs flammes immortelles : les Français n'osent pas prétendre que sa *Calipso* abandonnée par *Télémaque*, approche de la *Didon* de Virgile : la froide et inutile passion de ce *Télémaque* que *Mentor* jette d'un coup de poing dans la mer pour le guérir de son amour, ne semble pas une invention des plus sublimes.

Mais le *Tu Marcellus eris* de l'Énéide sera toujours dans la mémoire des hommes.

SOIRÉE X

Antoine Vadé avait bien de l'humeur ; il était en colère, à ce que rapporte *Catherine Vadé.*

Jérôme Carré, son cousin germain, le voyant apaisé, lui dit :

« Mon cher *Antoine,* ne vous plaignez plus que les belles inventions ne viennent pas de vos compatriotes ; nous avons un excellent citoyen qui a promis de dessaler l'eau de la mer ; et quand même il n'y parviendrait pas, il serait toujours beau de le tenter.

« Un autre a inventé un carrosse suspendu par l'*Impériale,* ce qui sera aussi commode qu'agréable ; un autre enverra les dépêches de Versailles à Constantinople aussi vite qu'un coup de canon, cela ménagera les frais de poste et des courriers des Cours ; un autre, avec son ballon, montera au ciel demander au PÈRE ÉTERNEL comment il se porte, et si ses hôtes sont bien hébergés. C'est curieux à savoir. Un grand naturaliste est venu à bout, au commencement du siècle, de faire une paire de gants avec de la toile d'araignée. Ce n'est qu'avec le temps que les arts se perfectionnent. »

Le visage d'*Antoine,* à ce discours, parut resplendir d'une joie douce et sereine, car il aimait tendrement sa patrie : mais il avait fort à cœur ce *cul-de-sac ;* il trouvait ce *cul-de-sac* horriblement welche.

« Comment, disait-il, le terme de *culage* a été aboli ; pourquoi tous ceux que nous venons d'indiquer ne le sont-ils pas ? »

Ce terme infâme de *culage* signifiait le droit que s'étaient donné plusieurs seigneurs, dans les temps de la tyrannie féodale, d'avoir à leur choix les prémices de tous les mariages dans l'étendue de leurs terres.

On substitua ensuite le mot de *cuissage* à celui de *culage;* le temps seul peut corriger toutes les façons vicieuses de parler.

Dion Cassius, ce flatteur d'*Auguste,* ce détracteur de *Cicéron* (parce que *Cicéron* avait défendu la cause de la liberté), cet écrivain sec et diffus, ce gazetier des bruits populaires, ce *Dion Cassius* rapporte que des sénateurs opinèrent pour récompenser *César* de tout le mal qu'il avait fait à la République, de lui donner le droit de coucher, à l'âge de cinquante-sept ans, avec toutes les dames qu'il daignerait honorer de ses faveurs.

Et il se trouve encore parmi nous des gens assez bons pour croire cette ineptie. L'auteur même de *l'Esprit des lois* la prend pour une vérité et en parle comme d'un décret qui aurait passé dans le Sénat romain, sans l'extrême modestie du dictateur qui se sentit, sans doute, peu propre à remplir les vœux du Sénat.

Mais si les empereurs romains n'eurent pas ce droit par un *Sénatus-consulte* appuyé d'un *plébiscite,* il est très vraisemblable qu'ils l'obtinrent par la courtoisie des dames.

Les *Marc-Aurèles*, les *Juliens* n'usèrent point de ce droit ; mais tous les autres l'étendirent autant qu'ils le purent.

Il est étonnant que, dans l'Europe chrétienne, on ait fait très longtemps une espèce de loi féodale, et que du moins on ait regardé comme un droit l'usage d'avoir le pucelage de sa vassale.

La première nuit des noces de la fille-au-vilain appartenait sans contredit au seigneur.

Ce droit s'établit, comme celui de marcher avec un oiseau sur le poing, et de se faire encenser à la messe.

Les seigneurs, il est vrai, ne statuèrent pas que les femmes de leurs vilains leur appartiendraient ; ils se bornèrent aux filles ; la raison en est plausible.

Les filles sont honteuses, il faut un peu de temps pour les apprivoiser.

La majesté des lois les subjugue tout d'un coup ; les jeunes fiancées donnaient donc, sans résistance, la première nuit de leurs noces au seigneur châtelain, ou au baron, quand ils les jugeaient dignes de cet honneur.

On prétend que cette jurisprudence commença en Écosse ; je le croirais volontiers.

Les seigneurs écossais avaient un pouvoir encore plus absolu sur leurs clans que les barons allemands et français sur leurs sujets.

Il est indubitable que des abbés, des évêques s'attribuèrent cette prérogative en qualité de *seigneurs temporels* ; et il n'y a pas bien longtemps que des prélats se sont désistés de cet ancien privilège pour des redevances en argent, auxquelles ils avaient autant de droit qu'aux pucelages des filles.

Mais remarquons bien que cet excès de tyrannie ne fut jamais approuvé par aucune loi publique.

Si un seigneur ou un prélat avait assigné, par devant un tribunal réglé, une fille fiancée à un de ses vassaux pour venir lui payer sa redevance, il eût perdu sans doute sa cause avec dépens.

Saisissons cette occasion d'assurer qu'il n'y a jamais eu
de peuple un peu civilisé qui ait établi des lois formelles
contre les mœurs ; je ne crois pas qu'il y en ait un seul
exemple.

Des abus s'établissent, on les tolère, ils passent en coutume ; les voyageurs les prennent pour des lois fondamen-
tales.

« Ils ont vu, *disent-ils*, dans l'Asie, des saints mahomé-
tans, bien crasseux, marcher tout nus, et de bonnes dévotes
venir leur baiser ce qui ne mérite pas de l'être. »

Mais je les défie de trouver dans l'Alcoran une permission
à des gueux de courir tout nus et de faire baiser leur vile-
nie par des dames.

On me citera, pour me confondre, le *Phallum* (1) que
les Égyptiens portaient en procession, et l'idole *Jaganat*
des Indiens.

Je répondrai que cela n'est pas plus contre les mœurs
que de s'aller faire couper le prépuce, en cérémonie, à l'âge
de huit ans.

On a porté, dans quelques-unes des villes welches, le
saint prépuce de Jésus en procession. On le garde encore
dans quelques sacristies, sans que cette facétie ait causé
le moindre trouble dans les familles.

Je puis encore assurer qu'aucun concile, aucun arrêt
du Parlement n'a jamais ordonné qu'on fêterait le *saint
prépuce.*

J'appelle *loi contre les mœurs* une loi publique qui me
prive de mon bien, qui m'ôte ma femme pour la donner à
un autre ; et je dis que la chose est impossible.

Quelques voyageurs prétendent qu'en Laponie, des
maris sont venus leur offrir leurs femmes par politesse ;
c'est une plus grande faiblesse à moi de les croire.

---

(1) Un des quatre principaux dieux de l'impureté. Les trois autres
étaient *Priape*, *Bacchus* et *Mercure*. Les déesses infâmes qu'on ne
rougissait pas d'adorer étaient en plus grand nombre : *Venus, Cotytto,
Persica, Prema, Perlunda, Labentie, Volupie,* etc.

Mais je leur soutiens qu'ils n'ont jamais trouvé cette loi dans le code de la Laponie ; de même que vous ne trouverez, ni dans les constitutions de l'Allemagne, ni dans les ordonnances des rois de France, ni dans les registres du Parlement d'Angleterre, aucune loi positive qui adjuge le droit de *cuissage* ou de *culage* aux barons.

Des lois absurdes, ridicules, barbares, vous en trouverez partout ; des lois contre les mœurs, nulle part.

Il semble que le volumineux dictionnaire encyclopédique, à l'article *culage* ou *cuissage*, qu'il appelle *défloraison*, fasse entendre qu'il n'était pas permis par les lois romaines de faire mourir une fille à moins qu'auparavant on ne lui ôtât sa virginité.

On donne pour exemple la fille de *Séjan*, que le bourreau viola dans la prison avant de l'étrangler, pour n'avoir pas à se reprocher d'avoir étranglé une pucelle, et pour satisfaire à la loi.

Premièrement, *Tacite* ne dit point que la loi ordonnât qu'on ne fît jamais mourir les pucelles.

Une telle loi n'a jamais existé ; et si une fille de vingt ans, vierge ou non, avait commis un crime capital, elle aurait été punie comme une vieille mariée : mais la loi portait qu'on ne punirait pas de mort les enfants, parce qu'on les croyait incapables de crimes.

La fille de Séjan était enfant, aussi bien que son frère ; et si la barbarie de *Tibère* et la lâcheté du Sénat les abandonnèrent au bourreau, ce fut contre toutes les lois.

De telles horreurs ne se seraient pas commises du temps des *Scipions* et de *Caton* le censeur.

Cicéron n'aurait pas fait mourir une fille de *Catilina*, âgée de sept à huit ans.

Il n'y avait que *Tibère* et le Sénat de *Tibère* qui pussent outrager ainsi la nature.

Le bourreau qui commit les deux crimes abominables de déflorer une fille de huit ans, et de l'étrangler ensuite, méritait d'être un des favoris de *Tibère*.

Heureusement, *Tacite* ne dit point que cette exécrable

exécution soit vraie. Il dit qu'on l'a rapportée, *tradunt ;* et ce qu'il faut bien observer, c'est qu'il ne dit point que la loi défendit d'infliger le dernier supplice à une vierge ; il dit seulement que la chose était inouïe, *inauditum.*

Quel livre immense l'on composerait de tous les faits qu'on a crus, et dont il fallait douter.

SOIRÉE XI

Autre énorme incongruité dans les termes. On appelle *verge* l'instrument naturel qui sert à la propagation de l'espèce humaine ; et on donne ce même nom à la verge de *Moïse*, à celle d'*Aaron*, à celle d'*Hercule*, à celle de *Bacchus*, et à toutes les verges de tous les devins et de tous les sorciers du monde.

Les Théurgistes, les anciens sages, avaient tous une verge avec laquelle ils opéraient.

Mercure passe pour le premier dont la verge avait fait des prodiges.

On tient que *Zoroastre* avait sa verge.

La verge de l'antique *Bacchus* était son thyrse, avec lequel il sépara les eaux de l'Oronte, de l'Hydaspe et la mer Rouge.

La verge d'*Hercule* était son bâton, sa massue.

Pythagore fut toujours représenté avec sa verge. On dit qu'elle était d'or ; il n'est pas étonnant qu'ayant une cuisse d'or, il eût une verge de même métal (1).

Abaris, prêtre d'*Apollon* hyperboréen, qu'on prétend

____

(1) L'histoire rapporte que ce *Pythagore* écrivait avec du sang sur un miroir ce que bon lui semblait, et qu'opposant les lettres à la face de la lune, quand elle était pleine, il voyait dans le rond de cet astre tout ce qu'il avait écrit dans la glace de son miroir ; qu'il immola à *Dieu* une hécatombe de 100 bœufs (apparemment que c'était des bœufs de cire ou de pâte, car ce philosophe ne voulait

avoir été contemporain de *Pythagore*, fut bien plus fameux par sa verge ; elle n'était que de bois ; mais il traversait les airs à califourchon sur elle, ce qui lui servait à faire de belles courses ; la plus fameuse est celle qu'il fit à Athènes, où il fut député à l'occasion d'un oracle d'*Apollon*.

Porphyre et *Jamblique* affirment que ces deux grands Théurgistes *Abaris* et *Pythagore* se montrèrent amicalement leur verge.

La verge fut en tout temps l'instrument des sages et le signe de leur supériorité.

Les conseillers sorciers de *Pharaon* firent d'abord autant de prestiges avec leur verge que Moïse fit de prodiges avec la sienne.

Tout le monde sait, d'après l'Écriture, que *Moïse* et son frère *Aaron* se présentèrent tout seuls devant le palais de *Pharaon*.

La porte du palais était gardée par deux lions d'une grandeur énorme.

Balaam, l'un des magiciens du roi, voyant venir les deux frères, lâcha sur eux les deux lions ; mais *Moïse* les toucha de sa verge, et les deux lions humblement prosternés léchèrent les pieds d'*Aaron* et de *Moïse*.

Le roi, tout étonné, fit venir les deux frères devant tous ses sorciers. Ce fut à qui ferait le plus de miracles.

On raconte que Moïse couvrit toute l'Égypte de poux jusqu'à la hauteur d'une coudée, et qu'il envoya chez tous les Égyptiens des lions, des loups, des ours, des tigres, qui entraient dans toutes les maisons, quoique les portes fussent fermées aux verrous, et qui mangeaient tous les petits enfants.

Le judicieux *Calmet* nous apprend, dans sa dissertation sur l'Exode : *que les opérations des sorciers de Pharaon*

---

point qu'on tuât des animaux, et il défendait à ses disciples l'usage de la viande) ; qu'il parut avec une cuisse d'or aux jeux olympiques ; qu'il se fit saluer du fleuve *Nessus :* qu'il arrêta le vol d'un aigle, apprivoisa un ours, fit mourir un serpent et chassa un bœuf qui gâtait un champ de fèves, par la vertu de sa verge.

n'étaient pas des miracles proprement dits, mais une méta-
morphose fort singulière et fort difficile, qui néanmoins
n'est ni contre, ni au-dessus des lois de la nature.

La verge de *Moïse* eut la supériorité qu'elle devait avoir
sur celles de ces sorciers conseillers d'Égypte.

C'est dommage que le célèbre Milord *Bolingbroke* ne
croie point du tout que *Moïse* ait existé; et qu'il croie
encore moins à ses miracles.

N'importe ! Non seulement la verge d'*Aaron* partagea
l'honneur des prodiges de son frère *Moïse ;* mais elle en fit,
en son particulier, de très adm'rables.

Personne n'ignore comment, de treize verges, celle
d'*Aaron* fut la seule qui fleurit, qui poussa des boutons,
des fleurs, des prunes, des amandes.

Ces boutons, ces feuilles, ces fleurs, ces fruits, avec la
verge, se conservent précieusement à Aix-la-Chapelle,
avec la manne qui tomba dans le désert pour la nourriture
des Israélites. Parmi ces reliques précieuses se trouvent une
quantité étonnante de petits morceaux d'os, de cheveux et
d'étoffes, enchâssés dans des étuis d'or et d'argent, qui
sont regardés avec tant de vénération qu'on en envoie
une partie pour honorer le sacre des empereurs.

Dans la cathédrale de Milan, on conserve la verge de
Moïse.

Il est vrai qu'il n'est pas prouvé démonstrativement
que ce soit la même dont Moïse se servit ; car on en montre
une autre à Rome, dans *Saint-Jean de Latran ;* mais on
pourrait, pour ne point se tromper, les acheter toutes les
deux, ou supposer pieusement que *Moïse* eut deux verges,
la chose étant très possible.

Lorsqu'on veut des reliques de cette ancienneté, il ne
faut pas s'amuser à des bagatelles et à chicaner sur des
vétilles : on doit prendre le tout en gros.

Si nous voulions approfondir ce qu'on a dit et écrit sur
la verge de *Moïse,* nous serions bien embarrassés.

Le rabbin *Abarbanel* a fait une longue dissertation sur
cette verge : il a débité un grand nombre de rêveries, et a

assuré magistralement que Moïse l'avait emportée sur la montagne où il était mort, et qu'il l'avait mise dans son tombeau.

Je voudrais bien que le rabbin *Abarbanel* me fît la grâce de me dire qui lui a révélé ce fait.[1]

Jusqu'alors, nous pouvons en sûreté nous accommoder des deux verges de *Moïse* et d'*Aaron*, quitte à en acheter une troisième, si elle vient à paraître.

Il y a encore dans une autre église (dans la sacristie de l'église de Saint-Ambroise) une relique bien plus considérable de Moïse.

C'est le serpent qu'il éleva dans le désert.

Quant à celle-là, elle n'est point double, ainsi que la verge ; mais quoi qu'on en dise, je doute qu'elle soit de *Moïse*.

Je croirais volontiers que c'est un mémorial de quelque événement extraordinaire, comme l'oie du Capitole.

Ce fameux serpent est de bronze : on l'a placé sur une colonne de marbre.

Jusqu'où ne va point l'aveuglement des hommes ! Plaignons-les, plutôt que de les mépriser. La faiblesse est le partage de l'humanité. Heureux ceux à qui le ciel a accordé un peu plus d'intelligence qu'aux autres ! Revenons à la verge.

Le diable qui, comme on sait, est un mauvais singe des œuvres des saints, voulut avoir aussi sa verge, sa baguette, dont il gratifia tous les sorciers.

Médée et *Circé* furent toujours armées de cet instrument mystérieux. De là vient que jamais magicienne ne paraît à l'Opéra sans cette verge, et qu'on appelle ces rôles des *rôles à baguette*.

Aucun joueur de gobelets ne fait ses tours de passe-passe sans sa verge, sans sa baguette.

On trouve les sources d'eau, les trésors, au moyen d'une verge, d'une baguette de coudrier, qui ne manque pas de forcer un peu la main à un imbécile qui la serre trop, et qui tourne aisément dans celle d'un fripon.

Le docteur *Formey*, secrétaire de l'Académie de Berlin, explique ce phénomène par celui de l'aimant, dans le grand dictionnaire encyclopédique.

Tous les sorciers du siècle passé croyaient aller au Sabbat sur une verge magique, ou sur un manche à balai qui en tenait lieu, et les juges, qui n'étaient pas sorciers, les brûlaient.

Les prêtres, qui publiaient avoir le droit de chasser les démons, et à qui ce pouvait donner un grand crédit et produisait beaucoup d'argent, favorisaient cette opinion.

On ne voyait que sorciers, que démoniaques, que possédés. On eût dit qu'on était dans le temps des *Amadis*.

Peu à peu le mensonge a été connu : le nuage qui éclipsait la vérité s'est dissipé ; et l'on n'a plus de foi à ces fourberies.

Plusieurs parlements ont décidé qu'ils ne croyaient plus qu'il y eut des sorciers ; lorsqu'ils jugent quelques-uns de ces imposteurs, ils les punissent comme des fourbes et non pas comme sorciers.

Jadis, ils firent brûler, à la vérité, le curé *Gaufrédi*, et ils crurent fermement que le diable lui avait donné le talent de se faire aimer de toutes les femmes en soufflant sur elles (en effet, il souffla sur beaucoup), ils crurent que le diable l'avait fait jouir de toutes ses pénitentes, l'une après l'autre. Pour ce, il fut condamné au feu ; mais c'était en 1611 : c'était dans le temps où la plupart des parlements welches n'étaient pas fort au-dessus des caraïbes et des nègres ; dans le temps où nos bons pères croyaient de bonne foi qu'il y avait des loups-garous ; qu'ils croyaient de même que des moines du mont Cassin avaient vu l'âme de *saint Bénédict*, ou *Benoît* ; que des moines de Tours avaient vu celle de *saint Martin*, et des moines de *Saint-Martin*, et des moines de *Saint-Denis* celle de *Charles-Martel ;* du temps enfin où ils croyaient que les bêtes parlaient.

La conduite des gens d'esprit a fait ouvrir les yeux à bien du monde. Actuellement, le crédit des sorciers, des

astrologues, magiciens et diseurs de bonne aventure ne
s'étend pas au delà des femmes et de la canaille.

Mais les verges subsistent toujours. On se sert encore
des verges de bouleau ou d'une poignée de scions pour
frapper les malfaiteurs sur le dos. Il est honteux et abominable qu'on inflige un pareil châtiment sur les fesses
à de jeunes garçons et à de jeunes filles. C'était autrefois
le supplice des esclaves.

J'ai vu, dans des collèges, des barbares qui faisaient
dépouiller des enfants presque entièrement ; une espèce
de bourreau, souvent ivre, les déchirait avec de longues
verges, qui mettaient en sang leurs aînes et les faisaient
enfler démesurément.

D'autres les faisaient fouetter ou frapper avec douleur,
et il en naissait un autre inconvénient.

Les deux nerfs qui vont du *sphincter* au *pubis* étant irri-
tés, causaient des pollutions (et ces pollutions sont charmantes), c'est ce qui est arrivé souvent à des jeunes filles.

Par une police incompréhensible les Jésuites du Paraguay fouettaient sur le cul tout nu les pères et les mères.
Quand il n'y aurait eu que cette raison pour chasser les
Jésuites, elle aurait suffi. *(Voyez le voyage de Bougainville
et les lettres sur le Paraguay.)*

SOIRÉE XII

On dit de *Marcus Brutus* qu'avant de se tuer il prononça
ces paroles :

« O vertu ! j'ai cru que tu étais quelque chose ! mais
tu n'es qu'un *nom*, un vain *fantôme.* »

Tu avais raison, *Brutus*, si tu mettais la vertu à être
chef de parti et l'assassin de ton bienfaiteur, de ton père,
Jules César; mais si tu avais fait consister la vertu à ne

faire que du bien à ceux qui dépendaient de toi, tu ne l'aurais pas appelée *fantôme*, tu ne te serais pas tué de désespoir.

Je suis très vertueux, dit un capucin, dit un excrément de théologie, car j'ai es quatre vertus *cardinales* et les trois *théologales*.

Un honnête homme demande à cet excrément de théologie, à ce capucin : « Qu'est-ce que vertu *cardinale ?* » L'autre répond : « C'est *force, tempérance, prudence et justice.* » Bravo !

L'Honnête Homme

Si tu es *juste*, tu as tout dit : — ta *force*, — ta *prudence*, — ta *tempérance* sont des qualités utiles.

Si tu les as, tant mieux pour toi ! — Mais si tu es *juste*, tant mieux pour les autres !

Ce n'est pas encore assez d'être *juste*, il faut être bienfaisant ; voilà ce qui est véritablement *cardinal* : ce qui s'appelle, selon l'Évangile, vêtir les nus, donner à manger à ceux qui ont faim, et à boire à ceux qui ont soif. — Voilà ce qui est encore plus véritablement *cardinal*, et bien plus fort *cardinal.*

Et les *théologales*, qui sont-elles ?

L'Excrément

Foi, espérance et *charité.*

L'Honnête Homme

Est-ce vertu de croire ? Ou ce que tu crois te semble vrai, et en ce cas, il n'y a nul mérite à le croire ; ou il te semble faux, et alors il est impossible que tu le croies.

L'*espérance* ne saurait être plus vertu que la crainte ; on craint et on espère selon qu'on nous promet ou qu'on nous menace.

Pour la *charité*, n'est-ce pas ce que les Grecs et les Romains entendaient par *humanité, amour du prochain* ?

Cet *amour* n'est rien, s'il n'est agissant ; la bienfaisance
est donc la seule vraie vertu ?

L'Excrément

Quel sot ! vraiment oui, j'irai me donner bien du tourment pour servir les hommes, et il ne m'en reviendra
rien !

Chaque peine mérite salaire. Je ne prétends pas faire
la moindre action honnête, à moins que je ne sois sûr du
paradis.

> *Quis enim virtutem amplectitur ipsam,*
> *Prœmia si tollas ?*
> Qui pourra suivre la vertu,
> Si vous ôtez la récompense ?

L'Honnête Homme

Ah ! maître, c'est-à-dire que si vous n'espériez pas le
paradis et si vous ne redoutiez pas l'enfer, vous ne feriez
jamais aucune bonne œuvre.

Vous me citez des vers de *Juvénal* pour me prouver
que vous n'avez que votre intérêt en vue.

En voici de *Racine* qui pourront vous faire voir au moins
qu'on peut trouver en ce monde sa récompense, en attendant mieux.

> Quel plaisir de penser et de dire en vous-même :
> Partout en ce moment, on me bénit, on m'aime !
> On ne voit point le peuple à mon nom s'alarmer ;
> Le ciel dans leurs chagrins ne m'entend point nommer,
> Leur sombre inimitié ne fuit point mon visage,
> Je vois voler partout les cœurs à mon passage.
> Tels étaient vos plaisirs.

Croyez-moi, maître, il y a deux choses qui méritent
d'être aimées pour elles-mêmes, Dieu et la vertu.

L'Excrément

Ah ! monsieur, vous êtes Fénéloniste !

L'Honnête Homme

Oui, maître.

L'Excrément

Je vais vous dénoncer à l'Official de Meaux.

L'Honnête Homme

Va, dénonce.

SOIRÉE XIII

Autant de têtes, autant de bonnets, *tot sensus, tot capita.* Avec ça, comment s'entendre dans le monde ?

N'en voilà-t-il pas un autre qui vient vous dire et vous écrire *que le vice est plus utile à la société que la vertu ; que le mal est nécessaire au bonheur des humains ?* N'a-t-il pas l'impertinence d'avancer que cette proposition n'est point un *paradoxe ;* qu'elle ne peut épouvanter que les oreilles des docteurs, des casuites et des moines ; et n'ajoute-t-il pas, en se moquant d'eux, qu'il n'écrit point pour les sots ?

Voici comme ce nouvel original soutient sa thèse, en dépit des gens :

Le Créateur qui avait donné une petite étincelle de sa liberté à l'homme, savait que l'homme était défectueux ou devait le devenir ; le Créateur savait tout.

Les défauts de la figure de boue devaient entrer dans l'harmonie de la boue de l'univers.

La nature qui ne fait rien en vain, en mettant le mal dans le monde, avait ses vues, et ses vues sont toujours admirables.

Un peuple vertueux aurait été inutile ; il n'eût formé qu'un peuple lâche, une race propre à figurer les bras croisés sur les arbres comme *saint Simon Stylite* (1), à nourrir un cochon comme *saint Antoine* (2) ; à catéchiser un loup comme *saint François* (3) ; ou à se donner des coups de pierres dans l'estomac comme un ancien docteur de l'Église (que nous ne nommerons pas pour son honneur et gloire), à cause que la nature l'excitait à conserver son espèce.

Les vices, dans leur origine, étaient aussi brutes que les hommes. Ils marchaient, pour ainsi dire, à quatre pattes avec le roi des animaux.

Les arts, les sciences, les sots et les philosophes les ont éclairés de leurs flambeaux ; les charmes de la poésie leur ont donné ce *ton* de la *bonne compagnie* qui commence à les rendre respectables parmi nous.

Nos pères se saoulaient du gros vin de leur cru. Nous

---

(1) Il resta quarante ans droit sur une colonne, ainsi qu'une statue ; il eut seulement, pour se délasser, le même privilège que les oies qui se tiennent tantôt sur un pied, tantôt sur l'autre. Avant que le dénicheur des saints, *Baillet*, eut déplacé *Simon*, on l'invoquait pour les maux de jarrets.

(2) On sait l'histoire du cochon ; on sait aussi les folies que fit le diable pour tenter *Antoine* dans la personne de son cochon. On sait de même que cet *Antoine* fonda des auges pour les cochons et des abreuvoirs pour les moines.

(3) Un loup avait fait le diable à quatre ; il était enragé : il entra un jour dans une ville, et mordit beaucoup de personnes. *François* ayant été instruit de cette aventure, vint trouver l'animal, et lui dit : « Mon frère le loup, si tu veux me promettre de ne plus faire le diable à quatre, comme tu as fait jusqu'ici, les bourgeois de cette ville te nourriront. » — Le frère le loup fit signe qu'il ne demandait pas mieux. Le frère le loup leva la patte droite et la mit poliment dans la main du frère *François*. Frère *François* se rendit caution pour le loup. — Le loup, se mettant à genoux, promit qu'il n'était point loup à violer sa promesse, il fit entendre cela par gestes. En effet, l'animal tint parole : il vécut encore deux ans dans une profonde paix, non seulement avec les hommes, mais encore avec tous les chiens de la ville et des environs.

C'est le même *saint* qui maudit une truie pour avoir tué un agneau par bêtise. Nous parlerons une autre fois des autres beaux miracles de ce François, qui sont en grand nombre.

autres nous ne buvons plus ; et si nous nous avisions d'enterrer notre raison dans le vin, nous la perdrions non dans du gros vin de Bordeaux, mais dans le meilleur vin de Champagne ou des meilleures côtes de Bourgogne ; car (dans ce siècle *humanisé*) un homme obligé de manger des pierres choisirait assurément les plus blanches.

La vertu qu'on oppose aux vices est une chimère qui amuse les hommes depuis la création du monde. *Eve* a été tentée par le serpent : elle a mangé de la pomme : elle en a fait tâter à *Adam*, son mari.

Les profondes têtes de l'aréopage ont cherché longtemps ce qu'était la vertu.

Désespérés de la connaître, ces docteurs ont placé sur leurs autels ces deux mots : *ignoto Deo* !

Le mot de vertu a passé par mille siècles et mille générations sans rendre nos devanciers ni plus vertueux, ni plus sages, ni plus savants.

Brutus, dont nous avons parlé tantôt, illustre dans l'ancienne Rome pour avoir prononcé ce mot plus souvent dans le Sénat, avoua qu'elle n'était *rien* (comme nous l'avons dit) et se repentit de n'avoir embrassé que la *nue d'Ixion*.

Savez-vous, mes amis, ce que c'est que cette *nue d'Ixion* ? Si vous ne le savez pas, je vais vous l'apprendre.

Ixion, roi des Lapithes, avait refusé à *Déïonée* les présents qu'il lui avait promis pour épouser sa fille *Dia ;* ce qui obligea ce dernier à lui enlever ses chevaux, ses bœufs, ses vaches, ses cochons, ses dindons.

Ixion, dissimulant son ressentiment, attira chez lui *Déïonée*, et le fit tomber par une trappe dans un fourneau ardent ; il eut de si grands remords de cette trahison que *Jupiter* le fit mettre à sa table pour le consoler.

Ses premières fautes ne le corrigèrent pas. Il osa aimer *Junon*, la femme du maître des dieux, tâcha de la corrompre et de faire *Jupiter* cocu. Mais la déesse en avertit son époux qui, pour éprouver *Ixion*, forma une nue qui ressemblait à *Junon*, et la fit paraître dans un lieu secret, où *Ixion* la trouva.

Ixion ne manqua pas alors de suivre les mouvements de sa passion, et de contenter tous ses désirs charnels avec la *nue*.

Alors *Jupiter*, trop convaincu de son dessein, foudroya le téméraire et le précipita dans les enfers, où il est encore, et où les Euménides l'attachèrent avec des serpents à une roue qui tourne sans cesse.

Cet Ixion était un fou qui ne connaissait pas la vertu. Mais *Salomon*, le plus sage des rois, selon les vieux livres, et le moins sage selon les nouveaux, prononça qu'elle n'était que *vanité*. *Salomon* voulut la suivre : il la demanda au ciel : il ne la trouva ni dans le temple magnifique qu'il avait fait bâtir, ni dans les bras de ses maîtresses.

La boue qui forma l'univers et le premier homme n'eut d'autre perfection que celle d'altérer sa forme.

Le désordre qui devait naître de cette altération était le seul bien qui pouvait former l'ordre général.

L'*optimisme* du monde était dans la décadence des choses essentiellement changeantes. La boue ne pouvait produire d'autre effet.

Les vertus qu'on pouvait imprimer sur cette boue ne pouvaient être que des caractères imprimés sur le sable ; l'argile grossière que la nature avait animée était changeante : pouvait-elle être capable d'un état permanent comme la vertu ?

Les vices, leur variété, leur changement, convenaient à l'*optimisme* du monde ; c'était de cette multitude de défauts que devait naître le bien général. (*Voyez la fable des abeilles.*)

L'ordre imprimé sur toute la nature n'est que l'heureux effet des changements qui lui arrivent.

Les vices sont pour l'homme ce que les défectuosités que nous apercevons dans la nature sont pour l'univers.

La nature ne pouvait agir qu'avec la chimère du bien et l'essence du mal. Elle n'avait point d'autre fond sur lequel elle pouvait travailler pour le faire. — Elle a réussi par les vices ; l'ouvrage était manqué par les vertus.

La vanité est un remède sage de la nature (dit *Helvétius*) qu'elle augmente en nous avec l'âge, à cause que les maux qu'il doit guérir acquièrent plus de force et de consistance.

Ce vice dérobé aux dieux est le premier bien, et, peut-être, l'unique bien de la société.

« Un homme rempli de lui-même travaille à son bien particulier : il ne peut travailler à ce bien particulier qu'il ne travaille au bien général. »

Un particulier sur les bords de l'*Amstel* a de la vanité : il met sur l'eau le lait, le fromage et le beurre que ses vaches produisent, il va porter ses denrées sur la mer ou sur d'autres rivières : ses voisins, plus puissants, étonnés de son audace, le condamnent : il revient quelques mois après, chargé des richesses de l'autre monde ; on l'admire, on l'imite : Amsterdam naît subitement comme Thèbes, et le commerce des nations se trouve l'ouvrage des vices, de l'avarice et de la vanité.

La première félicité de ce monde est d'être heureux, ou de croire de l'être.

Si le premier bonheur ne peut être notre ouvrage, le second peut le devenir en concevant une grande idée de nous-mêmes.

Celui-là est heureux, dit Sénèque, qui ne voit *autour de lui aucun homme avec qui il voulut être changé.*

La vanité, l'orgueil, l'amour-propre, peuvent donc faire le bonheur des hommes ? — La vertu ferait-elle autre chose ?

La base des grandes choses de ce monde, c'est l'amour-propre, l'orgueil, la vanité.

Sans ces cris puissants, plus utiles et plus nécessaires que tous les cris, toutes les trompettes, tous les fifres et tous les tambours de la conscience, l'homme, en voyant ses vices, s'épouvanterait, et deviendrait insupportable à lui-même.

Si les hommes étaient sans vices, l'univers rentrerait

dans le néant, *in obscuro vacuo*. Et, ma foi ! ce serait grand dommage !

Les Dieux même, sans la gloire d'être honorés, auraient laissé le sceptre au vieux chaos et se fussent gardés de construire ces machines, ces diables de machines à deux pieds, sans plumes, qui les offensent chaque jour ; mais ils tirent quelquefois des révérences, quelques tournoiements de pieds et tous les petits profits qu'on peut tirer d'un fripon ou d'un mauvais payeur, et ça fait toujours plaisir.

Les hommes sans vanité, dit *Voltaire*, seraient des ânes qui se borneraient à manger leurs chardons.

Les moines, les dévots qui ne font rien, et qui sont sans orgueil (à ce qu'ils disent), n'ont pour partage, dans les instants où ils raisonnent, que l'ennui, le dégoût et la langueur.

Les soupirs qu'on entend dans les cloîtres, les contorsions de la *Trappe*, les grimaces des capucins, les élans des chartreux annoncent-ils ce bonheur et ce contentement, l'apanage de l'amour-propre ?

Les douleurs de ces *bienheureux* reclus nous font *prendre la vertu pour une indisposition de leur âme.*

Si leurs cris, leurs inquiétudes, leurs tourments et leurs tambours, leurs fifres et leurs trompettes de la conscience sont les marques de la vertu, la vertu est donc bien haïssable.

L'humilité qu'on oppose à l'amour-propre n'a fait aucun bien à l'univers.

Elle a produit, il est vrai, le révérend père *Pancrace*, capucin *indigne* ; elle a couronné la vie de dom *Gilles* à la *Trappe*. — Quel fruit a-t-elle produit à la société ?

Elle lui a fait perdre deux hommes et des talents que la vanité eût rendu utiles à la patrie.

La chasteté, cette vertu stérile, enterre sœur *Conception* à l'âge de seize ans dans un tombeau sacré.

Sœur *Conception* croit que, si elle concevait légitime-

ment un enfant entre les bras d'un chaste époux, elle ne
serait point *parfaite* comme le père céleste est *parfait*.

Sœur *Conception* a lu des livres stupides ; elle a entendu
quelques plats sermons d'un capucin indigne ; elle s'imagine en conséquence qu'il y a du mérite et des grâces à ne
point obéir au premier commandement que Dieu fit à
l'homme : *croissez et multipliez*.

Sœur *Conception* se croit dans le ciel à cause que la
nature se caresse et se *multiplie* autour d'elle, tandis qu'elle
gémit et qu'elle avoue à l'oreille de son directeur que son
cœur désire très souvent de faire ce que la nature fait sous
ses yeux avec tant de plaisir.

La nature sage développe le germe de nos vices. Ceux
qu'elle développe le plus tôt, ce sont ceux qu'elle destine
aux plaisirs de l'amour ; elle n'épargne rien alors, à cause
que l'amour est le vice le plus nécessaire à la société.

La volupté est l'enfant gâté de la nature. Une fille voluptueuse fait plus de bien à la société qu'une fille vertueuse.

Nous savons que le plaisir seul nous fait aimer les
femmes ; plus une femme sera voluptueuse, plus elle nous
donnera de plaisir.

Un homme qui caresse une fille vertueuse (s'il en est),
n'éprouve pas avec elle ce qu'il sent avec une fille de joie.

Ces filles de joie, nous les appelons de *misérables créa-
tures*, noms fort nobles que nous croyons méprisables,
et que l'instinct et la vérité, plus forts que nos préjugés,
nous ont arrachés pour venger la nature.

Tous les hommes s'aperçoivent d'un petit air frais,
d'un petit air de rafraîchissement près d'une fille vertueuse, qui laisse à l'âme la liberté de penser, avantage
peu précieux pour l'âme, puisque, dans le moment de
l'ivresse de l'amour, l'âme qui cède aux transports du
corps ne pense plus, et démontre assez, par son silence,
le peu de cas qu'elle fait de la vertu.

Les lois de la chasteté ont fixé une femme à chaque
homme.

Les lois de la chasteté auraient raison, si la somme des

filles égalait la somme des hommes ; mais la somme des filles est de vingt-quatre à un.

Les hommes fixés à une seule femme ont des temps où ils ne peuvent en approcher.

La fin d'une grossesse, les suites des couches et les jours périodiques où le beau sexe sacrifie à la lune, sont les *dimanches* qui ne sont point compris dans les jours *ouvrables*.

Dans ces vacances, un homme pourrait, sans se fatiguer, faire un enfant à une fille, si nos lois de chasteté ne nous ordonnaient pas de laisser ces plantes stériles.

Ce profit que nous ôtons à la population, dont nous avons fait une vertu, a été méprisé des anciens.

Ces bonnes gens, ces vieux bons grands-pères estimaient leurs plaisirs et leurs enfants : la multitude des uns et des autres faisait leur gloire ; ils furent toujours le triomphe d'*Israël* où la stérilité était un châtiment.

Jacob faisait à la fois des enfants aux deux sœurs et à leurs servantes. Et cela allait bien pour la population du peuple d'Israël.

Le bonhomme *Jacob* aimait l'amour domestique, c'était un gosier à *tout grain*.

Dans son sérail, le sage *Salomon* faisait, tous les jours, des enfants, et trouvait encore le temps de renvoyer, pleine de bienfaits, la reine de Saba, qui était venue en Judée exprès admirer sa *vertu* et son poil *roux*.

Son père *David* avait autant de femmes que le calendrier juif avait de lunes et de jours. Malgré cette provision, le seigneur roi en prenait encore chez ses voisins.

La conduite amoureuse de ces saints personnages ne paraît point avoir offensé le Dieu d'*Abraham*, car *Jacob* était de ses amis, et l'on passe à ses amis ces bagatelles qui ne sont, dans le vrai, que des douceurs et des sottises très naturelles que la nature a très sagement jetées sur la surface des misères humaines pour égayer le fond de la vie.

Si la vertu, l'ouvrage de l'intelligence et de la réflexion, entrait de bonne heure dans le cœur ou dans la tête des hommes, la société perdrait infiniment.

La *Tulipe*, la *Fleur*, n'iraient point exposer leurs précieux corps aux coups de mousquet ou aux raisons brutales du canon ; mais heureusement pour le bien général, ces messieurs avaient des vices ; ils aimaient le vin et la grisette.

Un bouchon achalandé leur occasionne la connaissance de *Fanchon*, de *Manon*. Ces demoiselles de la rue *Maubué* avaient enchaîné par leurs faveurs les futurs *Alexandres*.

Un jour qu'ils avaient envie de régaler leurs luronnes, le roi leur fit offrir une dizaine d'écus pour signer deux mots d'écriture.

L'opération étant facile, la Tulipe signe ; les dix écus sont comptés ; il les mange en deux jours avec sa maîtresse ; le troisième, le cœur, la tête, remplis de vin et des appas de sa belle, il lui fait ses adieux et part pour l'armée.

Si le soldat était vertueux, trouverait-on dans le service autant de gaieté, autant de bravoure que l'amour-propre et la vanité entretiennent dans les corps militaires ?

Le soldat vertueux serait triste, abattu : l'air froid de la vertu le suivrait dans le combat.

De tous temps, le soldat a toujours été vicieux, ou au moins plus dissipé que le citoyen. Cependant Dieu a pris le titre de Dieu des armées ; les moines qui sont si saints (à ce qu'ils disent) qui existaient dans l'ancienne loi sous le nom de *Nazaréens* et peuplaient le bas et la cime du Carmel, n'ont point été aussi agréables aux yeux de Dieu que le militaire : car Dieu ne prit jamais le titre du Dieu des moines, dit le savant *Erasme*.

Un soldat avec de la vertu ne pourrait jamais faire le métier de racoleur.

Si la vertu et la vérité se donnaient la main, un soldat vertueux et vrai n'oserait exagérer la tendresse de son capitaine, l'amour paternel du sergent et les entrailles compatissantes du caporal.

Le cri de la vertu et de la vérité lui dirait au fond du cœur qu'il manque à la probité. Oserait-il se saouler avec ceux qu'il enrôle, les faire tomber exprès dans l'ivresse, profiter de cet instant pour les enchaîner, et mentirait-il comme un racoleur?

Étant logé à Nantes, au Cheval-Blanc, un soldat recrutait à côté de ma chambre : « Mes amis, disait-il à quelques niais de Bretons qu'il racolait, en campagne nous mangeons avec nos officiers ; en garnison, nous avons la soupe, le bouilli, le rôti, et toujours le dessert. »

Un Breton, qui aimait l'*Angélique* de Chateaubriand, demandait au racoleur s'il mangerait de la confiture.

« Oui, diable m'emporte ! je te chargerai, en arrivant au régiment, des confitures de la chambrée ; tu pourras t'en crever ; tu seras près du baquet. »

La paresse, ce vice tranquille que les théologiens, les prêtres, les moines, les capucins ont mis dans le ciel, en purgatoire et aux enfers, a fait longtemps l'apanage des dieux.

Ce crime, dont on fait un péché mortel, est un vice de l'imagination.

Un homme né tranquille, à cause que le sang coule lentement dans ses veines, semble sans ressorts et sans vie.

Les femmes blondes sont plus lâches que les brunes ; les climats chauds plus sujets à la paresse que les climats froids.

Un Siamois croit que la perfection est la paresse. L'oisiveté est le mérite des moines; ils s'imaginent, comme les Siamois, que vivre sans rien faire est l'état parfait du *Père* Eternel.

La paresse fait un bien à la société, en ce qu'elle laisse tomber des mains de ses adorateurs des richesses qui passent dans les mains des hommes occupés et agissants, qui retournent après quelques générations dans l'état d'où elles sont parties.

Les richesses seraient permanentes dans les familles si la paresse ne les balançait point. C'est ce flux et reflux qui fait tourner la roue de la fortune.

La colère est la mère de la bravoure. C'est elle qui nourrit dans les corps militaires cette valeur qui les distingue aux champs de Mars. L'Église l'a placée quelquefois dans le sanctuaire.

On a vu *Dominique*, rempli de cette sainte colère, faire égorger les Albigeois pour ses rosaires.

Bernard l'avait dans le cœur et dans la bouche, quand il prêchait les croisades aux potentats. Ce dernier a fait plus de mal à la France que le diable, dit M. de *Voltaire*. Nos terres sont restées incultes, le peuple dans l'ignorance et le clergé dans le libertinage. Le crime, le sang et l'horreur ont été les beaux fruits du fondateur de Clairvaux.

C'est deux curieux personnages que ce *Bernard* et ce *Dominique* !

Bernard était fripon comme le chien de *saint Roch*. Ses vols, ses larcins se trouvent sur toutes les chartes et les fondations de ses monastères. La plupart sont construites en ces termes :

Moi, Bernard, misérable pécheur et serviteur de Dieu, *je donne au Seigneur de *** trois mille journaux de terrain en paradis pour lui et ses héritiers, à perpétuité, en considération de trois mille journaux labourables qu'il a donnés à notre monastère de...*

Signé : Bernard, et plus bas
L'Industrie.

Nos pères étaient bien sots de croire que le paradis s'achetait comme une terre à clocher, et *Bernard* un grand voleur de profiter de leur sottise.

Ce rusé moine, qui connaissait sa bête, prêcha la fin du monde. Les seigneurs Welches ou Gaulois, qui avaient peur de la fin du monde, en faisant tous les jours des enfants à leurs maîtresses, portèrent leur argent aux moines assez fripons pour le recevoir.

Bernard, fâché de voir la France si peuplée, fit des almanachs qui firent égorger en Syrie les trois quarts de la nation.

Ce *Nostradamus* fut surnommé le *Divin* pour avoir dit de grosses injures aux papes et aux rois, et fait des dissertations sur les œufs durs et les omelettes au lard.

Il a composé des méditations dévotes où il dit : « *Que suis-je ? Un homme fait d'une matière liquide ; dans le moment que j'ai commencé d'exister, j'ai été formé par la semence humaine. Ensuite, cette écume venant à se congeler et à croître, elle s'est changée en chair.* »

Je ne crois pas que les mères laissent de pareilles méditations entre les mains de leurs filles.

Dominique, fondateur des mendiants jacobins, des indignes *prêcheurs*, lui, fut célèbre et cruel dans l'Église.

Sa mère rêva, dans le temps de sa grossesse, qu'elle accoucherait d'un chien.

Les dévots ont assuré que ce rêve de chien annonçait un grand homme, et que l'enfant serait une des plus belles lumières de l'Église, à cause qu'il y avait beaucoup de relation entre un chien et une lumière. L'événement a vérifié le songe.

Dominique a beaucoup aboyé : son éloquence fanatique a fait égorger quarante mille Albigeois.

La création du rosaire l'a comblé d'honneur. Il fallait, en effet, une grande étendue de génie pour saisir cette longue suite de *Pater* et d'*Ave Maria*, et les enfiler si spirituellement dans la ficelle.

Cette belle invention l'a rendu immortel chez les dévots et les dévotes, dont le royaume n'est point de ce monde ; car, dans ce monde, on raisonne, et les dévots et les dévotes ne raisonnent point.

Le fondateur du rosaire fut doué de plusieurs visions diaboliques.

Il jouait avec le diable comme avec son camarade. Ce mauvais sujet, si rebelle aux ordres de Dieu, était soumis et rampant aux pieds du bourreau des Albigeois.

Lorsque *Dominique* appelait le diable, il venait aussitôt. Un jour, il vint, habillé en oiseau, voltiger sur l'épaule du saint.

Dominique prit le diable, le pluma devant ses confrères, et quand il fut plumé, il s'envola de ses mains, tant Satan était puissant en œuvres.

Un soir, le prêcheur, ne trouvant point son chandelier, il appela Satan, lui ordonna de tenir la chandelle pendant qu'il ferait sa prière. Comme il restait longtemps à prier, la chandelle qui était à l'extrémité brûlait le chandelier. Satan, qui n'était pas fait à la chaleur de nos chandelles, jurait comme un diable contre le saint : *force fut à lui*, dit l'histoire, de souffrir jusqu'à la dernière goutte de suif. La brûlure terrestre lui sembla plus insupportable que les feux de l'enfer.

Le diable, continue la même légende, vint se confesser à *saint Dominique*. Il fit une déclaration si sincère de ses péchés, il parut si contrit que le directeur lui promit l'absolution s'il voulait s'amender.

Satan qui était, comme bien des chrétiens, contrit, sans jamais penser à mieux faire, ne reçut pas l'absolution. C'était un grand coup que la conversion d'un sujet véreux comme Satan. Les dévots eussent tiré de là de grands sujets d'édification. Mais la grâce, pour des raisons à elle connues, ne permit point la consommation du grand œuvre qui nous assurait la vie éternelle à jamais.

Saint Dominique fut ravi au ciel et conduit devant le trône de Dieu. Ne voyant aucun *jacobin* dans ce séjour glorieux, il se mit à braire.

Un ange, sensible à ses larmes, le consola et lui dit : « Ne pleure plus, mon camarade, suis-moi, je vais te montrer de belles choses. »

Ils avancèrent près de la sainte Vierge, l'ange leva le jupon de *Marie*, et lui montra une multitude de *jacobins* qui y étaient cachés.

La sainte Vierge aimait tellement les *jacobins* qu'elle les aurait mis dans sa chemise.

De pareils contes déshonorent la vérité et la raison. Mais revenons à la colère.

La colère des gens d'Église a été la plus funeste aux

États ; celle des particuliers a troublé quelquefois des familles. Celle des rois seule a eu plus souvent d'heureux succès.

Sans la juste et raisonnable colère de *Philippe le Bel,* nous devenions l'objet éternel de la colère divine de Rome, et celle de l'Inquisition aurait tôt ou tard troublé la tranquillité de nos foyers.

La grande inaction et l'usage des nourritures âcres et chaudes forment les tempéraments colériques.

« L'inaction (disent les médecins) prive le sang d'une certaine humidité qui sert à le tempérer. Un sang trop peu tempéré par l'humide fait un tempérament emporté, bouillant. Les poules qui demeurent longtemps sans manger, lorsqu'elles couvent, paraissent dans ce temps-là dans une espèce de fureur. Les climats chauds produisent une grande abondance de bile facile à s'enflammer. »

Le remède le plus simple qu'on puisse donner à une personne en colère, est de s'asseoir, parce qu'étant assise, le mouvement des esprits animaux qui se portent au cerveau se ralentit ; un air humide est bon contre la colère. On se fâche moins dans l'hiver que dans l'été. Les animaux sont plus sujets à la rage dans les saisons chaudes que dans les froides.

Le jeûne augmente la colère. Les dévots qui jeûnent s'enflamment plus aisément. Le lion, quand il est affamé, souvent est en colère. Lorsqu'il est rassasié, il est doux et traitable. Les vices, en général, sont utiles à la société, il n'y a que les vices et les vertus des dévots qui n'aient jamais servi au bien de l'humanité. J'étendrai ces idées dans un autre livre.

SOIRÉE XIV

L'homme est trop faible, hélas ! pour dompter la nature,
dit Voltaire. La chasteté, cette vertu stérile, que Dieu n'a
point faite ni commandée, comme nous l'avons dit, puisque la première loi donnée à l'homme fut celle de croître
et de multiplier, cette vertu, disons-nous, est une idole
qui n'a ni pieds ni pattes. Cette vertu, enfin, que l'Église
a mise sur ses autels, ne dépend ni de la faiblesse de l'homme
ni des forces de son âme, elle est impossible à la plupart
des mortels, tant qu'ils resteront attachés à l'argile qui
les enveloppe.

Le mariage, cette planche précieuse pour les filles après
naufrage, est un sacrement connu avant la naissance de
Jésus, puisque *Jean-Baptiste* accusait *Hérode* d'adultère.

Le mariage, ce frein salutaire, selon *saint Paul* et l'expérience, ne peut retenir vos prêtres et vos moines, ô Welches !

Est-ce pour les exposer plus souvent à violer les commandements les plus sacrés, que vous les tenez sous le
joug du célibat ? Votre loi humaine est-elle préférable
à la loi divine ?

En multipliant vos célibataires, vous avez multiplié
les crimes, exposé davantage les filles et les femmes de
vos frères : n'existât-il qu'un *cocu* dans une province fait
par un moine, façon la plus détestable d'être *cocu*, vous
auriez toujours mal fait d'exposer un seul homme aux
suites fâcheuses qui peuvent résulter de son crime.

Vous prêchez qu'il vaut mieux se marier que de brûler,
et vous brûlez vos prêtres, vos moines et vos nonnes dès
ce monde ; quelle conduite !

Ces prêtres, ces moines vous déshonorent, vous dis-je :
ils couchent avec vos femmes, vos filles, vos tantes, vos
nièces, vos cousines.

C'est un moine, un abbé obligé à des ménagements pareils aux siens, qu'une fille, une femme choisit pour greluchon. Leur intérêt pour le silence est commun. Le moindre éclat ferait mettre la femme et la fille à la Salpêtrière, conduirait le moine dans un cul de basse fosse, et ferait évaporer l'évêché, le canonicat ou la cure que l'hypocrisie de l'abbé est à la veille de lui procurer.

Toutes les femmes ou toutes les filles ne peuvent pas avoir des prélats, des curés ou des chanoines pour greluchons : ce sont là des trésors qui ne sont destinés que pour celles qui sont les plus heureuses ; mais elles en trouvent dans les moines, dont elles se servent au besoin.

Les moines sont, en fait de galanterie auprès des dévotes, ce que les Suisses sont en France, troupes auxiliaires et jouissent de tous les privilèges de la nation.

Le secret est leur partage. Ils se glissent dans les familles sous le nom de directeurs spirituels, de conducteurs dans la voie du salut ; et ils promettent de mener par la main, dans le chemin du ciel, jusqu'au petit chien de la petite fille du logis.

Le mari est le premier trompé, et bénira chaque jour l'heureuse connaissance qui le *cocufie.*

Le célibat est une source de débauches et de crimes. Vous l'avez établi, ô Welches ! dans ces siècles fabuleux, où l'on trouvait des miracles aussi aisément que l'on trouve des rats dans les caves.

Vous avez admiré avec enthousiasme le beau côté du célibat, sans penser que la nature pouvait se moquer de vous ; vous avez mis le fantôme à la place de la réalité.

Vos prêtres, vos moines sont exposés à confesser joue à joue de belles femmes, d'entendre le récit de leurs péchés vertueux, le plan de leurs attitudes, le détail de leurs attouchements, les circonstances les plus galantes de leurs faiblesses, enfin le tableau le plus séduisant.

Les croyez-vous insensibles à ces récits : pensez-vous que le vieil homme ne s'enflammera point ? Pensez-vous que vos ministres pénitentiaux sont de pierre de Namur ou de Saint-Leu, de marbre de Gênes ou de Paros ? Ils sont, dites-vous, châtrés pour le ciel. Prenez garde à cette castration. Le Grand-Turc ne s'y fierait pas.

Un prêtre a entendu des confessions galantes, il n'a point de femmes pour éteindre légitimement le feu que la déclaration d'une fille aura allumé dans son âme : au retour du tribunal, il parcourt sa servante avec plus d'attention.

Les faiblesses qu'il vient d'entendre ont ému son cœur, et porté dans ses regards la chaleur du plaisir. L'exemple, la multitude des délinquants le rend plus hardi.

L'usage du confessionnal lui démontre que tous les hommes et les femmes ont tâté du péché originel. Sera-t-il seul des enfants d'*Adam* sans toucher à l'arbre de la connaissance du bien et du mal ?

Sa servante *Margot*, retirée le soir avec lui, tient le péché originel ; si la pomme est encore fraîche, M. l'Abbé y tâtera ; le scapulaire, le rosaire, le cordon de *saint François*, un crâne tondu ou pelé et les calottes de maroquin n'empêchent pas la nature d'exiger ses droits. C'est une sottise de prétendre récalcitrer contre elle ; on n'en vient jamais à bout.

Le poète des philosophes a dit :
Naturam expellas furcâ, tamen usque recurret.

Les papes, fondateurs du célibat et des bordels à Rome, se sont bêtement imaginés que le célibat était une vertu, à cause qu'il était un vice par son inaction.

Pour établir cette chimère, et en faire une loi aux ministres des autels, on a renversé l'Écriture, car la seconde qualité que *saint Paul* requiert dans un évêque est d'avoir une femme ; condition sans laquelle il ne peut être appelé à l'épiscopat.

Le saint apôtre des nations était si persuadé de cette vérité qu'il était marié ; son mariage est bien déclaré dans la première aux Corinthiens, chap. v, v. 5.

N'avons-nous pas, dit-il, *le pouvoir de mener partout une femme sœur*, c'est-à-dire une femme qui soit notre sœur en J.-C. *comme font les apôtres et les frères de Notre-Seigneur et Céphas.*

Dans le grec il y a : *une femme sœur* faisant profession de *la foi de J.-C. N'avons-nous point le pouvoir ?* — Cette expression ne marque-t-elle pas un droit qui n'appartient qu'à l'homme marié ?

Les apôtres qui prêchaient contre le scandale n'eussent point édifié les gentils s'ils avaient amené avec eux des femmes qui ne fussent point les leurs.

Saint Ignace, dans sa lettre aux Philadelphiens, met *saint Paul* au nombre des hommes mariés.

L'invention du célibat fut condamnée autrefois dans le concile de Constantinople, qui dit expressément au treizième canon :

Comme nous avons entendu dire que l'Eglise romaine ordonne que ceux qui sont prêtres ou diacres abandonnent leurs femmes légitimes, les pères assemblés dans ce Concile décident que, suivant l'ancienne discipline exacte dans l'Eglise et l'ordre des apôtres, les prêtres et les diacres vivront avec leurs femmes légitimes comme les laïques, et nous défendons surtout, lorsqu'on ordonnera des prêtres ou diacres, qu'on les refuse sous le prétexte qu'ils sont mariés et qu'ils veulent habiter avec leurs femmes après l'ordination. Nous ne voulons point outrager le mariage, ni séparer ce que DIEU *a conjoint.*

La vanité a occasionné en partie la suppression du mariage dans l'Église. Les prêtres ont cru par là se rendre plus respectables aux peuples.

Lorsque le concile de Trente agita la question du célibat, les vieux prélats, qui avaient vu les naufrages de la chair, et la sûreté dans le mariage pour fixer près d'un vieillard l'inconstance d'une femme, opinèrent pour continuer aux prêtres la permission de se marier.

Les jeunes évêques, assurés de pouvoir fixer leurs conquêtes, et certains de trouver des femmes partout, ne furent point du même avis. En conséquence, l'idole du célibat fut remise sur son piédestal ; et pour assurer à jamais sa gloire, le concile décida d'après.

Si quelqu'un, ajoute ce concile, *s'avise de dire* que le célibat n'est *pas plus saint que le mariage*, qu'il *soit anathème*.

Depuis cette ordonnance, combien de fois les désordres qui l'ont suivie n'ont-ils pas fait regretter à tous les gens sensés la privation des anciens usages ? Un pape dit expressément dans ses écrits qu'il serait très nécessaire, pour prévenir et arrêter bien des crimes, de remettre les choses sur l'ancien pied.

C'est le pape *Pie II*. Parmi ses sentences et ses proverbes on trouve :

Sacerdotibus magnâ ra ione, sublatas nuptias, majori restituendas videri.

« On a défendu le mariage aux prêtres par de grandes raisons; mais, par de bien plus grandes, on devrait le leur permettre. » Voyez *Platina in vitis Summ. Pontif. Rom. Edit. Venet. ap. Guill. de Fontaneto.* 1518, in-fol., fol. 16, *verso*. On a voulu constater la vérité de ce passage.

C'est un pape et un pape savant qui parle. C'est le même qui, n'étant encore qu'*Æneas Silvius* et ne songeant point qu'il parviendrait un jour au pontificat, écrivait dans les termes suivants à son ami Jean Périgal :

« Il n'est rien qu'on n'obtienne de la cour de Rome avec de l'argent : l'imposition des mains, les dons du Saint-Esprit, la rémission des péchés, tout s'y vend chèrement. Conservez donc votre or pour vous en servir au besoin. »

Nihil est, quod absque argento Romana Curia non dedat : nam et ipsæ manus impositiones et Spiritus Sancti dona, venduntur. Nec peccatorum venia nisi nummatis impenditur. Serva igitur aurum, ut cum opus sit, præsto requiras. — *Æneæ Sylvii, seu Pii II. Oper, pag.* 149.

L'Église a pensé que la charité serait plus affermie par les vœux de la continence. Les dévots, toujours emportés par leur zèle, ont cru qu'il était fort aisé de se dépouiller de son sexe.

Le sacrement de mariage, cette source de bénédictions
pour les laïques, est une source de sacrilège pour le prêtre,
à cause des plaisantes raisons que voici :

Les prêtres ont fait vœu d'obéir aux commandements
de Dieu avant d'avoir fait vœu de chasteté.

Un prêtre incontinent doit se marier, selon l'apôtre ;
il ne le peut selon l'Église, parce que, suivant le pape, il
est plus obligé à la plupart des sots canons des conciles
qu'aux commandements de DIEU.

En se mariant, il ne rompt pas son vœu et ne pêche
plus contre la loi de DIEU ; mais l'Église (qui est sage)
préfère les gens qui manquent à la loi de DIEU à ceux
qui manquent aux siennes.

« Il vaudrait mieux, disent nos prédicateurs, anéantir
le monde que de faire un péché mortel. »

Sans faire rentrer le monde dans le chaos, le pape peut,
s'il veut, anéantir dix millions de péchés mortels, en faisant marier les prêtres, les moines et les nonnes. Mais
Rome ne le veut pas. Plus tard, elle le voudra, car tout
tend vers la vérité, c'est le centre de la raison.

Les docteurs ont appuyé leur doctrine du célibat sur
ces paroles de l'Écriture :

*Ceux qui ont quitté leurs femmes, leurs enfants et leurs
biens auront la vie éternelle.*

Dans ce passage, il s'agit de quitter ce qu'on ne pourrait
garder qu'en renonçant à la foi ; car J.-C. ne pouvait
dire aux hommes : « Abandonnez vos femmes et vos
enfants » lorsqu'il leur défendait de séparer ce qu'il avait
uni.

En conséquence de ce passage mal entendu, on a défendu
aux prêtres le mariage. Pourquoi l'Église ne leur a-t-elle
point défendu aussi les richesses, que DIEU a condamnées
formellement ?

DIEU ne défend pas de s'attacher aux femmes. Son
apôtre nous dit de les aimer comme JÉSUS-CHRIST aime
son église ; c'est-à-dire d'une tendresse extrême.

DIEU nous défend d'aimer les richesses. L'Église, au contraire, défend à ses ministres l'amour des femmes et les comble de richesses et de bénéfices.

Le vœu de continence, dit un auteur célèbre, *est d'autant plus parfait que la continence, par sa nature, n'est praticable que par peu de personnes.*

Un moine aura vécu chastement vingt années ; il voit dans son église, ou il rencontre dans une promenade publique un objet séduisant, le voilà subitement épris et dans l'état de brûlure dont parle l'apôtre.

L'imagination des hommes, toujours emportée vers le merveilleux ou l'incroyable, a voulu faire des vertus que la nature n'avait pas faites.

Le tempérament, guidé par la nature, s'est moqué de la chasteté. La raison, éclairée par sa propre lumière, a ri de l'impossibilité d'être plus parfait, en combattant à chaque instant contre la chair.

On peut trouver, je le crois, quelques continents, surtout dans un âge avancé ; mais on ne trouve point un homme chaste : de la continence à la chasteté, la distance est de plus de cent lieues.

Une continence éternelle est, chez les prêtres et les moines, la vertu par excellence ; en quoi je ne les comprends pas, en sachant ce que c'est qu'une vertu dont il ne résulte rien.

Autrefois, les pères condamnaient au célibat les enfants dès le berceau : aujourd'hui, ils s'y vouent eux-mêmes dès l'âge de quatorze ans ; ce qui revient à la même chose.

Ce métier de continence a anéanti plus d'hommes que les pestes et les guerres les plus sanglantes n'ont jamais fait.

Dans tous les pays catholiques, on voit dans chaque maison monacale une famille éternelle où il ne naît personne, et qui s'entretient aux dépens de tous les autres.

Ces maisons sont toujours ouvertes, comme autant de gouffres où s'ensevelissent les races futures.

Cette politique est bien différente de celle des Romains, qui établissaient des lois pénales contre ceux qui se refusaient aux lois du mariage et voulaient jouir d'une liberté si contraire à l'utilité publique.

Dans les pays protestants, tout le monde est en droit de faire des enfants; la religion réformée ne souffre ni prêtres ni moines : en quoi il est certain que la religion donne aux protestants un avantage infini sur les catholiques.

Montesquieu l'a dit : « Dans l'état présent où est l'Europe, il n'est pas possible que la religion romaine y subsiste cinq cents ans. »

Si les fonctions du sacerdoce semblent interdire au prêtre les soins d'une famille et d'une terre, les fonctions de la société proscrivent encore plus hautement le célibat.

Si les moines défrichaient autrefois les déserts qu'ils habitaient, ils dépeuplent aujourd'hui les villes où ils fourmillent.

Si le clergé a vécu des aumônes du peuple, il réduit à son tour les peuples à l'aumône.

Parmi les classes les plus oiseuses de la société, la plus nuisible est celle qui, par ses principes, doit porter tous les hommes à l'oisiveté ; qui consume à l'autel et l'ouvrage des abeilles et le salaire des ouvriers ; qui allume durant le jour les lumières de la nuit, et fait perdre dans les temples le temps que l'homme doit aux soins de sa maison ; qui fait demander au ciel une subsistance que la terre seule donne ou vend au travail.

Un des moyens de favoriser la population, d'accroître les richesses d'un État, serait de supprimer le célibat du clergé séculier et régulier.

L'opinion a fait les prêtres et les moines, l'opinion doit les détruire. Leurs biens resteront dans la société pour y engendrer des familles. Toutes les heures perdues à des prières sans ferveur, à des actes sans dévotion, seront consacrées à leur destination primitive, qui est *le travail*.

Que le prêtre, que le moine soit *chaste, humble, indigent* même, s'il n'aime pas les femmes. Si ce prêtre, si ce moine est d'un caractère indolent et abject, et s'il préfère du pain et de l'eau à toutes les commodités de la vie, à la bonne heure. Mais qu'il lui soit défendu d'en faire le vœu.

Le vœu de *chasteté* répugne à la nature et nuit à la population; le vœu de *pauvreté* n'est que d'un inepte ou d'un paresseux; le vœu d'*obéissance* est d'un esclave ou d'un rebelle.

S'il existait, dans un recoin d'une contrée du monde, soixante mille citoyens enchaînés par ces vœux, qu'aurait à faire de mieux le souverain, l'empereur, le roi, que de s'y transporter avec un bataillon suffisant, armé de bons fouets, de bons gros nerfs de bœuf, et de leur dire :

« Sortez, canaille fainéante, sortez : aux champs, à l'agriculture, aux ateliers, à la milice. — Souvenez-vous que dans ses livres sacrés, Dieu dit à l'Homme innocent : *croissez et multipliez;* que Dieu dit à l'Homme pécheur : *laboure et travaille !* »

SOIRÉE XV

J'étais un jour à la grille du couvent des *Capucines*, place Vendôme à Paris, lorsque sœur *Fessue* disait à sœur *Confite* : « La Providence prend un soin visible de moi; vous savez comme j'aime mon moineau; il était mort si je n'avais pas dit neuf *Ave Maria* pour obtenir sa guérison. Dieu a rendu mon moineau à la vie; remercions la sainte Vierge. »

Un philosophe qui était à la grille, comme moi, lui dit au parloir : « Ma sœur, il n'y a rien de si bon que des *Ave Maria*, surtout quand une fille les récite en latin, place Vendôme, à Paris; mais je ne crois pas que Dieu s'occupe beaucoup de votre moineau, tout joli qu'il est; songez, je vous prie, qu'il a d'autres affaires.

« Il faut qu'il dirige continuellement le cours de seize planètes et de l'anneau de *Saturne*, au centre desquels il a placé le Soleil qui est aussi gros qu'un million de nos terres.

« Il y a des milliards de milliards d'autres soleils, de planètes et de comètes à gouverner. Ses lois immuables et son concours éternel font mouvoir la nature entière ; tout est lié à son trône par une chaîne infinie dont aucun anneau ne peut jamais être hors de sa place.

« Si des *Ave Maria* avaient fait vivre le moineau de sœur *Fessue* un instant de plus qu'il ne devait vivre, ces *Ave Maria* auraient violé toutes les lois posées de toute éternité par le grand Être ; vous auriez dérangé l'univers, il vous aurait fallu un nouveau Dieu, un nouvel ordre des choses. »

Sœur Fessue

Quoi, vous croyez que Dieu fasse si peu de cas de sœur Fessue ?

Le Philosophe

Je suis fâché de vous dire que vous n'êtes, comme moi, qu'un petit chaînon imperceptible de la chaîne infinie, que vos organes, ceux de votre moineau et les miens, sont destinés à subsister un nombre déterminé de minutes dans cette place Vendôme de Paris.

Sœur Fessue

S'il est ainsi, j'étais prédestinée à dire un nombre déterminé d'*Ave Maria*.

Le Philosophe

Oui ; mais ils n'ont pas forcé Dieu à prolonger la vie de votre moineau au delà de son terme.

La constitution du monde portait que, dans ce couvent

des Capucines, à une certaine heure, vous prononceriez comme un perroquet certaines paroles, dans une certaine langue que vous n'entendez point ; que cet oiseau, né comme vous par l'action irrésistible des lois générales, ayant été malade se porterait mieux ; que vous vous imagineriez l'avoir guéri avec des paroles, et que nous aurions ensemble cette conversation.

Sœur Fessue

Monsieur, ce discours sent l'hérésie. Mon confesseur, le révérend père *Marcel*, en inférera que vous ne croyez pas à la Providence.

Le Philosophe

Je crois à la Providence générale, ma chère sœur, celle dont est émanée de toute éternité la loi qui règle toute chose, comme la lumière jaillit du soleil ; mais je ne crois point qu'une Providence particulière change l'économie du monde pour votre moineau ou pour votre chat.

Sœur Fessue

Mais, pourtant, si mon confesseur vous dit, comme il me l'a dit à moi, que Dieu change tous les jours ses volontés en faveur des âmes dévotes ?

Le Philosophe

Il me dira la plus plate bêtise qu'un confesseur de filles puisse dire à un homme qui pense.

Sœur Fessue

Mon confesseur une bête ! Sainte Vierge *Marie*

Le Philosophe

Je ne dis pas cela ; je dis qu'il ne pourrait justifier que

par une bêtise énorme les faux principes qu'il vous a insi-
nués, peut-être fort adroitement, pour vous gouverner.

Sœur Fessue

Ouais ! J'y penserai ; cela mérite réflexion.
*Sœur Fessue se retire, le philosophe me parle et continue
son dialogue, non avec sœur Fessue mais avec sœur Nature.*

Le Philosophe

Qui es-tu, Nature ? je vis dans toi, il y a cinquante ans
que je te cherche, et je n'ai pu te trouver encore.

La Nature

Les anciens Égyptiens, qui vivaient, dit-on, des douze
cents ans, me firent le même reproche. Ils m'appelaient
Isis ; ils me mirent un grand voile sur la tête ; et ils dirent
que personne ne pouvait le lever.

Le Philosophe

C'est ce qui fait que je m'adresse à toi. J'ai bien pu
mesurer quelques-uns de tes globes, connaître leur route,
assigner les lois du mouvement ; mais je n'ai pu savoir
qui tu es.
Es-tu toujours agissante ? Es-tu toujours passive ? Tes
éléments se sont-ils arrangés d'eux-mêmes, comme l'eau
se place sur le sable, l'huile sur l'eau, l'air sur l'huile ? As-
tu un esprit qui dirige toutes les opérations, comme les
conciles de l'Église sont *inspirés* dès qu'ils sont assemblés,
quoique leurs membres soient, le plus souvent, des ignares
et des sots ? De grâce, dis-moi le mot de ton énigme !

La Nature

Je suis le grand *tout*. Je n'en sais pas davantage. Je ne
suis pas mathématicienne, et tout est arrangé chez moi

selon les lois mathématiques. Devine, si tu peux, comment
tout cela s'est fait !

Le Philosophe

Certainement, puisque ton grand tout ne fait pas les
mathématiques, et que tes lois sont de la plus profonde
géométrie, il faut qu'il y ait un éternel géomètre qui te
dirige, une intelligence suprême qui préside à tes opérations, une sagesse infinie qui ait arrangé toutes les parties
de ton immense *tout*.

La Nature

Tu as raison ; je suis eau, terre, feu, atmosphère, métal,
minéral, pierre, végétal, animal ; je sais bien qu'il y a
dans moi une intelligence ; tu en as une, tu ne la vois
pas.

Je ne vois pas non plus la mienne ; je sens cette puissance invisible ; je ne puis la connaître ; pourquoi voudrais-
tu, toi qui n'es qu'une petite partie de moi-même, savoir
ce que je ne sais pas ?

Le Philosophe

Nous sommes curieux et, depuis Thalès, tous les raisonneurs ont joué à *colin-maillard* avec toi ; ils ont dit :
je te tiens, et ils ne tenaient rien.

Nous ressemblons tous à *Ixion*, dont nous avons parlé
il y a un quart d'heure ; il croyait embrasser *Junon*, en
jouir dans toutes les règles, et il ne jouissait que d'une
nuée.

La Nature

Puisque je suis tout ce qui est, comment un être tel que
toi, une si petite partie de moi-même pourrait-elle me
saisir ?

Contentez-vous, cirons, atomes mes enfants, de voir

quelques atomes, quelques cirons qui vous environnent,
de caresser vos femmes,

> Ramonez ci, ramonez là
> La cheminée de haut en bas ;

de boire quelques gouttes de mon lait, de végéter quelques moments sur mon sein, et de mourir sans avoir connu
votre père, votre mère et votre nourrice.

Le Philosophe

Ma chère mère, dis-moi un peu pourquoi tu existes,
pourquoi il y a quelque chose ?

La Nature

Petit fils, je te répondrai ce que je réponds depuis un
million de siècles à tous ceux qui m'interrogent sur les
premiers principes : *Je n'en sais rien.*

Le Philosophe

Le néant vaudrait-il mieux que cette multitude d'exis-
tences faites pour être continuellement dissoutes ; cette
foule d'animaux nés et reproduits pour en dévorer d'autres et pour être dévorés ; cette foule d'êtres sensibles formés pourtant de sensations douloureuses ; cette autre
foule d'intelligences qui, si rarement, entendent raison :
à quoi bon tout cela, Nature ?

La Nature

Oh ! va interroger celui qui m'a faite !...
Quelle est l'opinion de toutes les nations du nord de
l'Amérique et de celles qui bordent le détroit de la Sonde
sur la Providence, sur le meilleur des mondes, sur le
meilleur des Gouvernements, sur la meilleure des religions, sur le droit public ecclésiastique, sur la manière
d'écrire l'histoire, de faire des fables, sur la nature de la

tragédie, de la comédie, de l'Opéra ; sur l'art de faire des garçons plutôt que des filles ; sur les idées innées, la *grâce* efficiente, la grâce *concomitante*, et les miracles du diacre Pâris. Il est clair que toutes ces bonnes gens n'ont aucune opinion sur les choses dont ils n'ont point d'idées.

Ils ont un sentiment confus de leurs coutumes, et ne vont pas au delà de cet instinct.

Tels sont les peuples qui habitent les bords de la mer glaciale dans l'espace de quinze cents lieues. Tels sont les habitants des trois quarts de l'Afrique, et ceux de presque toutes les îles de l'Asie, et vingt hordes de Tartares, et presque tous les hommes uniquement occupés du soin pénible et toujours renaissant de pourvoir à leur subsistance.

Tels sont, à deux pas de nous, la plupart des Morlaques et des Mocoques, beaucoup de savoyards et quelques bourgeois de Paris.

Lorsqu'une nation commence à se civiliser, elle a quelques opinions qui sont toutes fausses. Elle croit aux revenants, aux sorciers, à l'enchantement des serpents, à leur immortalité, aux possessions du diable, aux exorcismes, aux aruspices. Elle est persuadée qu'il faut que les grains pourrissent en terre pour germer, et que les quartiers de la lune sont les causes de cet accès de fièvre.

Matalapoin persuade à ses dévotes que le dieu *Sammonocodom* a séjourné quelque temps à Siam, et qu'il a raccourci tous les arbres d'une forêt qui l'empêchaient de jouer à son aise au cerf-volant, qui était son jeu favori.

Cette opinion s'enracine dans les têtes et, à la fin, un honnête homme qui douterait de cette aventure de *Sammonocodom* courrait risque d'être lapidé. Il faut des siècles pour détruire une opinion populaire.

On la nomme la *reine du monde ;* elle l'est si bien que, quand la raison vient la combattre, la raison est condamnée à la mort. Il faut qu'elle renaisse vingt fois de ses cendres pour chasser enfin tout doucement l'usurpatrice.

SOIRÉE XVI

Grotius, grand Grotius qui, en *votre* vivant sur ce petit grain de sable, avez fait un savant traité *de jure pacis et belli,* dans lequel vous avez joliment cité plus de deux cents auteurs grecs ou latins, et même des auteurs juifs, dites-moi, je vous prie, qu'entendez-vous *réellement* par le droit de la guerre ?

Croyez-vous que le prince *Eugène* et le duc de *Marlborough* l'eussent étudié quand ils vinrent humilier la fierté de *Louis XIV* ?

Le droit de la paix, je le connais assez : c'est de tenir sa parole et de laisser tous les hommes jouir des droits de la nature ; mais pour le droit de la guerre, je ne sais ce que c'est.

Le code du meurtre me semble une étrange imagination. J'espère que bientôt on nous donnera la jurisprudence des voleurs de grand chemin, comme Frédéric le Grand, le Salomon du Nord, mon maître, nous a donné l'art de la guerre.

Comment accorderons-nous donc cette horreur si ancienne, si universelle de la guerre, avec les idées du juste et de l'injuste ? avec cette bienveillance pour nos semblables que nous prétendons être née avec nous ? avec le *to Kalon,* le beau et l'honnête ?

N'allons pas si vite, dira peut-être quelque docteur.

Ce crime qui consiste à commettre un si grand nombre de crimes en front de bandière n'est pas tout à fait si universel qu'on le croit.

Les Brahmes et les primitifs nommés *Quakers* n'ont jamais été coupables de cette abomination.

Les nations qui sont au delà du Gange versent très rarement le sang ; et je n'ai lu, de ma vie, que la République

de San Marino ait jamais fait la guerre, quoiqu'elle ait
à peu près autant de terrain qu'en avait *Romulus*.

Les Lapons, les Samoyèdes, les peuples du Kamtchatka
n'ont jamais attaqué leurs voisins.

Les peuples de l'Indus et de l'Hidaspe furent bien surpris de voir les premiers voleurs armés qui vinrent s'emparer de leur beau pays.

Plusieurs peuples de l'Amérique n'avaient jamais
entendu parler de ce péché horrible, quand les Espagnols
vinrent les exterminer l'évangîle à la main.

Il n'est point dit que les Cananéens eussent jamais fait
la guerre à personne, lorsqu'une horde de Juifs parut tout
d'un coup, mit les bourgades en cendres, égorgea les femmes
sur les corps de leurs maris, et les enfants sur le ventre de
leurs mères. Comment expliquerons-nous cette fureur
dans nos principes, mon cher docteur ?

Comme les médecins rendent raison de la peste, des deux
véroles et de la rage.

Ce sont des maladies attachées à la constitution de nos
organes.

On n'est pas toujours attaqué de la rage et de la peste ;
il suffit souvent qu'un prétendu politique enragé ait mordu
un autre politique, pour que la rage se communique
dans trois mois à quatre ou cinq cent mille hommes.

Mais quand on a ces maladies, il y a quelques remèdes.
En connaissez-vous pour la guerre ?

Je n'en connais que deux, dont la tragédie s'est emparée :
la crainte et la pitié.

La crainte nous oblige souvent à faire la paix, et la
pitié, que la nature a mise dans nos cœurs comme un con-
trepoison contre l'héroïsme carnassier, fait qu'on ne traite
pas toujours les vaincus à toute rigueur.

Notre intérêt même est d'user envers eux de miséricorde, afin qu'ils obéissent sans trop de répugnance à
leurs nouveaux maîtres. Je sais bien qu'il y a eu des brutaux qui ont fait sentir rudement le poids de leurs chaînes

aux nations subjuguées, qui leur ont même donné de fiers coups d'éperon.

A cela je n'ai autre chose à répondre que le vers d'une tragédie intitulée *Spartacus*, composée par un Français qui rêve quelquefois profondément :

La loi de l'univers est malheur aux vaincus.

J'ai dompté un cheval : si je suis sage, je le nourris bien, bon soin, bonne paille ; je le caresse, et je le monte ; si je suis un fou furieux, je l'égorge.

Cela n'est pas consolant, l'ami, car nous avons presque tous été subjugués.

Vous, Anglais, vous l'avez été par les Romains, par les Saxons et les Danois, et ensuite par un bâtard de Normandie.

Le berceau de notre sainte religion est entre les mains des Turcs.

Une poignée de Francs a soumis la Gaule.

Les Tyriens, les Carthaginois, les Romains, les Goths, les Arabes, ont tour à tour subjugué l'Espagne.

Enfin, de la Chine à Cadix, et de Cadix à la Chine, presque tout l'univers a toujours appartenu au plus fort.

Je ne vois dans l'histoire aucun conquérant qui soit venu l'épée dans une main et un code dans l'autre ; ils n'ont fait des lois qu'après la victoire, c'est-à-dire après la rapine, et les lois ils les ont faites précisément pour soutenir leur tyrannie.

Que diriez-vous vous autres, Anglais, si quelque nouveau bâtard de Normandie venait s'emparer de votre Angleterre pour vous donner ses lois.

Vous ne diriez rien, sans doute, vous tâcheriez de le tuer à sa descente dans votre patrie ; s'il vous tuait, vous n'auriez rien à répliquer ; s'il vous subjuguait, vous n'auriez que deux partis à prendre : celui de vous tuer vous-mêmes ou celui de le bien servir.

Voilà, docteur, de tristes alternatives. Quoi ! point de lois de la guerre, point de droit des gens ?

J'en suis fâché, ma foi ; mais il n'y en a point d'autre que de se tenir continuellement sur ses g ardes.

Tous les rois, tous les ministres pensent comme moi, et c'est pourquoi douze cent mille mercenaires, en Europe, font aujourd'hui la parade tous les jours en temps de paix.

Qu'un prince, dans le continent, licencie ses troupes, qu'il laisse tomber ses fortifications en ruines, et qu'il passe son temps à caresser sa maîtresse et à lire *Grotius*, vous verrez si dans un an ou deux il n'a pas perdu son royaume.

— Quoi, Milord! votre Angleterre serait perdue si vous n'aviez pas *a standing army*, une armée sur pied.

— Oh ! nous sommes dans un cas différent ; c'est une *standing army* qui peut nous perdre ; il ne nous faut que des flottes.

Mais, de façon ou d'autre, il faut se mettre en état d'être aussi injuste que ses voisins.

Alors l'ambition est contenue par l'ambition, alors les chiens d'égale force montrent les dents et ne se déchirent que lorsqu'ils ont à disputer une proie.

— Mais les Romains, les Romains, ces grands législateurs !

— Ils faisaient des lois, comme les Algériens assujettissent leurs esclaves au bâton, mais quand ils combattaient pour réduire les nations en esclavage, leur loi était le sabre.

Voyez le grand *César*, le mari de tant de femmes, et la femme de tant de maris ; il fait mettre en croix deux mille citoyens du pays de Vannes, afin que le reste apprenne à être plus souple ; ensuite, quand toute la nation est bien apprivoisée, viennent les lois et les beaux règlements.

On bâtit des cirques, des amphithéâtres ; on élève des aqueducs, on construit des bains publics; et les peuples subjugués dansent paisiblement avec leurs chaînes.

Voilà, docteur, qui n'est pas mal. Mais on dit pourtant que dans la guerre il y a des lois qu'on observe.

Par exemple, on fait une trêve de quelques jours pour enterrer ses morts.

On stipule qu'on ne se battra pas dans un certain endroit.

On accorde une capitulation à une ville assiégée ; on lui permet de racheter ses cloches.

On n'éventre point les femmes grosses, quand on prend possession d'une place qui s'est rendue.

Vous faites des politesses à un officier blessé qui est tombé entre vos mains ; et, s'il meurt, vous le faites enterrer.

Ne voyez-vous pas, grand sot que vous êtes ! que ce sont là les lois de la paix, les lois de la nature, les lois primitives qu'on exécute réciproquement ?

La guerre ne les a point dictées, ces lois ; elles se font entendre malgré la guerre ; et sans cela, les trois quarts du globe ne seraient qu'un désert couvert d'ossements.

Si deux plaideurs acharnés et près d'être ruinés par leurs procureurs font entre eux un accord qui leur laisse à chacun un morceau de pain, appellerez-vous cet accord une loi du *barreau* ?

Si une horde de théologiens, allant faire brûler en cérémonie quelques raisonneurs qu'ils appellent *hérétiques*, apprend que le lendemain le parti hérétique les fera brûler à son tour, s'ils font grâce afin qu'on la leur fasse, direz-vous que c'est là une loi théologique ?

Vous avouerez qu'ils ont écouté la nature et l'intérêt, malgré la théologie.

Il en est de même de la guerre. Le mal qu'elle ne fait pas, c'est le besoin et l'intérêt qui l'arrête.

La guerre, vous dis-je, est une maladie affreuse qui saisit les nations les unes après les autres, et que la nature guérit à la longue.

— Quoi, docteur ! vous n'admettez donc point de guerre juste.

— Je n'en ai jamais connu de cette espèce ; cela me paraît contradictoire et impossible.

— Quoi ! lorsque le pape *Alexandre VI* et son infâme fils *Borgia* pillaient la Romagne, égorgeaient, empoisonnaient

tous les seigneurs de ce pays en leur accordant des indulgences et les envoyant en poste au paradis, il n'était pas
permis de s'armer contre ces monstres ?

— Ne voyez-vous pas que c'étaient ces monstres qui faisaient la guerre ? Ceux qui se défendaient, la soutenaient,
il n'y a certainement dans ce monde que des guerres offen-
sives, la défensive n'est autre chose que la résistance à des
voleurs armés.

— Vous vous moquez de moi, docteur. Deux princes se
disputent un héritage : leur droit est litigieux, leurs raisons sont également plausibles ; il faut bien que la guerre
en décide : alors cette guerre est juste des deux côtés.

— C'est vous qui vous moquez. Il est impossible physique-
ment que l'un des deux n'ait pas tort ; et il est absurde et
barbare que des nations périssent parce que l'un de ces
deux princes, ou son ministre, ou son valet de chambre,
si vous voulez, a mal raisonné.

Qu'ils se battent en champ clos, s'ils veulent, je le leur
permets : mais qu'un peuple entier soit immolé à leurs
intérêts, voilà où est l'horreur.

Par exemple, l'archiduc *Charles* dispute le trône d'Espagne au duc d'Anjou, et avant que le procès soit jugé, il
en coûte la vie à plus de cinq cent mille hommes. La belle
affaire.

— Je vous demande si la chose est juste ?

— J'avoue que non. Il fallait trouver quelque biais pour
accommoder le différend.

Le temps seul amène la guérison de cette horrible
épidémie ; la nation et ceux qui entrent dans la querelle
sont malades de la rage.

Ces horribles symptômes durent douze ans, jusqu'à ce
que les enragés épuisés, n'en pouvant plus, soient forcés
de s'accorder.

Le hasard, le mélange de bons et mauvais succès, les
intrigues, la lassitude ont éteint cet incendie, que d'autres
hasards, d'autres intrigues, la cupidité, la jalousie, l'espérance avaient allumé.

La guerre est comme le mont Vésuve, ses éruptions engloutissent des villes, ses embrasements s'arrêtent.

Il y a des temps où les bêtes féroces, descendues des montagnes, dévorent une partie de vos travaux, ensuite elles se retirent dans leurs cavernes.

— Quelle funeste condition que celle des hommes, mon cher docteur ?

— Celle des perdrix est pire : les renards, les oiseaux de proie les dévorent, les chasseurs les tuent, nos cuisiniers les rôtissent, nous les mangerons ; et cependant il y en a toujours.

La nature conserve les espèces et se soucie très peu des individus.

— Vous êtes dur, l'ami, et la morale ne s'accommode pas de ces maximes.

— Ce n'est pas moi qui suis dur, c'est la destinée.

Les moralistes font très bien de crier toujours :

« Misérables mortels, chétifs vers de terre, soyez justes et bienfaisants : Cultivez donc cette terre et ne l'ensanglantez pas !

« Rois, n'allez pas dévaster l'héritage d'autrui, de peur qu'on ne vous tue dans le vôtre !

« Restez chez vous, pauvres gentillâtres, rétablissez votre masure ; tirez de vos fonds le double de ce que vous en tiriez ; entourez vos champs de haies vives ; plantez des mûriers ; que vos femmes filent sous leur cheminée, que vos filles et vos sœurs vous fassent des bas de soie ; améliorez vos vignes ; et si des peuples voisins veulent venir boire votre vin malgré vous, donnez-leur sur les oreilles, si vous pouvez ; défendez-vous avec courage, mais n'allez pas vendre votre sang à des princes qui ne vous connaissent pas, qui ne jetteront jamais sur vous un coup d'œil, et qui vous traitent comme des chiens de chasse qu'on mène contre le sanglier, et qu'on laisse ensuite mourir dans un chenil ! »

Ces discours feront, peut-être, impression sur trois ou quatre têtes bien organisées de ce petit bas monde, tandis que cent mille autres animaux à deux pieds sans plumes ne les entendront seulement pas et brigueront l'honneur d'être lieutenants de houzards. J'en suis vraiment fâché pour ces messieurs.

Pour les autres moralistes à gages que l'on nomme *prédicants* ou prédicateurs, ils n'ont jamais seulement osé prêcher contre la guerre.

Ils déclament contre les appétits sensuels, après avoir fumé leur pipe et avoir pris leur café ou leur chocolat.

Ils anathématisent les jeunes filles et les jeunes garçons qui font l'amour, et au sortir de la chaire de vérité où ils ont crié, gesticulé et sué, ils se font essuyer par leurs dévotes.

Ils s'époumonnent à prouver des mystères dont ils n'ont pas la plus légère idée ; mystères qu'ils n'ont jamais compris, qu'ils ne comprennent pas, qu'ils ne comprendront jamais, ni moi non plus.

Mais ils se gardent bien de décrier la guerre, *bella, horrida bella !* ce fléau d'enfer qui réunit tout ce que la perfidie a de plus lâche dans les manifestes, tout ce que l'infâme friponnerie a de plus bas dans les fournitures des armées, tout ce que le brigandage a d'affreux dans le pillage, le viol, le larcin, l'homicide, le dévastation, la destruction.

Au contraire, ces révérends pères en Dieu, ces bons prêtres bénissent en cérémonie les étendards du meurtre, et leurs confrères chantent pour de bel et bon argent des chansons juives quand toute la terre a été inondée de sang.

On dit que les Français, gens aimables et gens fous s'il en fut, sont de grands comédiens et de grands charlatans en chaire ; j'en conviens sans peine ; mais je ne me souviens pas d'avoir lu, en effet, dans leur prolixe et argumentant *Bourdaloue,* le premier de tous les prédicants de la terre qui ait mis les apparences de la raison dans ses sermons ; je ne me souviens pas, vous dis-je, d'avoir lu chez lui une seule page, une seule ligne, pas même un seul mot contre la guerre.

Leur très élégant et très compassé *Massillon,* prédicateur ordinaire du roi (ça va sans dire), en bénissant les drapeaux du régiment de *Catinat,* fait, à la vérité, quelques vœux pour la paix, mais il permet l'ambition. GRAND DIEU ! l'ambition !

« Ce désir, dit-il, de voir vos services récompensés, s'il est modéré, s'il ne vous porte pas à vous frayer des routes d'INIQUITÉ pour parvenir à vos fins, n'a rien dont la morale CHRÉTIENNE puisse être blessée. »

Enfin, le bonhomme prie DIEU d'envoyer tout de suite l'ange exterminateur au devant du régiment de *Catinat.*

« O ! mon Dieu ! faites-le précéder toujours de la victoire et de la mort ; répandez sur ses ennemis les esprits de terreur et de vertige. »

J'ignore moi, pauvre imbécile ! si la victoire peut précéder un régiment, et si le bon DIEU répand des esprits de vertige ; mais je sais que les prédicateurs autrichiens en disaient autant aux cuirassiers de l'empereur, il y a quarante ans ; que les prédicants de Berlin prêchaient le même sermon aux houzards du roi de Prusse, et que l'ange exterminateur ne savait auquel entendre.

Les prédicateurs juifs allèrent encore plus loin. On voit avec édification les prières humaines dont leurs psaumes sont remplis.

Il n'est de rien moins question que de mettre l'épée divine sur sa cuisse, d'éventrer les femmes, d'écraser les enfants à la mamelle contre la muraille.

L'ange exterminateur ne fut pas heureux dans ses campagnes, il devint l'ange exterminé ; et les juifs, pour prix de leurs psaumes, furent toujours vaincus et esclaves. Ces pauvres gens ne réparèrent que par l'usure le mal que leur avait fait la guerre.

De quelque côté que vous vous tourniez, vous verrez que les prêtres ont toujours prêché le carnage, depuis un *Aaron* que l'Anglais *Toland* prétend avoir été pontife d'une horde d'Arabes, jusqu'au prédicateur *Jurieu,* prophète d'Amsterdam.

Les négociants de cette ville, aussi sensés que ce pauvre garçon était fou, le laissaient dire et vendaient leur poivre, leur girofle et leur cannelle.

Eh bien, l'ami ! n'allons pas à la guerre ; ne nous faisons point tuer au hasard pour avoir de quoi vivre. Contentons-nous de nous bien défendre contre les voleurs appelés *conquérants*.

SOIRÉE XVII

Tous les animaux sont perpétuellement en guerre ; chaque espèce est née pour en dévorer une autre.

Il n'y a pas jusqu'aux moutons et aux colombes qui n'avalent une quantité prodigieuse d'animaux imperceptibles.

Les mâles de la même espèce se font la guerre pour des femelles, comme *Ménélas* et *Paris*.

L'air, la terre et l'eau sont des champs de destruction.

Il semble que Dieu ayant donné la raison aux hommes, cette raison doive les avertir de ne pas s'avilir à imiter les animaux, surtout quand la nature ne leur a donné ni armes pour tuer leurs semblables, ni instinct qui les porte à sucer leur sang.

Cependant la guerre meurtrière est tellement le partage affreux de l'homme, qu'excepté deux ou trois nations dans le monde, il n'en est point que leurs anciennes histoires ne représentent armées les unes contre les autres.

Vers le Canada, *homme* et *guerrier* sont synonymes, et nous avons vu jadis, et nous verrons sans doute encore, que dans notre hémisphère, dans notre charmante et policée Europe, *voleurs* et *soldats* étaient et sont même chose.

Manichéens ! voilà votre excuse.

Le plus déterminé des flatteurs, le plus plat courtisan

de Saint-James, de Versailles ou de Madrid, conviendra sans peine que la guerre, l'affreuse guerre, traîne toujours à sa suite la peste et la famine, pour peu qu'il ait vu les hôpitaux de l'armée d'Allemagne, qu'il voie, à cette heure, ceux de l'Amérique, de l'Inde, sans compter ceux du camp de Saint-Roch et de Gibraltar (1) ; et qu'il ait passé dans quelque ville, bourg ou village, où il sera fait quelque grand exploit de guerre.

Héros de *Mars* ! J'en conviens avec vous : c'est, sans doute, un très bel art, un très noble art, que celui qui désole les campagnes, détruit les habitants, et fait périr, année commune, quarante mille hommes sur cent mille.

Cette invention, l'une des plus superbes qui existe, fut d'abord cultivée par des nations assemblées pour leur bien commun.

Par exemple, la Diète des Grecs déclara à la Diète de la Phrygie et des peuples voisins qu'elle allait partir sur un millier de barques de pêcheurs pour aller les exterminer, si elle pouvait.

Le peuple romain assemblé jugeait qu'il était de son intérêt d'aller se battre avant moisson, contre le peuple de Veïes, ou contre les Volsques.

Et, quelques années après, tous les Romains étant en colère contre tous les Carthaginois, se battirent longtemps sur mer et sur terre.

Il n'en est pas tout à fait de même aujourd'hui.

Un généalogiste prouve à un prince qu'il descend en ligne droite d'un comte dont les parents avaient fait un pacte de famille, il y a trois ou quatre cents ans, avec une maison dont la mémoire même ne subsiste plus.

Cette maison avait des prétentions éloignées sur une province dont le dernier possesseur est mort d'apoplexie.

Le prince et son conseil voient son droit évident.

Cette province, qui est à quelques centaines de lieues de lui, a beau protester qu'elle ne le connaît pas, qu'elle n'a

____

(1) Cette XVII° soirée a été écrite il y a deux ans.

nulle envie d'être gouvernée par lui, que pour donner des lois aux gens il faut au moins avoir leur consentement.

Ces discours ne parviennent pas seulement aux superbes oreilles du prince, dont le droit (vous entendez bien) est incontestable.

Qu'arrive-t-il ? il cherche et trouve incontinent de nombreux troupeaux d'hommes qui n'ont rien à perdre.

Il les habille d'un gros drap bleu, blanc, vert ou rouge, à cent dix sous l'aune, borde leurs chapeaux avec du gros fil, n'importe quelle couleur, les fait tourner à droite, à gauche, et mon prince marche à la gloire.

Les autres princes, qui entendent parler de cette belle équipée, y prennent part chacun selon son pouvoir, et couvrent une petite étendue de pays de plus de meurtriers mercenaires que *Gengis-Kan, Tamerlan, Bajazet* n'en traînèrent à leur suite.

Des peuples assez éloignés entendent dire qu'on va se battre, et qu'il y a cinq ou six sous à gagner pour eux, s'ils veulent être de la partie.

Ils se divisent aussitôt en deux bandes, comme des moissonneurs, et vont vendre leurs services à quiconque veut les acheter.

Ces multitudes s'acharnent les unes contre les autres, non seulement sans avoir aucun intérêt au procès, mais sans savoir même de quoi il s'agit.

On voit à la fois cinq ou six puissances belligérantes, tantôt trois contre trois, tantôt deux contre quatre, tantôt une contre cinq, se détestant toutes également les unes les autres, s'unissant et s'attaquant tour à tour, toutes d'accord en un seul point, celui de faire tout le mal possible.

Le merveilleux de cette entreprise infernale, c'est que chaque chef des meurtriers fait bénir ses drapeaux, comme je vous l'ai dit, et invoque Dieu solennellement, avant d'aller exterminer son prochain.

Si un chef n'a eu que le bonheur de faire égorger deux

ou trois mille hommes, il n'en remercie pas Dieu ; mais lorsqu'il y en a environ dix mille d'exterminés par le feu et par le fer, et que, pour comble de grâce, quelque ville a été détruite de fond en comble, alors on chante à quatre parties une chanson en latin de cuisine, assez longue, composée dans une langue inconnue à presque tous ceux qui la chantent, à presque tous ceux qui ont combattu, et, de plus, toute farcie de barbarismes.

La même chanson sert pour les mariages et pour les naissances, ainsi que pour les meurtres ; ce qui n'est pas pardonnable, surtout dans la nation française, la plus renommée de l'univers pour les chansons nouvelles.

Ami lecteur ! que deviennent et que m'importe l'humanité, la bienfaisance, la modestie, la tempérance, la douceur, la sagesse, la piété, toutes les vertus ensemble, tandis qu'une demi-livre de plomb tirée de six cents pas me brise le corps, me casse la cervelle, et que je meurs à vingt ans dans des tourments inexprimables, au milieu de cinq ou six mille mourants ; tandis que mes yeux qui s'ouvrent pour la dernière fois voient la ville où je suis né détruite par le fer et par la flamme, et que les derniers sons qu'entendent mes oreilles sont les cris des femmes et des enfants expirant sous des ruines, le tout pour les prétendus intérêts d'un homme que nous ne connaissons pas ?

Ce qu'il y a de pis, c'est que la guerre est un fléau inévitable.

Si l'on y prend garde, tous les hommes ont adoré le dieu *Mars*.

Sabaoth, chez les juifs, signifie le *Dieu des armes*, mais Minerve, chez *Homère*, appelle *Mars* un dieu furieux, insensé, infernal.

La célèbre Montesquieu, qui passait pour un personnage humain, a pourtant dit : « Qu'il est juste de porter le fer et le feu chez ses voisins, dans la crainte qu'ils ne fassent trop bien leurs affaires ».

Pardon, mon cher *Charles de Secondal ;* pardon, mon cher

président de *Montesquieu*, si c'est là l'ESPRIT DES LOIS, c'est celui des lois de *Borgia* et de *Machiavel*.

Si malheureusement vous avez dit vrai, il faut écrire un peu contre cette vérité, quoiqu'elle soit prouvée par les faits.

Voici ce que vous dites (1).

« Entre les sociétés, le droit de la défense naturelle entraîne quelquefois la nécessité d'attaquer, lorsqu'un peuple voit qu'une plus longue paix en mettrait un autre en état de le détruire, et que l'attaque est dans ce moment le seul moyen d'empêcher cette destruction. »

Comment, mon cher *Montesquieu*, l'attaque, en pleine paix, peut-elle être le seul moyen d'empêcher cette destruction ?

Il faut donc que vous soyez sûr que ce voisin vous détruira s'il devient puissant.

Pour en être sûr, il faut qu'il ait fait déjà des préparatifs qui annoncent votre perte.

En ce cas, c'est lui qui commence la guerre, ce n'est pas vous ; votre supposition est fausse et contradictoire, mon cher ami.

S'il y eut jamais une guerre évidemment injuste, c'est celle que vous proposez ; c'est d'aller tuer votre prochain, de peur que votre prochain (qui ne vous attaque pas) ne soit en état de vous attaquer.

C'est-à-dire, mon cher président, qu'il faut que vous hasardiez de ruiner votre pays, dans l'espérance de ruiner, sans raison, celui d'un autre.

Cela n'est assurément ni honnête ni utile, car on n'est jamais sûr du succès ; vous le savez bien, monsieur de *Montesquieu*.

Si votre voisin devient trop puissant pendant la paix, qui vous empêche de vous rendre puissant comme lui ?

S'il a fait des alliances, faites-en de votre côté.

Si, ayant moins de moines et de moinesses, il en a plus

____

(1) *Esprit des Lois*, Liv. **X**, chap. **II.**

de manufacturiers et de soldats, imitez-le dans cette sage
économie.

S'il exerce mieux ses matelots, exercez les vôtres ; tout
cela est très raisonnable et très juste.

Mais d'exposer votre peuple à la plus grande famine,
à la plus horrible misère, dans l'idée si souvent chimé-
rique d'accabler votre cher frère, le sérénissime prince
limitrophe ! Empereurs et rois de ce petit bas monde, ce
n'est pas à un président honoraire d'une compagnie
pacifique à vous donner un tel conseil !

Annibal adolescent, à l'issue d'une bataille, voyant une
fosse qui regorgeait de sang humain, arrêta longtemps sa
vue et s'écria : « OH ! QUE CELA EST BEAU !... »

POMPÉE, un de ces héros meurtriers que la faiblesse
de l'esprit humain admire par la terreur qu'il a répandue,
fit graver cette inscription sur le frontispice du temple
de Minerve, érigé pour remplir le vœu fait à cette déesse :
« POMPÉE-LE-GRAND, après avoir terminé une guerre
de trente ans ; après avoir défait, mis en fuite, tué et fait
prisonniers deux millions cent quatre-vingt-trois mille
hommes, a dédié, etc... »

Ce monsieur *Pompée* tenait un registre fidèle de ses
dévastations, et paraissait ne les commettre que pour les
écrire.

J'aime mieux le mot naïf de ce Muphti qui, voyant les
troupes ottomanes battues et fugitives, proféra ces belles
paroles : « Puisque les soldats du sublime sultan ne veulent
plus combattre, il faut bien faire la paix... »

Bonne leçon à tous nos seigneurs empereurs et rois de
la terre ! Jamais Muphti n'a mieux parlé ! — Heureuse
la Macédoine et la Suède si,

> *Pour de bonnes raisons,*
> *Elles eussent eu de petites maisons !*

On y eût fourré ALEXANDRE, CHARLES XII, ces insen-
sés, ces barbares, avec leur instinct destructeur, leur opi-
niâtreté et leur folie meurtrières...

« J'ai trop aimé la guerre, disait feu *Louis XIV* à feu Louis XV, alors enfant de cinq ans : ô vous ! qui devez me succéder, ne m'imitez point en cela ; soulagez au plus tôt mon peuple, et faites ce que je voudrais faire moi-même. »

Il était bien temps de dire cela ! La tombe s'ouvrait sous les pieds glacés du bonhomme Louis XIV, et le cercueil était déjà à la porte de ce *monticule* qu'on appelle trône ; et à *Ramillies*, à *Malplaquet* et à, à, à, à, à, à, à, sept cent quatre-vingt-dix-neuf mille et un hommes étaient restés sur le carreau. — *Bravo, bravo, Louis XIV !* avec vos quatre puissances enchaînées (1).

Le *Grand Condé* (ainsi le nomme l'histoire et je la transcris) dit, en voyant vingt mille cadavres couchés dans une boue sanglante : « Une nuit réparera tout ceci ! »

Le Grec *Démétrius* ne ressemblait pas mal au Français *soi-disant* Grand Condé !

Le seigneur *Démétrius* assiégeait Thèbes, et quoiqu'il n'espérât point d'emporter la place, il faisait donner un assaut chaque jour. — Monsieur son fils lui ayant demandé pourquoi, sans nécessité, exposer la vie de tant de vaillants soldats ? — «Dois-tu le pain de munition aux morts ? » répondit le bon père.

Voilà, ô humains, mes frères, voilà le langage militaire !

---

(1) Que ce superbe et fastueux monarque paya cher l'inscription hautaine *Viro immortali !* Cet orgueil de domination fut ce qui attira à *l'homme immortel* tant d'ennemis dans l'Europe, et qui ébranlèrent enfin son trône. Ces esclaves enchaînés, ces bronzes orgueilleux suscitèrent contre lui des adversaires qui eussent été paisibles sans cet airain trop insultant. Cette renommée aux ailes étendues, qui le couronnait de son vivant, ce globe de la terre à ses pieds, cette massue, cette peau d'Hercule... la vraie grandeur eût dédaigné ce vain appareil. Il avait mis sur pied, dans le temps de sa splendeur, deux cent quarante mille hommes d'infanterie, soixante mille chevaux, sans les troupes de ses armées navales, soixante mille matelots enrôlés. Il fut trop heureux, sur la fin de son règne, de recevoir la paix. Cet *homme immortel* laissa la France criblée de dettes et sur le penchant de sa ruine.

SOIRÉE XVIII

On lit, dans l'*Histoire générale des mœurs et de l'esprit des nations,* ce passage singulier :

« Herrera nous assure que les Mexicains mangeaient les victimes humaines immolées.

« La plupart des premiers voyageurs et des missionnaires disent tous que les Brésiliens, les Caraïbes, les Iroquois, les Hurons et quelques autres peuplades, mangeaient les captifs faits à la guerre ; et ils ne regardent pas ce fait comme un usage de quelques particuliers, mais comme un usage de nation.

« Tant d'auteurs anciens et modernes ont parlé d'anthropophages, qu'il est difficile de le nier.

« Je vis, en 1725, quatre sauvages amenés du Mississipi à Fontainebleau ; il y avait parmi eux une femme de couleur cendrée comme ses compagnons ; je lui demandai, par l'interprète qui les conduisait, si elle avait mangé quelquefois de la chair humaine. Elle me répondit que oui, très froidement, et comme à une question ordinaire.

« Cette atrocité si révoltante pour notre nature est pourtant bien moins cruelle que le meurtre. La véritable barbarie est de donner la mort, et non de disputer un mort aux corbeaux et aux vers.

« Des peuples chasseurs, tels qu'étaient les Brésiliens et les Canadiens, des Insulaires comme les Caraïbes, n'ayant pas toujours une subsistance assurée, ont pu devenir quelques fois anthropophages. La famine et la vengeance les ont accoutumés à cette nourriture ; et quand nous voyons dans les siècles les plus civilisés le peuple de Paris dévorer les restes sanglants du maréchal d'*Ancre,* et le peuple de La Haye manger le cœur du grand pensionnaire de *Witt,* nous ne devons pas être surpris qu'une horreur, chez nous passagère, ait duré chez les sauvages. »

Les plus anciens livres que nous ayons ne nous permettent pas de douter que la faim n'ait poussé les hommes à cet excès.

Le prophète Ezéchiel, chap. XXXIX, promet aux Hébreux (de la part de Dieu suivant quelques commentateurs), que s'ils se défendent bien contre le roi de Perse, ils auront à manger *de la chair de cheval et de la chair de cavalier.*

Voici les raisons de ceux qui ont soutenu qu'Ezéchiel, en cet endroit, s'adresse aux Hébreux de son temps aussi bien qu'aux autres animaux carnassiers (car assurément les juifs d'aujourd'hui ne le sont pas, et c'est plutôt l'Inquisition portugaise, espagnole, etc., qui a été carnassière envers eux). Ils disent qu'une partie de cette apostrophe regarde les bêtes sauvages, et que l'autre est pour les juifs. La première partie est ainsi conçue :

« *Dis à tout ce qui court, à tous les oiseaux, à toutes les bêtes des champs : Assemblez-vous, hâtez-vous, courez à la victime que je vous immole, afin que vous mangiez la chair et que vous buviez le sang. Vous mangerez la chair des forts, vous boirez le sang des princes de la terre et des béliers, et des agneaux, et des boucs, et des taureaux, et des volailles, et de tous les gras.* »

Ceci ne peut regarder que les oiseaux de proie et les bêtes féroces. Mais la seconde partie a paru adressée aux Hébreux mêmes.

« Vous vous rassasierez sur ma table du cheval et du fort cavalier, et de tous les guerriers, dit le Seigneur, et je mettrai ma gloire dans les nations, etc. »

Il est très certain que les rois de Babylone avaient des Scythes dans leurs armées. Ces Scythes buvaient du sang dans les crânes de leurs ennemis vaincus et mangeaient les chevaux.

Il se peut très bien que le prophète ait fait allusion à cette coutume barbare, et qu'il ait menacé les Scythes d'être traités comme ils traitaient leurs ennemis.

Ce qui rend cette conjecture vraisemblable, c'est le mot de *Table*. — *Vous mangerez à ma table* le cheval et le cavalier.

Il n'y a pas d'apparence qu'on ait adressé ce discours aux animaux ; et qu'on leur ait parlé de se mettre à table. Ce serait le seul endroit de l'Écriture où l'on aurait employé une figure si étonnante.

Le sens commun nous apprend qu'on ne doit point donner à un mot une acceptation qui ne lui a jamais été donnée dans aucun livre.

C'est une raison très puissante pour justifier les écrivains qui ont cru les animaux désignés par les versets 17 et 18, et les juifs désignés par les versets 19 et 20.

De plus, ces mots, *je mettrai ma gloire dans les nations*, ne peuvent s'adresser qu'aux juifs, et non pas aux oiseaux. Cela paraît décisif.

Nous ne portons point notre jugement sur cette dispute (Dieu nous en préserve !), mais nous remarquons avec douleur qu'il n'y a jamais eu de plus horribles atrocités sur la terre que dans la Syrie, pendant douze cents années presque consécutives.

Marco Paolo ou *Marc Paul* dit que, de son temps, dans une partie de la Tartarie, les magiciens et les prêtres (c'était la même chose) avaient le droit de manger la chair des criminels condamnés à mort. Tout cela soulève le cœur, mais le tableau du genre humain doit souvent produire cet effet.

Comment des peuples, toujours séparés les uns des autres, ont-ils pu se réunir dans une si horrible coutume ? Faut-il croire qu'elle n'est pas aussi opposée à la nature humaine qu'elle le paraît ? Il est sûr qu'elle est rare, mais il est sûr qu'elle a existé.

On ne voit pas que ni les Tartares, ni les Juifs aient mangé souvent leurs semblables. La faim et le désespoir contraignirent, aux sièges de Sancerre et de Paris, pendant les guerres de religion, des mères à se nourrir de la chair de leurs enfants.

Le charitable *Las Casas*, évêque de Chiapa, dit que cette horreur n'a été commise en Amérique que par quelques peuples chez lesquels il n'a pas voyagé.

Dampier assure qu'il n'a jamais rencontré d'anthropophages, et il n'y a peut-être pas aujourd'hui deux peuplades où cette horrible coutume soit en usage.

Améric Vespuce dit, dans une de ses lettres, que les Brésiliens furent fort étonnés quand il leur fit entendre que les Européens ne mangeaient point leurs prisonniers de guerre depuis longtemps.

Les Gascons et les Espagnols avaient commis autrefois cette barbarie, à ce que rapporte *Juvénal* dans sa quinzième satyre. Lui-même fut témoin, en Égypte, d'une pareille abomination sous le consulat de *Junius*. Une querelle survint entre les habitants de Tintire et ceux d'Ombo ; on se battit, et un Ombien étant tombé entre les mains des Tintiriens, ils le firent cuire et le mangèrent jusqu'aux os. Mais il ne dit pas que ce fut un usage reçu. Au contraire, il en parle comme d'une fureur peu commune.

Le jésuite *Charlevoix*, que j'ai fort connu, et qui était un homme très véridique, fait assez entendre, dans son *Histoire du Canada*, pays où il a vécu trente années, que tous les peuples de l'Amérique septentrionale étaient anthropophages, puisqu'il remarque comme une chose fort extraordinaire que les Acadiens ne mangeaient point d'hommes en 1711.

Le jésuite *Brébeuf* raconte qu'en 1640, le premier Iroquois qui fut converti, étant malheureusement ivre d'eau-de-vie, fut pris par les Hurons, ennemis alors des Iroquois. Le prisonnier, baptisé par le père Brébeuf sous le nom de Joseph, fut condamné à mort. On lui fit souffrir mille tourments, qu'il soutint toujours en chantant, selon la coutume du pays. On finit par lui couper un pied, une main et la tête ; après quoi, les Hurons mirent tous ses membres dans une marmite, chacun en mangea, et on en offrit un morceau au père *Brébeuf*. — Voyez la *Lettre de Brébeuf* et l'*Hist. de Charlevoix*, tome I, page 327 et suivantes.

Charlevoix parle, dans un autre endroit de son histoire, de vingt-deux Hurons mangés par les Iroquois.

On ne peut donc douter que la nature humaine ne soit parvenue, dans plus d'un pays, à ce dernier degré d'horreur ; et il faut bien que cette exécrable coutume soit de la plus haute antiquité, puisque nous voyons dans la sainte Écriture que les juifs sont menacés de manger leurs enfants s'ils n'obéissent pas à leurs lois.

Il est dit aux juifs (*Deutéronome*, ch. XXVIII, verset 53) : « Que, non seulement ils auront la gale, que leurs femmes s'abandonneront à d'autres, mais qu'ils mangeront leurs filles et leurs fils dans l'angoisse et la dévastation, qu'ils se disputeront leurs enfants pour s'en nourrir, que le mari ne voudra pas donner à sa femme un morceau de son fils parce qu'il dira qu'il n'en a pas trop pour lui. »

Il est vrai que de très hardis critiques prétendent que le *Deutéronome* ne fut composé qu'après le siège mis devant Samarie par *Benadad*.

Mais ces critiques, en ne regardant le *Deutéronome* que comme un livre écrit après ce siège de Samarie, ne font que confirmer cette épouvantable aventure.

D'autres téméraires prétendent qu'elle ne peut être arrivée comme elle est rapportée dans le quatrième livre des *Rois*, ch. VI, vers. 36 et suivants.

Il y est dit « que le roi d'Israël, en passant par le mur ou sur le mur de Samarie, une femme lui dit : *Sauvez-moi, seigneur roi* : il lui répondit : *Ton Dieu ne te sauvera pas ; comment pourrais-je te sauver ? Serait-ce de l'aire ou du pressoir ?* Et le roi ajouta : *Que veux-tu ?* et elle répondit : *O roi ! voici une femme qui m'a dit, donnez-moi votre fils, nous le mangerons aujourd'hui .et demain nous mangerons le mien. Nous avons donc fait cuire mon fils et nous l'avons mangé ; je lui ai dit aujourd'hui, donnez-moi votre fils afin que nous le mangions, et elle a caché son fils.* »

Ces censeurs sévères prétendent qu'il n'est pas vraisemblable que le roi *Benadad*, en assiégeant Samarie, ait

passé tranquillement par le mur ou sur le mur pour y juger
des causes entre des Samaritains.

Il est encore moins vraisemblable que deux femmes
ne se soient pas contentées d'un enfant pour deux jours.
Il y avait là de quoi les nourrir quatre jours au moins.
Mais de quelque manière qu'ils raisonnent, on doit croire
que les pères et les mères mangèrent leurs enfants au siège
de Samarie, comme il est prédit expressément dans le
Deutéronome.

Au livre IV des *Rois* (ch. xxv, vers. 3), il est dit que la
même chose arrivera au siège de Jérusalem par *Nabuco-
donosor* ; elle est encore prédite par *Ezechiel*, ch. v, vers. 10.

Jérémie, dans ses lamentations (ch. xi, vers. 20), s'écrie :
*Quoi donc, les femmes mangeront-elles leurs petits enfants
qui ne sont pas plus grands que la main ?* Et dans un autre
endroit (ch. iv, vers. 10) : *les mères compatissantes ont cuit
leurs enfants de leurs mains et les ont mangés.* — On peut
encore tirer ces paroles de *Baruch* : *l'homme a mangé la
chair de son fils et de sa fille.*

Cette horreur est répétée si souvent qu'il faut bien qu'elle
soit vraie ; enfin, on connaît l'histoire rapportée dans
Joseph (liv. vii, ch. viii), de cette femme qui se nourrit
de la chair de son fils, lorsque *Titus* assiégeait Jérusalem.

Le livre attribué à *Enoch*, cité par *saint Jude*, dit que
les géants, nés du commerce des anges et des filles des
hommes, furent les premiers anthropophages.

Dans la huitième homélie attribuée à *saint Clément*,
saint Pierre (qu'on fait parler) dit que les enfants de ces
mêmes géants s'abreuvèrent de sang humain et mangèrent
la chair de leurs semblables.

Il en résulta, ajoute l'auteur, des maladies jusqu'alors
inconnues ; des monstres de toute espèce naquirent sur
la terre, et ce fut alors que Dieu se résolut à noyer le genre
humain, et voilà le déluge !

Tout cela fait voir combien l'opinion régnante de l'existence des anthropophages était universelle.

La *Relation des Indes et de la Chine*, faite au viiie siècle, par deux Arabes, affirme que, dans les mers des Indes, il y a des îles peuplées de nègres qui mangeaient des hommes : ils appellent ces îles *Ramni*, ainsi que les nomme la *Bibliothèque orientale d'Herbelot*.

Marc Pau, qui n'avait point lu la relation de ces deux Arabes, dit la même chose, quatre cents ans après eux. L'archevêque *Navarette*, qui a voyagé depuis dans ces mers, confirme ce témoignage.

Texeira prétend que les Javans se nourrissent de chair humaine, et qu'ils n'avaient quitté cette abominable coutume que deux cents ans avant lui. Il ajoute qu'ils n'avaient connu des mœurs plus douces qu'en embrassant le mahométisme.

On a dit la même chose de la nation du Pégu, des Cafres et de plusieurs peuples de l'Afrique.

Marc Paul, que nous venons de citer, dit que chez quelques hordes tartares, quand un criminel avait été condamné à mort, on en faisait un bon repas.

Ce qui est plus extraordinaire et plus incroyable, c'est que les deux Arabes attribuent aux Chinois mêmes ce que *Marc Paul* avance de quelques Tartares : *Qu'en général les Chinois mangent tous ceux qui ont été tués.*

Cette horreur est si éloignée des mœurs chinoises, qu'on ne peut la croire. Le père Pavennin l'a réfutée en disant qu'elle ne mérite pas de réfutation.

Cependant, il faut bien observer que le viiie siècle, temps auquel ces Arabes écrivirent leur voyage, était un des siècles les plus funestes pour les Chinois.

Deux cent mille Tartares passèrent la grande muraille, pillèrent Pékin, et répandirent partout la désolation la plus horrible. Il est très vraisemblable qu'il y eut alors une grande famine.

La Chine était alors aussi peuplée qu'aujourd'hui. Il se peut que, dans le petit peuple, quelques misérables aient mangé des corps morts.

Quel intérêt auraient eu ces Arabes à inventer une fable aussi dégoûtante ? Ils auront pris, peut-être, comme presque tous les voyageurs, un exemple particulier pour une coutume du pays.

Sans aller chercher des exemples si loin, en voici un dans la patrie des anciens Gaulois, aujourd'hui Français, attesté par leur vainqueur et leur maître, *Jules César* (*Bell. Gall.*, Liv. vii).

Il assiégeait Alexis, dans l'Auxois. Les assiégés, résolus de se défendre jusqu'à la dernière extrémité, et manquant de vivres, assemblèrent un grand conseil, où l'un des chefs, nommé *Critognat*, proposa de manger tous les enfants, l'un après l'autre, pour soutenir les forces des combattants.

Son avis passa à la pluralité des voix. Ce n'est pas tout. *Critognat*, dans sa harangue, dit que leurs ancêtres avaient déjà eu recours à une telle nourriture dans la guerre contre les Teutons et les Cimbres.

Finissons par le témoignage de *Montaigne*. Il parle de ce que lui ont dit les compagnons de *Villegagnon*, qui revenaient du Brésil, et de ce qu'il a vu en France.

Il certifie que les Brésiliens mangeaient leurs ennemis tués à la guerre ; mais lisez ce qu'il ajoute (Liv. I, ch. xxx).

Où est plus de barbarie à manger un homme mort qu'à le faire rôtir par le menu, et le faire meurtrir aux chiens et aux pourceaux, comme nous avons vu de fraîche mémoire, non entre ennemis anciens, mais entre voisins et concitoyens, et qui pis est, sous prétexte de piété et de religion.

Quelles cérémonies pour un philosophe tel que *Montaigne!* Si *Anacréon*, *Horace* et *Tibulle* étaient nés Iroquois, ils auraient donc mangé des hommes ?... Hélas !

Je venais de finir ce dernier article, lorsque je suis tombé sur un passage des voyages du célèbre Cook dans lequel il est dit que deux Anglais, qui ont fait le tour du monde avec cet intrépide et infortuné navigateur, ont découvert que la Nouvelle-Zélande est une île plus grande que l'Europe et que les hommes s'y mangent encore les uns les autres.

D'où provient cette race ? Supposé qu'elle existe. Des-

cend-elle des anciens Égyptiens, des anciens peuples de
l'Éthiopie, des Africains, des Indiens, ou des vautours
ou des loups ? Quelle distance des Marc-Aurèle, des Épic-
tètes aux anthropophages de la Nouvelle-Zélande! Cependant ce sont les mêmes organes, les mêmes hommes ! Nous
parlerons plus tard de cette propriété de la race humaine ;
en attendant, il est bon d'en dire un mot en passant.

Voici les propres paroles de *saint Jérôme* dans une de
ses lettres :

*Quid loquar de cœteris nationibus, cum ipse adolescentu-
lus, in Galliâ viderim Scotos, gentem Britannicam, huma-
nis vesci carnibus, et cum per sylvas porcorum greges pecu-
dumque reperiant, tamen pastorum mates, et fœminarum
papillas solere abscindere, et has solas ciborum delicias
arbitrari.*

Voici la traduction de ces mots remarquables :

« Que vous dirai-je des autres nations ? puisque moi-
même, étant encore jeune, j'ai vu des Écossais, dans les
Gaules, qui pouvant se nourrir de porcs et d'autres animaux dans les forêts, aimaient mieux couper les fesses des
jeunes garçons et les tétons des jeunes filles. C'étaient
pour eux les mets les plus friands. »

Peloutier, qui a recherché tout ce qui pouvait faire le
plus d'honneur aux Celtes, n'a pas manqué de contredire
saint Jérôme, et de lui soutenir qu'on s'était moqué de
lui. Mais Jérôme parle très sérieusement, il dit qu'il *a vu*.

On peut disputer avec respect contre un père de l'Église
sur ce qu'il a entendu dire, mais sur ce qu'il a vu de ses
yeux, cela est bien fort. Quoi qu'il en soit, le plus sûr est
de se défier de tout, et même de ce qu'on a vu soi-même.

CONCLUSION

Je projetais de pousser ces soirées jusqu'au nombre de mille et une, juste comme les *Mille et un jours*, les *Mille et une nuits* et les *Mille et un contes de peau d'âne, de ma mère l'Oye*, lorsque j'apprends tout à coup qu'un ordre du roi mon maître, surpris à sa religion, sans doute, va me faire tomber la plume des doigts.

Croiriez-vous, lecteurs, que la cause de cette malheureuse déconfiture est pour avoir osé témérairement parler, dans ces derniers articles, de la guerre, cet art héroïque, ou si l'on veut abominable ?

Voilà l'effet des fureurs de la jalousie pédantesque, de la rage et des calomnies de la canaille de la littérature. Heureux encore quand on en est quitte pour mettre la plume bas ; et qu'on n'est pas persécuté toute sa vie, comme un *Ramus* pour un *quisquis* et un *quanquam* ; qu'on n'est pas comme lui assassiné par des gâcheux et des cancres de collège ; et qu'on n'a pas les lambeaux de son corps sanglant traînés aux portes de toutes les écoles, comme une juste réparation à la gloire d'Aristote, le tout à la plus grande satisfaction des âmes humaines et pieuses ; — heureux quand on ne meurt pas sur l'échafaud comme le respectable *Barnevell*, le premier homme de la Hollande, pour la plus folle et la plus impertinente dispute qui ait jamais troublé les cerveaux théologiques ; — heureux quand, d'après une déclaration aussi absurde que plate d'un *Jean Chauvin*, dit *Calvin*, fils d'un tonnelier de Noyon, on n'est pas brûlé à petit feu, avec des fagots verts (pour prolonger la cérémonie), comme le fut, dans Genève, le pauvre *Michel Servet*, de Villa-Nueva ! etc., etc., etc.

On me dit que depuis ces temps les choses sont bien changées en Europe, que les mœurs se sont adoucies ; qu'on ne persécute plus les gens jusqu'à la mort, qu'on ne condamne plus en forme juridique des docteurs, prêtres et des séculiers, à être étranglés ou décollés, ou brûlés en place publique pour des opinions que personne n'entend.

Quoi donc ! Ne savez-vous pas que le procès criminel du malheureux *Théophile* n'eut sa source que dans trois vers (1) d'une ode que les jésuites *Garasse* et *Voisin* lui imputèrent, qu'ils le poursuivirent avec la fureur la plus violente et les artifices les plus noirs, qu'ils le firent brûler en effigie ?

Que, de nos jours, cet autre procès de la *Cadière* ne fut intenté que par la jalousie d'un jacobin contre un jésuite qui avait disputé avec lui sur la grâce ?

Qu'une misérable querelle de littérature dans un café fut la première origine de ce fameux procès de *Rousseau*, le poète ; procès, dans lequel un philosophe innocent fut sur le point de succomber par des manœuvres bien criminelles ?

N'avons-nous pas vu l'abbé *Guyot-Desfontaines* dénoncer le pauvre abbé *Pellegrin* comme auteur d'une pièce de théâtre et lui faire ôter la permission de dire la messe, qui était son gagne-pain ?

Le fanatique *Jurieu* ne persécuta-t-il pas sans relâche le philosophe *Bayle*, et lorsqu'il fut parvenu enfin à le faire dépouiller de sa pension et de sa place, n'eut-il pas l'infamie de le persécuter encore ?

Le théologien *Lange* n'accusa-t-il pas *Wolff* non seulement de ne pas croire en Dieu, mais encore d'avoir insinué dans son cours de géométrie qu'il ne fallait pas s'enrôler au service du second roi de Prusse ? Et, sur cette belle délation, le roi ne donna-t-il pas au vertueux Wolff

---

(1) Ces trois vers sont ceux-ci :

Cette grande et noire machine,
Dont le souple et vaste corps
Étend ses bras jusqu'à la Chine.

le choix de sortir de ses États dans vingt-quatre heures,
ou d'être pendu ?

Enfin, la cabale jésuitique ne voulut-elle pas perdre
Fontenelle ? Et la cabale jansénite n'a-t-elle pas encore
cherché à perdre *Montesquieu, Helvétius, Jean-Jacques,
Voltaire et* Moi.

Le catalogue de ces persécutions, ami lecteur, serait
bien long, mais il faut se borner, surtout se taire, et ter-
miner au plus vite ces *Soirées* [crainte que malheur nous
advienne], car tel est le bon plaisir du roi mon maître.

L'ODALISQUE

L'ODALISQUE,

Ouvrage traduit du Turc.

Par VOLTAIRE.

A CONSTANTINOPLE,

Chez Ibrahim BECTAS, Imprimeur
du grand Visir, auprès de la Mosquée
de Ste.-Sophie.

Avec privilège de sa Hautesse et du Muphti.

1796.

L'ODALISQUE

PRÉFACE TURQUE

Ami lecteur, tu vas croire sans doute que je suis l'auteur de cet ouvrage, tu te trompes. Je te jure, par le Coran, que je ne le suis point et que je ne fais que l'office de traducteur.

Si tu trouves quelques fautes contre les règles de la grammaire, attribue-les plutôt à mon ignorance qu'à ma paresse.

Je t'avoue, en bon musulman, que j'ai parcouru la France, où par hasard ce livre est tombé entre mes mains. Je l'ai traduit tout aussi bien que je l'ai pu, j'ai conservé avec toute la fidélité possible les réflexions et l'introduction française. Tout est exactement conforme à l'original.

Si tu fais une bonne réception à ce livre-ci, j'ai quelques histoires arabes dans le même goût, qui verront bientôt le jour. Mon imprimeur m'a promis d'enrichir cet ouvrage de quelques gravures curieuses. On n'a rien omis pour te contenter.

APPROBATION DU MUPHTI

*Ali Méhémet, magnifique seigneur du tombeau du pro-
phète, l'effroi des infidèles, le soleil radieux des musulmans,
l'invincible soutien de la foi, le sublime patriarche de l'univers, et muphti de la superbe capitale de l'empire du monde,
à tous les bons musulmans, salut.*

*Nous nous sommes abaissé jusques à lire un manuscrit
intitulé l'Odalisque. La haute immensité de notre génie
n'y a rien trouvé qui ne soit conforme aux dogmes du grand
Allah, expliqués par son saint prophète. En foi de quoi notre
plume sacrée lui a délivré cette approbation.*

A Stamboul, le 2 de la lune de Saphar.

ALI MÉHÉMET, etc...

RÉFLEXIONS SUR L'ODALISQUE

DISCOURS PRÉLIMINAIRE OU AVANT-PROPOS

Quelques personnes m'ont objecté que l'amour, la
tendresse et le tempérament se sont développés de bonne
heure dans la jeune Zeni ; il serait à souhaiter (dans des
matières à la vérité plus importantes) que ceux qui veulent
juger oubliassent un peu les manières et les usages de
leur pays, pour se prêter à ceux du pays sur lequel ils
décident.

Les femmes, en Turquie, n'ont aucune distraction, quelle
qu'elle puisse être : elles ne pensent, ne doivent penser,
et ne peuvent être occupées que de l'amour.

Dans tous les pays du monde, la religion produit une
dissipation ; chez tous les Turcs, encore plus dans le sérail,
on ne leur dit autre chose, sinon qu'elles ont été créées pour
les plaisirs des musulmans, elles ne peuvent donc être
occupées que du désir de les mériter, et que de l'envie
de les conserver quand elles sont parvenues au comble
de tous leurs vœux. Les jeunes esclaves, et surtout les
odalisques, n'ont jamais vu d'autres hommes, ou, si
elles en ont vu, ç'a été dans un âge si peu avancé qu'ils
n'ont pu faire sur elles la moindre impression. Elles ne
voient et n'imaginent uniquement dans le monde que le
grand Seigneur, sans qu'il leur soit possible d'espérer
d'en voir aucun autre de leur vie, à moins d'un événement
fort rare et fort singulier. Toutes les passions, tous les

désirs du cœur, toutes les idées de l'esprit sont donc tendus vers ce seul objet. D'après cela, je soutiens que deux mille femmes, plus ou moins, qui sont dans le sérail, ne connaissent que l'amour pour le sultan et la plus vive jalousie pour leurs rivales. Ce mot d'amour révoltera peut-être, mais si le lecteur veut y réfléchir, il trouvera que le sentiment qu'elles éprouvent est celui de l'amour le plus violent et le plus emporté.

Il arrive quelquefois que ces malheureuses esclaves, vivant dans une retraite aussi austère, ressentent quelques désirs les unes pour les autres, mais cette faible dissipation ne change rien à ce que j'ai avancé.

Je m'estimerais heureux si l'histoire de Zeni ne méritait point d'autre critique que celle à laquelle je viens de répondre, et qu'elle pût se répandre dans la France. Voici mes raisons.

Les femmes françaises abusent d'une jouissance momentanée, elles sont trop sultanes dans ces heureux instants. Je crois donc, et je le crois fermement, que le contraste prodigieux qui se trouve entre la soumission des femmes turques et la hauteur des femmes françaises, s'il était mis au jour, pourrait engager ces dernières à quelques adoucissements d'humeur. Il serait à souhaiter qu'elles pussent unir la douceur aux charmes de leur société et aux agréments de leur esprit. Elles redoubleraient le bonheur des Français qui sont sans contredit les hommes les plus heureux sur tous les autres points.

L'ODALISQUE

Je m'embarquai à Constantinople sur un vaisseau français chargé pour Alexandrie. J'y trouvai plus de deux cents Turcs qui voulaient profiter du pavillon de France. Ils avaient pris cette précaution parce que la Porte ottomane était alors en guerre avec les Vénitiens, dont elle craignait les corsaires.

Le plus considérable des Turcs que je trouvai sur ce vaisseau était un eunuque noir disgracié du sérail, qui retournait à Babylone, sa patrie. C'était un homme de beaucoup d'esprit, ce qui, joint à la difformité de son horrible figure, l'aurait certainement conduit à la plus haute fortune : puisque la laideur dans un eunuque est la route la plus sûre pour parvenir aux premières charges du harem. Dans les esclaves, c'est tout le contraire; des exemples d'un amour pareil à celui que je vais rapporter pourront engager les peintres à représenter Cupidon comme une coquette, qui ne méprise point les conquêtes les plus viles, et qui fait cas des hommages les plus grossiers.

Cet eunuque avait de l'esprit, comme je l'ai dit plus haut; le chagrin dont il était dévoré et la tristesse profonde dans laquelle il était enseveli ne l'empêchaient point de répondre aux questions que je lui faisais. Les usages du sérail, le genre de vie des femmes en étaient l'objet. Il répondait à tout, mais ses réponses, bien loin de satisfaire mes désirs, allumaient ma curiosité; je craignais de l'ennuyer par là multiplicité de mes questions réité-

rées. Il est vrai que je réparais mes importunités par le
don de quelques bagatelles de France, qui, toutes bagatelles qu'elles étaient, ne laissaient pas de faire une vive
impression sur son esprit. On aime les présents dans tous
les pays. Mais comme les Turcs sont de tous les hommes les
plus avares, ils sont par conséquent ceux de tous les
hommes que les présents séduisent le plus aisément :
j'en connais beaucoup qui leur ressemblent, soit dit entre
nous.

J'avais une tabatière, elle était d'or, son métal le frappa,
et je vis avec plaisir qu'il la regardait sans cesse avec les
yeux de la cupidité la plus vive. Il arrêtait avec complaisance ses regards sur cet objet désiré. En vain tâchait-il
d'en détourner sa vue, c'était un aimant dont la puissance irrésistible l'attirait malgré lui : je lui aurais donné
ma tabatière pour le seul plaisir de l'obliger, mais je voulus tirer avantage de son désir, et je lui fis dire par celui
qui me servait d'interprète que, s'il voulait m'écrire quelque chose des usages et des plaisirs du sérail, ma tabatière serait à lui. Il eut quelque peine à consentir à ma
proposition, mais, enfin, le métal opéra. Ce ne fut cependant
qu'après avoir exigé de moi un serment que je n'ai jamais
violé : ce fut que je ne retournerais dans mon pays et que
je ne montrerais jamais son écriture dans les États du
grand Seigneur. Je lui accordai sans peine sa demande, et
voici la fidèle traduction du détail que Zulphicara (c'est
le nom de l'eunuque) me laissa entre les mains.

Je te vais conter ma propre histoire et confier mon sort
à ta sincérité. Je te marque ici la plus grande confiance,
et par plusieurs raisons il pourrait m'en coûter la vie si
jamais elle devenait publique, mais ta franchise, ta candeur, ton serment, tout me rassure.

Je ne puis t'apprendre ce qui m'est arrivé sans te parler en même temps de beaucoup d'usages du sérail. Les malheurs dont je suis accablé sont tellement gravés au fond de mon âme, que j'aurai moins de peine à les écrire, et mon cœur au défaut de ma mémoire n'omettra point la plus simple circonstance. J'éprouverai du moins la faible consolation de confier à quelqu'un le comble de mes disgrâces et de mon infortune.

J'ai passé dix ans dans le sérail, et rien ne m'empêchait de faire une fortune considérable ; j'y étais traité avec distinction, et je me trouvai, il y a six ans, chargé de l'inspection de quatre appartements occupés par de jeunes Odalisques.

Ces appartements ne ferment point à clef ; ce sont, à proprement parler, des chambres simples, où logent les jeunes beautés destinées aux plaisirs du Sultan. Elles ont au moins chacune une kadun, ou gouvernante, qui les élève avec soin. Elle forme les grâces de leur corps, celles de leur esprit, et leur inspire les talents, soit de la voix, soit de la danse, soit enfin ceux des instruments ou de la comédie. Si par hasard leur beauté ne répond point à ce que promettait leur enfance, ou qu'elles ne soient pas assez heureuses pour plaire à l'empereur, ces talents leur demeurent et cette ressource rend leur vie plus agréable. Elles obtiennent par ce secours une espèce de liberté, et bien d'autres agréments encore, ce qui peut du moins les consoler en quelque sorte de n'avoir pas été choisies pour les plaisirs du plus grand empereur de la terre.

Ces chambres ne peuvent être fermées à quelque heure et sous quelque prétexte que ce puisse être. Le parquet des vastes corridors qui y conduisent et celui des chambres elles-mêmes est entièrement couvert de tapis ; on entre donc à tous moments et sans pouvoir être entendu dans ces appartements, et c'est ce qu'un bon eunuque doit faire mille fois par jour. Le moindre attouchement, les caresses les plus innocentes, le plus léger baiser que deux Odalisques se donneraient, ou bien une kadun à une Odalisque, on est obligé d'avertir le chef des eunuques ; il ordonne aussitôt de la punition : elle est proportionnée à la gravité du crime dont on lui a fait le rapport. Le châtiment sévère suit de près la faute; un eunuque n'est pas exempt lui-même des punitions lorsqu'il contrevient aux règlements établis avec la plus grande sévérité. Non seulement le chef des eunuques (quand ses grandes affaires le lui permettent) et l'eunuque particulier, mais encore des eunuques visiteurs peuvent entrer et entrent à toutes les heures du jour et de la nuit dans les appartements.

On peut inférer de là que les eunuques sont haïs, abhorrés dans le sérail. Ils ne peuvent faire leur cour, et par conséquent leur fortune, que par la crainte qu'ils inspirent et par les rapports qu'ils font du caractère, de l'esprit et de la beauté de celles qui sont soumises à leur inspection.

Il est aisé de concevoir que celui qui est chargé de l'éducation des jeunes enfants qui peuvent parvenir à la chambre des plaisirs possède un emploi préférable à celui de veiller sur des femmes déchues de toute espérance, ou par une jouissance passée, ou par le défaut de leur esprit, ou bien enfin par les malheurs qui surviennent à leur beauté. Ce dernier soin ne conduit donc qu'à une peine réelle, et l'autre peut conduire à la plus grande fortune l'eunuque et la kadun principale dont l'Odalisque est préférée. On eut assez de confiance en moi pour abandonner à mes soins quatre jeunes Odalisques (c'était le tribut de la Géorgie et de la Mingrélie) : elles étaient toutes quatre de la plus grande espérance. Mais Zeni, Géorgienne de nation, se faisait distinguer au-dessus des autres. Sa taille et sa figure promettaient les traits les plus délicats et la beauté la plus parfaite; je lui fis donner Zesbet pour kadun. C'était une fille d'esprit, grecque de nation, c'est-à-dire vindicative, fausse, dissimulée, mais les défauts de son caractère ne m'empêchèrent point d'en faire le choix. Je croyais que l'obligation qu'elle m'aurait d'un tel emploi, et le désir commun de faire une fortune brillante, la soumettraient à mes volontés. La suite de cette histoire fera voir à quel point je m'abusais, et comme elle me combla d'ingratitude tandis que je l'avais comblée de bienfaits.

La jeune Zeni avait une douceur qui m'enchantait, son esprit répondait à sa beauté, quoiqu'elle ne fût au plus âgée que de huit ans lorsqu'elle nous fut remise. C'était une jeune rose que je devais cultiver de mes mains et dont un autre que moi devait cueillir le plus beau bouton.

Je te passe sous silence tout ce qui regarde les autres Odalisques, pour ne te parler que de Zeni, la plus belle et la plus aimable créature qui sera jamais. Elle apprit le turc avec une facilité prodigieuse : chaque jour on découvrait en elle l'esprit dont la nature l'avait douée, et chaque jour avec une nouvelle surprise on voyait sa taille se développer, sa gorge se former, et ses beaux yeux se remplir de cette eau que le grand prophète a si bien su dispenser aux femmes pour le plaisir des musulmans. La facilité qu'elle avait pour apprendre ne se borna pas à la seule langue turque, elle apprit à danser, à chanter, et à jouer du senehellé (1) ; enfin elle s'acquittait avec tant de grâce de tout ce qu'elle entreprenait qu'elle était l'ornement du sérail. Les leçons d'amour que Zesbet lui donna, suivant son ministère, ne lui coûtèrent rien à apprendre. La justesse de son esprit, la vivacité de son imagination et le désir violent de plaire avec lequel elle était née, lui firent sur toutes choses apprendre en très peu de temps toutes les finesses d'un art dans lequel il est si difficile de se distinguer auprès de notre souverain monarque.

Voici quelques chapitres des questions et des leçons que les kaduns donnent aux Odalisques ; il te sera facile d'imaginer par cet échantillon de tous ceux que je te passerai sous silence.

Chaque kadun les traite suivant les lumières de son esprit et les talents qu'elle peut avoir pour l'éducation.

D. — Pourquoi les femmes ont-elles été mises au monde par le grand Allah ?

____

(1) Espèce de viole.

R. — Pour procurer du plaisir aux musulmans et leur donner une idée du paradis.

D. — Quel est le plus grand des musulmans ?

R. — Le grand Sultan, le Soleil de l'Empire, l'effroi des infidèles, enfin le grand Empereur Achmet III.

D. — Quel est le plus beau des musulmans ?

R. — L'Empereur des Empereurs.

D. — Quelle est la plus heureuse femme de l'univers ?

R. — Celle qu'il choisit pour ses plaisirs.

D. — Que faut-il faire pour s'en rendre digne ?

R. — Il faut conserver sa beauté, entretenir son embonpoint, être d'une propreté légale et s'instruire avec soin de ce qui peut procurer du plaisir à notre souverain Maître.

D. — En quoi consiste-t-il ce plaisir ?

R. — Ce n'est pas seulement en baisers, en attouchements.

D. — Le *** ne suffit donc pas ?

R. — Il est bien ce qu'il y a de plus essentiel, mais il faut encore le savoir exciter par les mots choisis, par la délicatesse et le genre des attouchements.

D. — Comment une Odalisque peut-elle parvenir au genre de perfection qui la rend digne d'arriver à la chambre des plaisirs ?

R. — En y pensant sans cesse pour mériter un honneur et un plaisir aussi grands, etc.

Zeni, non seulement répondait avec une mémoire admirable aux leçons qu'on lui avait données, mais elle en était si fort occupée qu'à tout moment elle faisait des questions nouvelles sur la politesse des mots que l'on doit employer en ***, sur le degré de liberté que l'on pouvait prendre avec Sa Hautesse, sur la retenue qu'il fallait avoir dans le plaisir ; enfin sur cette importante matière, Zeni ne tarissait jamais, c'était un sujet si excellent que Zesbet se récriait cent fois par jour : « Que le saint Prophète conserve une si rare beauté ! il n'est pas possible que notre souverain Maître laisse faner une aussi belle rose ! »

Les dispositions de l'Odalisque étaient si heureuses qu'elles redoublaient l'attachement de sa kadun. Elle ne négligeait pas l'avis le plus léger, le plus faible ; et elle dévorait du cœur la moindre des instructions. Voici une de ses conversations que je te vais rapporter : je me souviens de celle-ci entre mille autres, c'était même une des dernières.

« Quelque fort et vigoureux que puisse être notre grand Monarque, lui disait Zesbet, souviens-toi, ma chère Zeni, qu'il ne peut te le mettre sans cesse. Il faut donc que ta conversation puisse faire un de ses amusements quand il te permettra d'ouvrir la bouche devant lui, il faut lui paraître agréable par ton geste et par ton maintien. Sur toutes choses, il est absolument essentiel de ne point négliger ces attitudes heureuses qui n'ont point l'air affecté et qui savent si bien faire bander l'imagination. La première fois que tu seras appelée au souverain bonheur ne se peut passer sans te faire éprouver une douleur vive, mais il faut la contraindre et la cacher le plus qu'il te sera possible. Le seul moyen de la diminuer c'est d'aller au devant, et de pousser contre elle. Il faut ouvrir les jambes, et n'avoir pour objet que celui de coller ton estomac contre le ventre sacré de l'ami de Dieu, enfin pousser le c.l de toutes tes forces contre le *** de Sa Hautesse. Tous ces moyens sont les seuls non seulement pour abréger le temps de la douleur, mais ce qui est encore mille fois plus recommandable, ils sont les seuls qui puissent ménager la peine et le travail de ton Sultan, et l'empêcher de se fatiguer. C'est là le point le plus nécessaire pour conserver les jours les plus précieux à l'univers et pour l'engager à te procurer dans la suite le plaisir pour lequel Dieu t'a créée.

« Je t'ai souvent expliqué ce que c'est que de ... jouir et tu m'as paru suffisamment instruite sur cet article ; quand donc tu verras que le roi des rois, que le plus beau de tous les hommes sera prêt de ... jouir (ce dont tu t'apercevras aisément par toutes les connaissances que je t'en

ai données), pour lors, quelque douleur que tu puisses
sentir, c'est dans ce moment qu'il faut remuer en avant et
de côté, tout autant qu'il te sera possible, afin de lui faire
éprouver tous les plaisirs qui peuvent dépendre de toi et
toutes les délices dont on peut enivrer les sens.

« N'oublie pas dans cet heureux moment de l'embrasser de tes deux jambes, et de le lier de tes beaux bras que
tu feras couler sans cesse de ses épaules jusqu'aux fesses.

« Quand sa Hautesse aura ... joui, c'est-à-dire qu'il
n'aura plus aucun mouvement, et que ses yeux auront
changé ; pour lors il faudra demeurer immobile, tout au
plus donner au soleil de ton âme de tendres et de doux
baisers, mais légers, et le laisser sortir tout comme il lui
plaira de ton *** délicieux.

« Lorsqu'il sera retiré, tu prendras un des mouchoirs
brodés par les bords, tels que je t'en ai fait voir (tu le trouveras sur le sopha à tes côtés) et tu t'en serviras pour essuyer
son beau *** ; ce que tu ne saurais faire avec trop de légè-
reté, de soin et de délicatesse, car rien n'est aussi sensible
que le ***, quand il a fini. Il le faut toucher avec moins
de force encore qu'une feuille de rose à laquelle il se trouverait un pli que tu voudrais effacer. Si pendant ce temps
il te regarde d'un œil tendre et satisfait, si tu vois, dis-je,
briller dans ses yeux une douce langueur, pour lors jette-
toi à son col, embrasse-le tendrement avec reconnaissance,
mais sans aucun emportement.

« Si pendant ce temps, au contraire, il te paraît occupé
de quelque autre chose, garde-toi bien de le caresser, c'est
tout ce que les hommes aiment le moins, que les caresses,
quand ils ne les désirent point.

« Après l'une ou l'autre de ces deux situations, tu remet-
tras quelques-uns de tes habits, si tu as été obligé d'en
ôter ; tu dois te souvenir qu'il faut quitter sans peine (mais
toutefois sans prévenir) tout ce qui te couvrira à mesure,
et tout autant que quelque chose contraindra le regard
ou le toucher de ton divin Monarque. Enfin, une Odalisque
favorisée doit lire dans le cœur et dans les yeux la plus

faible des volontés. C'est à quoi doivent te servir les grandes leçons que je t'ai données sur la façon modifiée d'exprimer tes sentiments à proportion de ceux que tu remarques dans le Sultan. Je crois t'avoir suffisamment instruite sur cet article intéressant.

« Si par hasard, comme il arrive souvent, il voulait te voir toute nue, il faut obéir promptement, déchirer même tes habits, s'il était nécessaire. Quand on est faite aussi parfaitement que toi, ma Zeni, l'on doit désirer d'être vue, bien loin d'avoir le sentiment d'une sotte pudeur et d'une modestie aussi déplacée. Mais il ne faut pas négliger surtout, après ta nudité, de remettre tes vêtements. C'est le moyen d'irriter des désirs qui s'éteindraient insensiblement, en accoutumant trop les regards au détail de tes beautés. Dès que tu seras habillée, ton premier soin sera celui de te laver dans un coin de la chambre, où tu trouveras tout ce qui te sera nécessaire ; tu te frotteras avec soin le *** et les mains de ces parfums que le prophète a bénis pour son protégé. Tu viendras ensuite en offrir à l'objet de ton amour, et tu le laveras toi-même partout où tu croiras qu'il trouvera bon que tu le laves. Après avoir satisfait à ces devoirs essentiels, tu reviendras avec douceur et modestie t'asseoir sur l'extrémité du sopha, regardant d'un œil tendre et reconnaissant celui qui t'a mis à même de perpétuer la race du grand ami de Dieu. Sur toutes choses, il ne faut jamais lui parler la première, mais avec une vivacité qui marque ton amour et ton attachement. Il faut répondre au moindre mot, louer la beauté du Sultan, te récrier sur les plaisirs qu'il t'a procurés et sur ceux que tu n'attends que de sa bonté. S'il te témoigne du contentement de sa jouissance, il faut remercier Dieu, citer ton peu d'expérience, et l'envie que tu ressens de profiter dignement de ses hautes leçons. »

Zeni parvint enfin à l'âge de treize ans, son teint était animé des couleurs les plus vives ; un tendre incarnat colorait ses lèvres enfantines, les bouts de son sein prenaient une légère teinte de rose, ses tétons s'arrondissaient, tout en elle annonçait le plaisir, son regard l'inspirait, le son de sa voix portait au fond des cœurs les plus insensibles une douce émotion, ses paroles pleines de miel ne respiraient que la douceur. Déjà elle ressemblait à ces houris fortunées que le prophète a promises aux musulmans. Un seul de ses crachats eût suffi pour ôter aux eaux de la mer toute leur amertume.

Pour être eunuque, je n'en suis pas moins homme ; ce qui pouvait me manquer du côté de la nature n'ôtait rien au sentiment, et l'impossibilité où je me trouvais de satisfaire les désirs dont j'étais dévoré, les augmentait encore. C'était un soufflet qui excitait le feu ardent dont j'étais consumé. Voir Zeni et l'aimer fut l'ouvrage d'un moment : j'abandonnai les autres Odalisques pour me livrer à l'éducation de la seule Zeni. J'étais toujours auprès d'elle, je fis parler mes yeux ; ou elle n'entendit point leur langage, ou elle fit semblant de ne point l'entendre. Je me lassai de garder le silence, il fallut parler, et je résolus de me servir de ma bouche, puisque mes yeux n'avaient pu lui rien apprendre. Ce secret pesait à mon cœur, et je voulais me décharger d'un fardeau qui de jour en jour me devenait plus amer que la mort même. La réflexion m'ouvrait les yeux sur ma témérité, je flottais, incertain, entre la crainte et l'espérance. Vingt fois je fus sur le point de lui déclarer ma passion ; vingt fois la parole expira sur mes lèvres craintives.

J'avais remarqué que Zeni, contre l'usage des Odalisques, voyait mon visage noir sans déplaisir. L'espoir se glissait dans mon âme : le silence augmentait l'horreur de mon supplice. Ma hardiesse l'emporta.

J'épiai les moments où Zesbet laissait Zeni en liberté. C'était ordinairement lorsqu'elle allait promener dans les jardins du harem. Là, elle s'étendait nonchalamment sur une pelouse verte, goûtait la fraîcheur de l'ombre des palmiers, et s'amusait au murmure bruyant des jets d'eau dont ces beaux lieux sont remplis.

Un jour, je l'aperçus dans cet endroit-là, couchée et sa

tête appuyée sur un de ses bras. Jamais Ahisea (1) ne fut plus belle ; je m'approchai d'elle en tremblant. Mes jambes fléchissaient, elles se dérobaient sous moi, un tremblement soudain s'empara de mes membres. J'allais ouvrir la bouche, j'allais lui parler, je touchais à mon bonheur... La timidité m'empêcha de m'expliquer ; triste, accablé, je me retirais, lorsque Zeni, qui s'était aperçue de mon embarras, m'appela ; sa voix m'attendrit, je vins vers elle tout déconcerté ; elle demanda la cause de ma tristesse ; je ne sus que lui répondre ; elle m'interrogea et me pressa si vivement, que je fus forcé de lui avouer que c'était elle seule qui la causait.

« Serait-il possible, s'écria-t-elle, que Zeni pût causer quelque chagrin à Zulphicara, à l'homme qu'elle estime le plus au monde ? — C'est pourtant vrai, continuai-je, en me jetant à ses genoux, les rayons éclatants de tes yeux ont porté le feu brûlant sur l'horizon de mon âme. Le malheureux Zulphicara, il t'aime, que dis-je ! il t'adore ! Je n'ignore point que l'aveu de ma passion est l'arrêt de ma mort, mais pardonne au trouble où mes sens s'abandonnent : l'amour doit me servir d'excuse, lorsque c'est l'amour qui me fait tout oser. »

Je me tus, mes yeux étaient baissés, un feu dévorant circulait dans mes veines ; la confusion était gravée sur mon visage, le front irrité du grand Empereur de la terre m'aurait moins intimidé.

J'osai cependant lever la tête : qu'on peigne à l'imagination le plaisir que je ressentis dans ce moment, je vis Zeni, non point enflammée de colère, non point menaçante, mais tendre, mais émue, et pleine d'un trouble qui ne présageait rien que d'heureux. Son sein agité repoussait sa veste, ses beaux yeux rougis par la honte étaient baignés de larmes. J'allais me jeter dans ses bras lorsqu'elle se releva avec l'agilité d'une biche et disparut.

Je restai interdit, abattu, je voulus la suivre, je ne pus

(1) Femme de Mahomet.

point, les Odalisques vinrent se promener auprès des palmiers et m'obligèrent à cacher le trouble qui s'était emparé de mon cœur ; mon bonheur ne dura qu'un moment.

Je revins chez moi, triste mais soulagé, et content d'avoir décelé un secret dont le poids m'était devenu insupportable. Je cherchai dès lors toutes les occasions de trouver Zeni seule. Mais par une fatalité singulière, Zesbet et les Odalisques semblaient conspirer contre moi ; à peine allais-je ouvrir la bouche qu'on venait m'interrompre, et Zeni, comme si elle eût voulu me désespérer, s'échappait à l'instant.

Je devins sombre, rêveur et mélancolique. Enfin je dépérissais dans la langueur la plus affreuse, lorsque Zeni eut pitié de moi, elle me procura les moyens de la voir, je saisis l'occasion avec une ardeur inexprimable, je me rendis au lieu qu'elle m'avait indiqué, j'y courus, j'y volai sur les ailes légères de l'amour.

« Zulphicara, me dit-elle, vos chagrins m'ont touchée, Zeni ne veut point votre mort, son cœur n'est point insensible : mais quand je répondrais à votre passion, comment serait-il possible de cacher longtemps notre intelligence aux yeux pénétrants qui nous environnent ! » Je rassurai Zeni, je bannis sa crainte, j'osai lui baiser la main, elle ne la retira point. Enhardi par cette faveur, sa bouche, son sein ne furent pas à l'abri de mes téméraires entreprises. Je relevai son caftan, je glissai furtivement une main brûlante sur sa ***** touffue. Je vis alors ses beaux yeux se fermer à la lumière et son gosier se sécher par une respiration précipitée.

Dans ce moment je sentis mon *** grossir, se raidir, et devenir semblable au bâton dont se servait le prophète, lorsqu'il montait la jument Borac. A peine Zeni s'en fut-elle aperçue, qu'elle ne put s'empêcher de témoigner sa surprise : elle trouvait que la peinture que lui en avait faite Zesbet était bien au-dessous de la vérité, elle ne pouvait se lasser de l'examiner. Je me jetai sur elle, je me guidai avec ma main, et je tâchai par des efforts réitérés de me frayer la route des plaisirs. Zeni se récriait et paraisssait souffrir une douleur mortelle. « Arrête, me disait-elle, tu me déchires, cher Zulphicara..... — Rassure-toi, soleil de mon âme, m'écriai-je, je passerai aussi aisément que la lune est passée par la manche du puissant Mahomet. »

A ces mots je fis de nouveaux efforts, j'implorai le secours du grand Allah, et malgré les douleurs que souffrait Zeni, par un dernier han j'arrivai au comble des délices...

L'amour faisait passer dans mes veines un torrent de flamme, Zeni partageait mes plaisirs, tout concourait à mon bonheur. La volupté entraînait mes sens vers le même point avec rapidité, je puisais un sorbet délicieux sur les lèvres incarnates de Zeni, ses beaux bras me liaient autour d'elle, ses cuisses potelées, blanches comme le lait le plus pur, serraient les miennes avec une espèce de fureur amoureuse, ses jambes se croisaient au-dessus de mon corps, ses cheveux d'un noir d'ébène tressés sans art relevaient la blancheur de sa peau et se trouvaient dans le désordre agréable où la résistance de Zeni les avait mis.

Cependant, je m'aperçus qu'elle s'était évanouie; je craignis à l'instant quelque accident funeste, sa respiration entrecoupée dissipa ma crainte. Une douce atonie s'était emparée d'elle ; je désirai, mais en vain, de partager un trépas aussi agréable, je sentis alors qu'il manquait quelque chose aux délices de cette jouissance. « Sublime Mahomet, m'écriai-je, envoie du haut des cieux à ton fidèle serviteur ta colombe sacrée, fais qu'elle la jette dans une extase divine ; écoute la voix qui t'implore, sa faiblesse a besoin du secours de ta haute puissance. »

Vaines prières, exclamations inutiles. Mahomet fut sourd à ma demande, et je restai dans un abattement, dans une affliction plus aisée à sentir qu'à décrire. Les plus beaux lauriers échappèrent à mes mains dans le moment même où j'allais les cueillir.

Honteux, désespéré, confus, je m'éloignai de Zeni, et j'abandonnai une victoire qui m'aurait comblé de bonheur ; elle reprit ses sens et me fit des reproches tendres qui, loin de me refroidir, animaient de plus en plus le feu dévorant de mes désirs ; je ne sus que lui répondre, et je la quittai couvert de honte. En proie au désespoir, j'allai loin d'elle cacher les chagrins de mon cœur.

Parmi les Odalisques il y en avait une, nommée Fatime, dont la perspicacité m'avait alarmé plus d'une fois ; elle était fine, rusée, et s'était aperçue de la prédilection que je marquais pour Zeni. Le flambeau de l'affreuse jalousie éclaira ses soupçons, et ses yeux achevèrent sans doute de la convaincre ; son amour-propre était vivement blessé, puisque une autre, dont elle croyait les charmes inférieurs aux siens, lui était préférée : elle me guettait, m'épiait de près, je ne pouvais faire un pas sans la rencontrer.

Si j'allais me promener dans les jardins pour la fuir, vain espoir, elle me suivait, et semblable à mon ombre ne me quittait plus. Si je parlais à Zeni, l'inséparable Fatime était aux écoutes ; enfin j'étais obligé de cacher mes sentiments et de déguiser le secret de mon cœur.

Un jour que, livré à la confusion de mes tristes idées, je me promenais au bord des bassins et des cascades du harem, je vis Fatime venir à moi. Je fis semblant de ne l'avoir pas aperçue, et je m'amusai à considérer les jets d'eau. Je croyais voir ceux que le saint prophète fit jaillir du bout de ses doigts.

Elle s'approcha de moi sans affectation, et feignant de se promener, elle se trouva insensiblement à portée de me parler ; elle me demanda où était Zeni, je lui répondis que je l'ignorais : « Il est étonnant, me dit-elle, que tu ne saches point où se trouve une personne à laquelle tu prends tant d'intétêt. — Tu te trompes, Fatime, lui répartis-je, toutes les Odalisques du harem me sont aussi chères que Zeni. — Je n'en crois rien, continua-t-elle, il en est qui ne le cèdent à Zeni ni en grâce, ni en beauté, pour lesquelles cependant tu n'as point autant d'égards ; il est malheureux que le mérite de Zeni te ferme les yeux sur celui des autres. Tu fais tout pour Zeni, la seule Zeni t'occupe sans cesse, et dans tout le sérail tu ne vois que Zeni. — Ne semble-t-il point, en effet, que le prophète ait voulu nous montrer en elle un rare assemblage de toutes les perfections ? — Crois-moi, Zulphicara, il en est qui la valent, il en est, te dis-je, dont la beauté est aussi parfaite, et le cœur... plus sensible. — Je n'entends rien, lui répondis-je, à ton langage, et je... — Non, non, dit-elle en m'interrompant, tu m'entends bien, et ne m'as que trop bien entendue, mais prends garde à ce que tu feras, crains un amour furieux, crains une amante jalouse, et redoute ma vengeance. »

A ces mots elle me quitta, et me laissa dans la plus grande consternation.

Je fis part à Zeni de mes chagrins, elle les partagea : « C'en est fait, me dit-elle, renonçons, puisqu'il le faut, à la douce consolation de nous voir, et faisons cesser les soupçons de notre cruelle ennemie. » Elle allait continuer, Zesbet survint et rompit notre entretien. Je me retirai dans ma chambre, en proie aux idées les plus affligeantes ; je croyais déjà le chef des eunuques instruit par Fatime ; je me jetai cependant sur mon lit, je voulus dormir, le sommeil fuyait mes paupières, je ressemblais à un infidèle condamné par le grand Allah aux supplices éternels.

Je souffrais d'horribles tourments ; des spectres hideux, des fantômes effroyables s'offraient à mon imagination échauffée, la noirceur de mes chagrins obscurcissait ma raison, le moindre bruit portait au fond de mon cœur glacé une atteinte mortelle, j'étais dans l'état le plus affreux. Mais... qu'entends-je, un bruit frappe mes oreilles, je me lève en sursaut, je frémis, je tremble, je frissonne... je n'entends plus rien. Je m'habille à la hâte, je mets ma robe, et je vais, selon ma coutume, dans les appartements des Odalisques ; je parcours les chambres d'un pas léger, tout était tranquille ; j'entre dans celle de Zeni ; je sentis en y entrant une émotion soudaine, je prévoyais les malheurs qui me menaçaient.

La lune brillait de son plus bel éclat, un horrible silence régnait partout, la seule haleine des vents se faisait entendre, le calme profond jetait la terreur au fond de mon âme. Je m'approche du lit de Zeni. Dieux ! que de beautés s'offrirent à mes regards ! elle avait rejeté ses couvertures à cause de la chaleur, son sein d'albâtre, ses beaux bras, ses cuisses arrondies, ses fesses de lis, tout était découvert, un voile jaloux ne me dérobait point la vue de ses charmes, tout conspirait au plaisir des yeux, une volupté enchanteresse régnait autour de son lit. J'approchai mon visage du sien, je sentis sa respiration douce et tranquille, son haleine était comme un zéphyr léger qui portait le feu dévorant des désirs. Sa vue m'inspira l'oubli de mes malheurs, un présent aussi agréable cachait à mon esprit les douleurs de l'avenir ; mon visage, par une attraction puissante, s'approchait de celui de Zeni, ma bouche voulait dérober un baiser à ses lèvres enfantines, je m'opposai au transport de mes sens, mais hélas ! que la raison est faible contre le sentiment, ma bouche se trouva collée sur la sienne en un instant. Zeni fit un cri et se réveilla, je la rassurai en me nommant : « Zulphicara, me dit-elle, on nous guette, on éclaire nos démarches, je crains pour toi plus encore que pour moi-même, fuis la malheureuse Zeni, un moment peut nous perdre tous deux. »

Loin d'écouter Zeni, la passion m'emportait, je baisais sa gorge, sa bouche, avec des transports inexprimables ; j'étais à la source du baiser, un feu séditieux s'allumait dans mon âme, enfin mes sens ne reconnaissaient plus d'empire... J'entends du bruit, je tourne ma tête, je vois Fatime un flambeau à la main. La foudre tombant à mes pieds m'aurait moins anéanti ; Zeni jeta un cri et s'enveloppa dans ses draps, évanouie. Pour moi, je me trouvais dans l'état le plus horrible. Les yeux de Fatime étincelaient, ils brillaient comme deux escarboucles et lançaient sur moi des regards où la jalousie, l'indignation et la fureur étaient peintes : je ne savais que dire, et j'étais comme un criminel proscrit par l'empereur à qui les muets vont serrer le col avec le cordon funeste. Fatime rompit le silence : « Lâche scélérat, dit-elle, assouvis tes infâmes désirs avec l'indigne objet de ton amour, mais en commettant le crime, crains le châtiment qui te menace. »

Je me jetai aux genoux de Fatime, elle ne répondit à mes supplications que par un sourire amer, et me laissa sans force dans cette chambre fatale ; j'en sortis à l'instant, et malgré la faiblesse de mes jambes, j'eus encore assez de vigueur pour quitter un lieu qui m'avait été aussi défavorable.

Nuit affreuse, horrible nuit, tu ne fus pour moi que le supplice le plus barbare. Tes ombres, loin de porter dans mon cœur le calme et le repos, n'y portèrent que la rage et le désespoir.

J'ai passé quelque temps dans la triste situation d'une crainte continuelle, et j'attendais la mort à tous moments.

Il y a quinze jours que le Sultan fut frappé de la beauté de Zeni. Il la vit qui se promenait avec Zésbet dans un des petits jardins du sérail. Il était à sa fenêtre grillée, c'est là où il se tient ordinairement pour voir tout ce qui se passe, sans être vu. Il dit donc au chef des eunuques qu'au retour de sa prière il voulait qu'on lui amenât Zeni. Je reçus mes ordres sur-le-champ et je fus obligé d'aller apprendre une nouvelle si funeste pour moi, si charmante pour Zesbet, et surtout pour Zeni (1). Dès le moment même que j'eus déclaré la volonté du Sultan, on ne fut occupé que du soin de laver l'Odalisque, de la frotter du baume de la Mecque, des parfums les plus exquis, et de celui de la coiffer avec un des plus beaux mouchoirs du sérail, auquel on joignit avec beaucoup d'art quelques fleurs naturelles. Pendant ce temps, Zesbet lui répéta, le

---

(1) Ami lecteur, suspendez ici votre jugement, les femmes en Turquie ne se piquent pas de fidélité, vous en trouverez qui leur ressemblent.

plus qu'il lui fut possible, toutes les leçons qu'elle lui avait
données en particulier; elle en fit une récapitulation générale que Zeni n'était pas en état d'entendre ; la joie de son
bonheur causait en elle ces douces ivresses que donne
l'approche d'un plaisir si prodigieusement attendu. Cette
tendre langueur répandait un aimable coloris sur son
visage, elle augmentait sa beauté au point que quelque
accoutumé que je fusse à la voir, je t'avoue que j'en fus
ébloui. J'enviai le bonheur du Sultan et j'éprouvai vivement la cruauté de l'état où la barbarie des hommes m'a
réduit. Car à la beauté, à la jeunesse, aux grâces, à l'agré-
ment, se joignait le degré d'embonpoint qu'on peut désirer
pour la perfection de la jouissance.

Quand le grand Seigneur fut revenu de la mosquée, on
couvrit Zeni du grand voile, et le chef des eunuques vint
la chercher.

Ce fut alors que l'ange funèbre de la jalousie s'empara
de tous mes sens, un torrent de feu circulait dans mes
veines : une agitation vive faisait bouillonner mon sang.
Cette noire passion portait au fond de mon âme les accès
les plus violents de la fureur. Zeni les accrut encore par le
détail qu'elle fit le lendemain à Zesbet, et que j'entendis
d'une chambre voisine, le voici ;

« Le chef des eunuques me conduisit en observant le
plus profond silence. Il me précédait, je le suivais (c'est
Zeni qui parle), le Souverain des rois était assis dans
l'angle d'un sopha superbe : pour moi j'étais tremblante,
et cependant pleine de désirs, de satisfaction et d'inquiétude. Sa présence redoubla tous ces sentiments. Aussitôt
que je fus entrée dans la chambre, le chef des eunuques
se retira, et le Souverain Maître me dit de m'approcher.
Alors je me prosternai le visage contre terre, suivant l'instruction que tu m'en avais donnée. Je demeurai dans cette
attitude jusqu'à ce qu'il m'eut dit de me relever, il m'ordonna d'ôter mon voile, je le fis avec soin et je m'aperçus
avec joie qu'il fut ébloui de ma beauté. Approche-toi, me
dit-il, bel ange. Je m'approchai donc en montant l'estrade

du sopha, je vins me mettre à genoux presque entre ses
jambes qu'il avait écartées. Le Sultan fit alors un mouvement en avant pour m'embrasser, je m'y livrai mais avec
retenue, il me fit ensuite quelques questions sur mon nom,
mon pays, et le temps qu'il y avait que j'étais dans le
sérail. Je satisfis à ce qu'il me demanda, mais en peu de
mots.

« Pendant qu'il m'entretenait, il avait une main sur
ma gorge et me prenait le col avec l'autre. Je voyais que
ses yeux s'enflammaient de plus en plus. Je sentis que ma
ceinture et les boutons de ma veste embarrassaient sa
main. Je défis promptement l'un et l'autre ; alors il m'embrassa de nouveau et me mit la langue dans la bouche; ce
genre de baiser qui m'était absolument nouveau (1) me
causa un plaisir si vif, si ravissant, que je me trouvai hors
de moi-même. Ensuite, le Souverain Monarque me montra
ce dont tu m'avais si souvent parlé ; je t'avoue que pour
tant que j'en eusse été occupée, je n'aurais jamais pu me
former une idée pareille à ce que je vis alors. Je le dévorai
des yeux, ce fut mon premier mouvement, mais je ressentis
à l'instant une secrète inquiétude, il me paraissait si formi-
dable que je ne croyais pas qu'il pût jamais me convenir.

« Le Sultan s'aperçut que j'avais quelque chose dans
l'esprit, il me demanda avec douceur de quoi j'étais occupée.
Je lui répondis en ces termes :

« Très-haut Monarque, favori de Dieu, l'excès de tes
bontés me met tout hors de moi, ce que je vois, me ravis,
me frappe et m'étonne ; je crains de ne pouvoir assez con-
tribuer à tes plaisirs, je crains de trop fatiguer ta Hautesse,
et qu'elle ne se dégoûte de la malheureuse Zeni qui l'adore.

« Le Sultan sourit, et me dit : Voyons comme tu t'en
tireras. Alors il me renversa sur le sopha, je défis la ceinture de mon caleçon, et me plaçai comme tu me l'avais
enseigné : mon divin maître se mit sur moi, m'embrassa

---

(1) Ah ! ah ! Zeni, vous mentez, Zulphicara vous avait assurément montré ce tour.

et me fit mille caresses... Ce fut dans ce moment qu'il
poussa de toutes ses forces et que je crus que j'allais être
effondrée. Je pleurais et, malgré la douleur vive que je
souffrais, je faisais tous mes efforts; mon espérance fut
trompée ; à peine m'avait-il touchée (1), pour lors il jouit,
et la démangeaison agréable que je ressentis me fit oublier
ma douleur et me donna malgré moi-même un mouvement qui parut le satisfaire. Il me le témoigna par ces baisers dont la volupté enivre si bien tous les sens. Ensuite
il se releva de dessus moi et s'étendit sur le sopha pour se
reposer. Je fus étonnée de voir aussi petit quelque chose
dont la grosseur apparente m'avait si fort alarmée, je
m'approchai et je l'essuyai avec la délicatesse que tu m'as
conseillée. Pendant que je remplissais ce devoir, il me dit
avec des yeux pleins d'amour et de langueur : Viens m'embrasser, ma petite Zeni, mets-toi sur moi. Je lui obéis avec
ardeur, et je l'embrassai de tout mon cœur. Ses bontés
me donnèrent de la hardiesse, et je fis de mes mains tout
ce qu'il me faisait des siennes. Lorsque je crus m'apercevoir
que le badinage et les agaceries lui faisaient moins de plaisir, je me retirai, et je fus me laver suivant tes instructions,
je rajustai aussi bien que je le pus mes habits et ma coiffure, et je vins m'asseoir sur l'extrémité du sopha. A peine
y fus-je assise, que le monarque de la terre me dit : Viens
donc, soleil de mes pensées, viens, délices de mon âme, que
je contemple à mon aise les beautés dont toute ta personne
est remplie. Je vins auprès de lui, je lui témoignai l'excès de
mon bonheur, la crainte où j'étais de l'avoir blessé, et l'envie que j'avais d'être assez fortunée pour mériter ses
faveurs magnifiques ; il me rassura sur mes inquiétudes
avec un amour infini. Il me dit les choses du monde les
plus tendres, et poussa la bonté jusqu'à me dire : Si ton
cœur est toujours d'aimant (2) je porterai toujours du

(1) Le secret de refaire un pucelage à neuf n'est point inconnu à
Constantinople.
(2) Phrase orientale infiniment tendre.

fer avec moi, afin qu'il m'attire, et que j'aille à lui.

« Il m'ordonna ensuite d'aller lui chercher du sorbet, je courus auprès de la fenêtre et je lui en apportai ; il me conseilla d'en prendre, je le fis avec grand plaisir, car tu n'ignores pas que la chaleur était grande. Je vins ensuite me placer auprès de la lumière de mes yeux : je le vis qui s'animait en me regardant. Je m'approchai de lui et le regardai à mon tour de toute la tendresse de mon cœur : il se jeta à mon col, et ses baisers m'enflammèrent. Il s'aperçut de l'effet qu'ils produisaient en moi, et me prenant la gorge, le c.l, les reins ; et le tout avec un transport extraordinaire, il me dit : Montre-moï tout, ma Zeni, ne me laisse rien ignorer.

« Je me déshabillai avec ardeur, il n'y eut aucun endroit de mon corps qu'il ne regardât, qu'il ne baisât, et dont il ne fît un éloge particulier. Je lui demandai la permission de voir et de toucher tout son corps, il me l'accorda ; je le baisai, mille fois, je l'examinai avec attention ; enfin j'étais effrénée de désirs, et le Sultan était tout en feu. Il me témoigna son désir, et je me couchai pour le satisfaire. Il eut au commencement quelque peine à me caresser, mais j'avais tant d'envie de contenter le roi des rois, je me prêtai si juste en étudiant ses mouvements, et je poussai si à propos (quoique en souffrant), qu'enfin il réussit, au grand plaisir du souverain de mon cœur. Quand il jouit, je t'avoue que cette douce rosée du ciel me ravit, m'enleva à moi-même, et que je demeurai pâmée sur le sopha. Je sortis quelque moment après de cette extase enchanteresse, sans m'être aperçue de la retraite du Sultan. Je le vis assis devant moi qui se reposait et me considérait avec attention. Les plaisirs que tu me causes, Souverain de mon cœur, me font manquer à ce que je te dois, lui dis-je, en me prosternant à ses pieds. Il eut la bonté de me rassurer par un sourire. Dès lors, j'eus les mêmes attentions de propreté et de devoir que celles que je t'ai contées.

« Après quelques moments de repos, il frappa deux coups à une des fenêtres grillées, et la musique commença ; elle chanta l'amour, le bonheur de plaire au sultan, et mille choses, qui étant analogues à ma situation, me jetèrent dans une langueur et dans une rêverie douce, qui me représentait sans cesse le bonheur dont je jouissais.

« Pendant que la musique se fit entendre, le Monarque de la terre eut la bonté de me regarder plusieurs fois avec la plus tendre complaisance. Quand il eut fait finir la symphonie avec le même signal qui l'avait fait commencer, le roi des rois appela le chef des eunuques et lui dit, après m'avoir embrassée pour me dire adieu, qu'il voulait coucher avec moi cette même nuit. La joie de mon bonheur ne se peut exprimer, ma chère Zesbet, quand j'entendis prononcer ces douces paroles, non, tu ne la peux concevoir. Dans le moment on me donna des esclaves, et je fus traitée en sultane Asseki (1). Mais ce qui m'a le plus touchée des honneurs que l'on m'a rendus, c'est l'humilité et le profond respect avec lesquels le terrible Kesleraga (2), qui m'a si souvent fait trembler, a dès lors paru devant moi. Après la dernière prière, mon ange, mon dieu, mon roi vint se coucher ; il m'avait fait dire de me mettre au lit, il m'y trouva ; et les lumières dont la chambre des plaisirs était éclairée me permirent de jouir du bonheur de le voir, et ce fut là qu'entre deux draps j'éprouvai tous les plaisirs qu'on peut avoir. Plaise au grand Allah que ma félicité soit durable, et que ma vie ne soit pas de plus longue durée que mon bonheur. »

Voilà ce que j'ai entendu, et que Zesbet a appris avec un contentement qui a redoublé mon désespoir.

Les démarches les plus simples sont examinées dans le sérail, il ne m'aura pas été possible de cacher le cruel état de mon âme. Zesbet aura peut-être craint qu'ayant eu part à l'éducation de Zeni, je ne partage aussi les récompenses d'un prince amoureux. Les autres Odalisques confiées à mes soins, piquées de la préférence que j'ai eue

---

(1) Favorite.
(2) Chef des eunuques.

pour Zeni, auront confirmé ses soupçons. La cruelle
Fatime aura tout révélé peut-être. Enfin, il n'importe
quel est l'auteur de ma disgrâce. Il suffit qu'on m'ait accusé
d'être susceptible d'amour. Le chef des eunuques m'a fait
sur le champ sortir du sérail avec ordre de m'éloigner de
Constantinople, et de retourner à Babylone; il a cru me
faire grâce et me donner des marques de bonté en me laissant la vie ; mais je me trouverais cent fois plus heureux
s'il eût fait son devoir et s'il avait fait couper la tête au
malheureux Zulphicara.

TABLE DES MATIÈRES

L'Œuvre de Fr. Delicado (La Lozana Andalusa) .   12 fr.
L'Œuvre du Seigneur de Brantôme. . . . .   12 »
L'Œuvre de Pigault-Lebrun . . . .   12 »
L'Œuvre de Pétrone. . . . .   12 »
L'Œuvre de Casanova de Seingalt . . . .   12 »
L'Œuvre priapique des Anciens et des Modernes.   12 »
L'Œuvre de Boccace Florentin (l). . . . .   12 »
L'Œuvre poétique de Charles Beaudelaire. . . .   12 »
L'Œuvre des Conteurs espagnols . . . .   12 »
L'Œuvre badine d'Alexis Piron. . . . .   12 »
L'Œuvre badine de l'Abbé de Grécourt . . . . .   12 »
L'Œuvre amoureuse de Lucien . . . .   12 »
L'Œuvre galante des Conteurs français. . . . .   12 »
L'Œuvre de Choderlos de Laclos (Les Liaisons
    dangereuses) (épuisé) . . . .
L'Œuvre des Conteurs allemands (Mémoires d'une
    Chanteuse) . . . .   12 »
L'Œuvre des Conteurs anglais (La Vénus indienne).   12 »

Le Coffret du Bibliophile

Jolis volumes in-18 carré tirés sur papier d'Arches
(exemplaires numérotés).

Les Anandrynes (Confession de Mlle Sapho) . . .   10 fr.
Le Petit Neveu de Grécourt. . . . .   10 »
Anecdotes pour l'histoire secrète des Ebugors. .   10 »
Julie philosophe (Histoire d'une citoyenne active
    et libertine), 2 vol. . . . .   20 »
Correspondance de Mme Gourdan, dite « la Com-
    tesse » . . . .   10 »
Portefeuille d'un Talon Rouge. — La Journée
    amoureuse . . . .   10 »
Les Cannevas de la Pâris (Histoire de l'hôtel du
    Roule) . . . .   10 »
Souvenirs d'une cocodette (1870) . . . .   10 »
Le Zoppino. Texte italien et traduction française.   10 »
La Belle Alsacienne (1801) . . . .   10 »
Lettres amoureuses d'un Frère à son élève (1878).   10 »
Poèmes luxurieux du divin Arétin (Tariffa delle
    Puttane di Venegia) . . . .   10 »
Correspondance d'Eulalie ou *Tableau du Liberti-*
    nage de Paris (1785), 2 vol. . . . .   20 »
Le Parnasse satyrique du XVIIIe siècle. . . . . .   10 »

Chroniques Libertines

Recueil des « indiscrétions » les plus suggestives des chroniqueurs, des pamphlétaires, des libellistes, des chansonniers, à travers les siècles.

L'Histoire romanesque

La Rome des Borgia, par Guillaume Apollinaire.   12 fr.
La Fin de Babylone, par Guillaume Apollinaire.   12 »
Les Trois Don Juan, par Guillaume Apollinaire.   12 »

Les Secrets du Second Empire

Napoléon III et les Femmes, par H. Fleischmann.   12 fr.
Bâtard d'Empereur, par H. Fleischmann . . . .   12 »

La France Galante

Mignons et Courtisanes au XVIe siècle, par Jean
    Hervez (en réimpression).
La Polygamie sacrée au XVIe siècle. . . . . . .   15 fr.
Ruffians et Ribaudes, par Jean Hervez . . . . .   9 »

Chroniques du XVIIIe Siècle

PAR JEAN HERVEZ

D'après les Mémoires du temps, les Rapports de police, les Libelles, les Pamphlets, les Satires, les Chansons.

  I. *La Régence galante* (en réimpression).
 II. *Les Maîtresses de Louis XV* . . . .   15 fr.
III. *La Galanterie parisienne sous Louis XV*
    (épuisé).
IV. *Le Parc aux Cerfs et les Petites Maisons*
    galantes de Paris (épuisé).
 V. *Les Galanteries à la Cour de Louis XVI.* . .   15 fr.
VI. *Maisons d'amour et Filles de joie.* . . . . .   15 »

Le Catalogue illustré est envoyé franco sur demande